电子商务系列教材

网店运营分析

Online-shop Operations Analysis

吴清烈　编著

东南大学出版社
SOUTHEAST UNIVERSITY PRESS
·南京·

内 容 提 要

本书共分 8 章,重点介绍电子商务应用中的网店业务运营分析和工具运用。首先从企业电子商务应用需要出发,分析讨论电子商务中网店运营的相关概念和主要内容,然后分别从客户界面与网站可用性分析、网店引流与流量转化率分析、网店推广与广告有效性分析、网店销售与订单有效性分析、网店选品与商品退货率分析、网店经营与商品营利性分析、网店服务与客户满意度分析等几个方面讨论网店业务运营中所需分析的具体问题以及相应的分析指标和分析方法,并从多方面讨论各类业务运营分析方法的具体运用。

本书理论联系实际,定性分析与定量分析相结合,介绍常用的数据分析工具,在训练网店运营所必需的分析思维和分析能力的同时,重点介绍网店运营中必要的分析方法与工具。本书既可作为本科或高水平专科电子商务专业和工商管理专业学生的教材,也可作为电子商务专业教师、研究生和电子商务运营管理人员的参考书。

图书在版编目(CIP)数据

网店运营分析/吴清烈编著. —南京:东南大学出版社,2023.12
 ISBN 978-7-5766-1043-7

Ⅰ.①网… Ⅱ.①吴… Ⅲ.①网店-运营管理-教材 Ⅳ.①F713.365.2

中国国家版本馆 CIP 数据核字(2023)第 253921 号

责任编辑:张绍来　责任校对:子雪莲　封面设计:顾晓阳　责任印制:周荣虎

网店运营分析

Wangdian Yunying Fenxi

编　　著	吴清烈
出版发行	东南大学出版社
出 版 人	白云飞
社　　址	南京四牌楼 2 号　邮编:210096　电话:025-83793330
网　　址	http://www.seupress.com
电子邮件	press@seupress.com
经　　销	全国各地新华书店
印　　刷	盐城市大丰区科星印刷有限责任公司
开　　本	787 mm×1092 mm　1/16
印　　张	12.25
字　　数	320 千字
版　　次	2023 年 12 月第 1 版
印　　次	2023 年 12 月第 1 次印刷
书　　号	ISBN 978-7-5766-1043-7
定　　价	39.00 元

本社图书若有印装质量问题,请直接与营销部联系。电话:025-83791830。

前　言

人类已经进入电子商务和互联网经济时代,网上购物已经成为人们的消费习惯,"互联网+"已经成为中国的流行词语。对当今的企业来说,已不是要不要电子商务,也不是如何看待电子商务,而是如何应用电子商务。电子商务是21世纪商务领域的新理念和新技术,越来越多的企业把电子商务应用看作获取核心竞争力和超越竞争对手的机会。各国政府尤其是发达国家政府把电子商务作为国家经济政策的一个重要方面,并希望利用它来提升整个国家的竞争力。据中国互联网络信息中心发布的第52次《中国互联网络发展状况统计报告》,截至2023年6月,我国网民规模达10.79亿人,互联网普及率达76.4%。很显然,电子商务是互联网革命的必然产物。随着云计算、物联网、大数据、区块链、人工智能、社交网络和移动互联网等新兴技术不断发展,网络化与数字化浪潮冲击着社会的方方面面,商业领域中的电子商务变革不断对产业、企业和市场产生巨大影响。中国互联网和电子商务应用的发展非常迅速,并有着很好的发展前景。

电子商务的发展迫切需要培养电子商务专业人才。目前很多所高校都已设立电子商务本科专业。如何培养社会急需的电子商务专业人才是电子商务专业需要面对的问题。电子商务应用在中国发展迅速,但是电子商务教育与电子商务实践脱节非常严重。在所有问题中,教材是重中之重。电子商务应用常常离不开网店的运营,网店的运营和管理对电子商务应用的成功至关重要。所以,网店运营是电子商务类专业和工商管理类专业都应该开设的重要专业课程。目前,面向职业教育的网店运营教材已有不少,但是,面向本科教育的网店运营教材比较少。2012年,本人曾主编过教育部职教师资培训教材《网店运营和管理》。近十年来,一直想编写一本面向电子商务专业教育的网店运营教材。本人一直认为,基于电子商务理念的分析和设计能力是电子商务专业核心能力。所以,本教材取名为《网店运营分析》,目的是培养学生的网店运营分析能力,而不仅仅是通常的网店运营操作技能,以便能适用于电子商务专业教育对网店运营分析能力培养的教学需要。

本书对电子商务网店运营分析相关理念的思考源于作者十多年来在东南大学参与电子商务专业人才培养与专业建设工作。东南大学2002年设立电子商务本科专业,2004年成立电子商务系,2015年成立电子商务与互联网经济研究中心。东南大学一直致力于电子商务应用创新人才培养以及一流电子商务专业建设,不断跟踪社会对电子商务专业人才在知识、素养和能力方面的需求,积极探索我国电子商务专业人才的培养模式,在国内最先提出电子商务专业核心能力问题以及区分电子商务专业岗位和普通岗位的必要性,并一直呼吁在重视电子商务专业教育的同时,也要重视电子商务普及教育。

本书从电子商务应用视角,思考电子商务类专业学生对网店业务运营分析知识的需求以及工商管理类专业学生对网店业务运营分析知识的需求,设计网店运营分析框架体系,紧密结合电子商务网店运营实践,安排教材内容,在综合介绍网店与运营分析相关概念和内容框架的基础上,分别从客户界面与网站可用性分析、网店引流与流量转化率分析、网店推广与广告有效性分析、网店销售与订单有效性分析、网店选品与商品退货率分析、网店经营与商品营利性分析、网店服务与客户满意度分析等方面讨论网店运营分析的主要内容。

本书理论联系实际,定性分析与定量分析相结合,在训练网店运营所必需的分析思维和分析能力的同时,重点介绍网店运营中常用的分析工具。本书的体系、内容和结构新颖,强调理念、方法与技术运用,充分体现作者多年来对电子商务人才培养的思考,也包含作者及其研究团队的一些原创性研究成果。

本书在写作过程中,得到东南大学电子商务与互联网经济研究中心张灿、陈文娟、伍万坤、陈方鑫、公晓璐、王斐、赵炫、丁锦城等研究生的大力支持,他们在本人确定本书详细框架后承担了部分初稿的撰写工作,对他们所做的辛苦工作深表谢意。

东南大学重视实施教材精品战略,充分发挥教材在提高人才培养质量中的基础性作用。作者对东南大学教务处和经济管理学院的大力支持表示真诚的感谢。本书在编辑出版过程中,得到了东南大学出版社的大力支持和帮助,在此表示衷心的感谢。另外,本书在编写过程中,参考了国内外大量相关专业文献,并引用了其中的一些概念和观点。在此,作者对被引用文献的作者也表示衷心的感谢。由于水平有限,书中的缺点和错误在所难免,恳请广大读者和专家们批评指正。

本书既可作为本科或高水平专科电子商务类专业和工商管理类专业学生的教材,也可作为电子商务专业教师、研究生和电子商务运营管理人员的参考书。

网店运营分析是一个崭新而又在不断发展的电子商务应用领域,本人期待与感兴趣的同行做进一步的交流,并请各位同行为本书进一步完善和修改提出宝贵建议。欢迎需要教辅资料的教师与本人联系,电子邮箱:wql@sina.com。QQ交流群:680375893。

吴清烈
2023年10月于南京

目 录

1 网店及其业务运营分析概述 ·· 1
  1.1 网店的概念、特点与一般分类 ··································· 1
    1.1.1 网店的概念和特点 ······································· 1
    1.1.2 对网店的一般分类 ······································· 2
  1.2 网店开设及运营的条件和要求 ··································· 3
    1.2.1 自营平台型网店开设及运营 ······························· 3
    1.2.2 入驻平台型网店开设及运营 ······························· 4
  1.3 网店日常业务运营的主要内容 ··································· 5
  1.4 网店对业务运营分析的必要性 ··································· 7
  1.5 网店业务运营分析的主要内容 ··································· 8
  思考与练习 ··· 9

2 客户界面与网站可用性分析 ·· 10
  2.1 客户界面与界面可用性的概念 ·································· 10
    2.1.1 客户与客户界面 ·· 10
    2.1.2 客户界面可用性 ·· 11
  2.2 客户界面可用性分析的必要性 ·································· 13
  2.3 客户界面可用与否的影响因素 ·································· 14
  2.4 网站的用户界面与可用性分析 ·································· 15
    2.4.1 网站界面及其设计要求 ·································· 15
    2.4.2 网站用户可用性的内涵 ·································· 16
    2.4.3 网站用户可用性的研究现状 ······························ 16
    2.4.4 网站应用的用户可用性问题 ······························ 17
    2.4.5 影响网站可用性的因素 ·································· 19
    2.4.6 网站可用性的评价标准 ·································· 21
  2.5 网站可用性的分析测试与改善 ·································· 23
    2.5.1 网站可用性的分析测试 ·································· 23
    2.5.2 网站可用性的改进措施 ·································· 27
  思考与练习 ·· 29

3 网店引流与流量转化率分析 ·················· 30
3.1 网店引流与流量转化率的概念 ·················· 30
3.1.1 网店流量与引流 ·················· 30
3.1.2 网店流量转化率 ·················· 32
3.2 网店流量转化率分析的必要性 ·················· 34
3.3 网店流量转化与否的影响因素 ·················· 36
3.3.1 平台或店铺品牌因素 ·················· 36
3.3.2 网店商品吸引力因素 ·················· 37
3.3.3 用户体验因素 ·················· 39
3.3.4 客户行为因素 ·················· 40
3.3.5 客户服务因素 ·················· 41
3.3.6 流量质量因素 ·················· 42
3.4 网店流量分析与转化评价指标 ·················· 44
3.4.1 网店流量数据分析 ·················· 44
3.4.2 流量转化评价指标 ·················· 45
3.5 网店流量分析工具与转化提升 ·················· 46
3.5.1 网店流量转化的分析工具 ·················· 46
3.5.2 网店流量转化率的提升策略 ·················· 55
思考与练习 ·················· 58

4 网店推广与广告有效性分析 ·················· 59
4.1 网店推广与广告有效性的概念 ·················· 59
4.1.1 网店的推广与广告 ·················· 59
4.1.2 网店广告的有效性 ·················· 62
4.2 网店广告有效性分析的必要性 ·················· 63
4.3 网店广告有效与否的影响因素 ·················· 64
4.4 网店广告效果测评与指标选择 ·················· 66
4.4.1 网店广告效果的测评原则 ·················· 66
4.4.2 网店广告效果测评的基本方法 ·················· 67
4.4.3 网店广告效果测评的传统指标 ·················· 67
4.4.4 网店广告效果测评的新指标 ·················· 69
4.5 网店广告的有效性评估与提升 ·················· 71
4.5.1 网店广告的综合性评估方法 ·················· 71
4.5.2 网店广告的有效性提升策略 ·················· 82
思考与练习 ·················· 83

5 网店销售与订单有效性分析 · 85
5.1 网店销售与订单有效性的概念 · 85
5.1.1 网店销售与订单 · 85
5.1.2 网店订单的有效性 · 89
5.2 网店订单有效性分析的必要性 · 91
5.3 网店订单有效与否的影响因素 · 92
5.4 网店订单有效性的评价与管理 · 94
5.5 网店订单的管理与有效性提升 · 95
5.5.1 网店订单的分析与管理 · 95
5.5.2 订单有效性的提升策略 · 104
思考与练习 · 105

6 网店选品与商品退货率分析 · 106
6.1 网店选品与商品退货率的概念 · 106
6.1.1 网店选品与选品决策 · 106
6.1.2 商品退货与退货率 · 110
6.2 网店商品退货率分析的必要性 · 111
6.3 网店商品退货与否的影响因素 · 112
6.4 网店商品退货管理的决策分析 · 114
6.4.1 网店层面的分析 · 114
6.4.2 客户层面的分析 · 116
6.4.3 社会层面的分析 · 117
6.5 网店控制退货率的博弈与策略 · 119
6.5.1 网店商品退货决策的博弈模型 · 119
6.5.2 网店商品退货服务的博弈分析 · 121
6.5.3 网店对商品退货率的控制策略 · 126
思考与练习 · 127

7 网店经营与商品营利性分析 · 128
7.1 网店经营与商品营利性的概念 · 128
7.1.1 网店经营与运营管理 · 128
7.1.2 商品的销售与营利性 · 129
7.2 网店商品营利性分析的必要性 · 130
7.3 网店商品盈利与否的影响因素 · 136
7.4 网店的经营与商品营利性评估 · 137

          7.4.1 网店经营价值的评估 …………………………………… 137
          7.4.2 网店商品营利性的评估 ………………………………… 139
          7.4.3 网店商品营利性评估举例 ……………………………… 141
     7.5 网店的经营策略与营利性改善 ……………………………………… 143
          7.5.1 网店的经营策略 ………………………………………… 143
          7.5.2 商品营利性改善 ………………………………………… 148
     思考与练习 ……………………………………………………………… 150

8 网店服务与客户满意度分析 …………………………………………… 151
     8.1 网店服务与客户满意度的概念 ……………………………………… 151
          8.1.1 网店的服务与客户服务 ………………………………… 151
          8.1.2 客户满意与客户满意度 ………………………………… 152
     8.2 网店客户满意度分析的必要性 ……………………………………… 157
     8.3 网店客户满意与否的影响因素 ……………………………………… 160
     8.4 网店客户满意度的分析与评价 ……………………………………… 163
          8.4.1 客户满意度的分析模型 ………………………………… 164
          8.4.2 客户满意度的指数模型 ………………………………… 168
          8.4.3 客户满意度的测评指标 ………………………………… 175
     8.5 网店的客户维护与满意度提升 ……………………………………… 182
          8.5.1 网店的客户关系与客户维护 …………………………… 182
          8.5.2 网店提升客户满意度的策略 …………………………… 183
     思考与练习 ……………………………………………………………… 184

参考文献 …………………………………………………………………… 185

1 网店及其业务运营分析概述

【内容提要】

本章首先讨论网店的概念、特点和一般分类,其次讨论网店开设及运营的条件和要求以及网店日常业务运营的主要内容,并在上述讨论的基础上,进一步讨论网店对业务运营分析的必要性,最后讨论网店业务运营分析包括的主要内容。

【学习目标】

(1) 掌握网店相关的基本概念和分类方法。
(2) 掌握网店开设的一般步骤和基本要求。
(3) 了解网店运营的相关概念和主要内容。
(4) 理解网店运营分析概念内涵和必要性。
(5) 掌握网店运营分析所包括的主要内容。

【基本概念】

网络店铺,网店开设,网店运营。

1.1 网店的概念、特点与一般分类

1.1.1 网店的概念和特点

1) 网店的概念

随着互联网(Internet)和电子商务(Electronic Commerce)应用的蓬勃发展,网上开店以其入门简单、成本低廉、经营灵活等特点,得到许多商家的青睐。入驻淘宝、天猫、京东等网上购物平台的商家数量与日俱增,各式各样的网店(Online Shop)应运而生。

通常,人们把网店等同于电子商务。网店是电子商务应用的产物,但是网店与电子商务在概念上不完全一样。电子商务是基于互联网的商务技术、服务模式和创新理念。网店是商家开展电子商务应用的一种形式,是商家基于互联网销售产品和提供服务的一种载体。

网店,作为电子商务应用的一种形式,是一种让人们在网上浏览商品的同时能够进行实际购买,并且通过各种支付手段进行支付并完成交易全过程的网络店铺。网店是电子贸易的商品和服务提供者,大多数网店都是通过大型网络贸易平台完成交易的,即在第三方提供的电子商务平台上建立店铺,由商家自行开展网上销售业务。

2) 网店的特点

传统实体店铺通常叫门店。与传统门店不同,网店处在虚拟商务平台上,其所销售商品的信息通过网络传送给客户。由于网络具有方便快捷和时效性强的优点,网店可以让人们在任

何时间、任何地点都能及时快速地购买所需的商品。另外,在网店的数字空间陈列商品,可以不受物理空间大小的限制。

网店和传统门店在商业模式上很类似,但在业务运营上会有很大的不同。电子商务对传统商务的影响,通常体现在网店对门店的影响上。但是,电子商务应用的意义,绝不仅仅体现在网店对门店的取代上。事实上,商家可以同时运用网店和门店,以跟上互联网和电子商务时代的步伐。曾经有人提出"店商",并将其作为与"电商"相对应的概念。这从概念上来说并不正确,因为网店也是店。

1.1.2 对网店的一般分类

根据不同的标准,我们可以将网店分为不同的类型。下面,为了更好地理解网店的概念,我们从不同的视角讨论通常对网店的不同分类。

1) 按照网店所销售的商品是否为实物,可以将网店分为实物商品网店和虚拟商品网店

(1) 实物商品网店主要销售人们日常所需的生活用品,包括服装、鞋包、食品等。实物商品的销售是线下发货,一般是通过快递公司的物流配送,将商品送到客户手里。

(2) 虚拟商品网店销售虚拟商品。虚拟商品一般是无实物性质的数字产品或者服务,无须提供物流配送。目前,虚拟商品主要有软件、话费或流量充值卡、网络游戏点卡、网游装备、Q币等。上述数字产品也可能要求有实物载体,如软件光盘,这个时候又属于实物商品了。

2) 根据网店是否属于独立网站,可以将网店分为自营平台型网店和入驻平台型网店

(1) 自营平台型网店通常是商家自建网络平台开展网络销售业务,如早期的京东和当当等;入驻平台型网店是商家入驻大型商务平台开设网店,如入驻淘宝网、拼多多等购物平台开设一些网店。自营平台型网店本身就是一个网站。如果一个商贸公司比较有实力,完全可以自己建一个网站作网店来开展电子商务应用。商家能完全控制这种网店,且这种网店运营成本高,在推广等方面很灵活,产品展示竞争性不是很强。

(2) 入驻平台型网店是商家租用第三方商务平台网络空间开设的网店,这种网店的运营成本比较低。但是这种网店是基于第三方网络平台的,平台的规定和服务会对网店产生不小的影响。这种网店的宣传和推广通常不是很灵活,产品展示竞争性一般比较强。

3) 根据网店的商业模式不同,可以将网店分为百货商店、专卖店、专营店、旗舰店、综合商城等

这种分类与实体门店的分类比较类似。商店,既谓之店,说明卖家只有一个。

(1) 百货商店,销售满足日常消费需求的丰富商品。这种商店一般自有仓库,库存系列产品,以备更快的物流配送和客户服务。这种商店甚至会有自己的品牌,就如同线下的沃尔玛、屈臣氏、百佳百货。

(2) 专卖店和专营店,也叫垂直商店,销售某一领域比较专业化的商品。这种商店的商品存在着更多的相似性,要么是满足某一类人群,要么是满足某种需要。如戴尔商城、TCL通讯官方商城、海尔在线商城等都属于垂直商店。专卖店和专营店的区别在于:专卖店一般是商家持品牌授权开设的店铺,专营店是经营相同类目下的他人品牌或自有品牌的店铺。

(3) 旗舰店是指某一品牌在某平台中最大且最为丰富齐全的营业店,或拥有最快上市速度等特点的专卖店或专营店。

(4) 综合商城,既然谓之城,城中自然会有许多店。综合商城就如我们平时现实生活中的

大商场一样。商场一楼可能是一级品牌，二楼是女士服饰，三楼是男士服饰，四楼是运动/装饰，五楼是手机数码，六楼是特价……将N个品牌专卖店装进去，这就是商城。淘宝、京东、亚马逊、苏宁易购等都属于综合商城。

移动互联网的发展，导致大量移动端互联网购物开放平台或称为手机购物平台的出现，也就有了基于移动购物平台的网店。一般来说，网络购物平台既有电脑客户端的，也有移动客户端的。移动客户端的购物平台多是以App的形式在手机上安装，也有的购物平台或网店在手机上以小程序的形式出现。

1.2 网店开设及运营的条件和要求

网上开店的意思就是建立一个具有在线购物功能的网站。网店运营就是运用网店经营相关业务。下面，我们分别讨论两种不同类型网店的开设和运营。

1.2.1 自营平台型网店开设及运营

自营平台型网店是商家自营网络平台开展网络销售业务。商家首先要在互联网上运营一个独立的网站（网络平台）。通常来讲，建立的这个网站必须具备域名、网站页面程序，以及用来存放网站程序的足够大小的空间。网站建立好之后，商家还须对网站进行备案、维护与推广。重要的是，商家要实时对网站内容进行更新。商家自营购物平台，一般都需要有高水平的互联网技术开发团队和平台运营服务团队。平台运营包括两个方面：平台网站运营和平台服务运营。平台网站运营的目的是保证平台网站系统正常运行，平台服务运营的目的是基于平台网站提供网店运营所需要的相关服务。

自营平台型网店的开设，也需要具备充足的货源、良好的供应渠道、富有实力的营销团队、良好的物流渠道、原创支持和独家代理的稀缺资源等条件。这方面的运营工作也叫网店业务运营，其与传统门店运营类似，但通常又有许多不同之处。其中，也可能有一些运营服务不是自营的，而是外包的。一些制造商，如海尔、苹果等都有自营平台型网店。如图1-1所示，其为当当网书

图1-1 当当网书店（https://www.dangdang.com/）

店(https://www.dangdang.com/),也是一个典型的自营平台型网店。

只有满足上述基本要求,自营平台型网店才能够稳步发展壮大,成为一个大型在线购物商城。亚马逊、京东、苏宁易购、当当等购物平台,一开始都属于自营平台型网店,但后来都转为开放购物平台,同时也开展自营网店业务。

1.2.2 入驻平台型网店开设及运营

入驻平台型网店一般是商家通过入驻网络购物开放平台开设的网店。首先,商家必须选择一个合适的平台。有了这个交易平台,商家才可以像传统购物门店那样进行各种商品交易。一般而言,开设实物交易的网店,卖家必须具备以下几个基本要求:

(1) 在购物平台注册会员,并通过认证。
(2) 发布一定数量的商品信息,从而获得属于自己的店铺和独立网址。
(3) 为了方便安全交易,必须开通网上银行,实现商品在线交付。
(4) 拥有一定的进货资金以及周转资金。
(5) 拥有稳定的进货渠道。
(6) 拥有良好的物流渠道。

以淘宝网店为例,卖家在淘宝网上完成用户注册后还需要进行身份认证,包括个人实名认证和支付宝认证。只有通过实名认证后,卖家才能出售宝贝(商品),开设店铺。网上开店成功的一个关键因素在于进货渠道。同样一件商品,进货渠道不同,价格也可能不同。只有保证货源稳定可靠、商品优质,网店才可能正常经营。另外,为客户提供的物流服务,一般也由卖家安排。因此,在开设网店的同时,卖家应该选择一些物流服务商。

不同网络购物开放平台上的网店入驻,在程序和条件上大致相同,但由于平台业务的定位不同可能会有一些差异,如天猫网店与淘宝网店的入驻条件稍有不同。入驻天猫的商家必须是企业或公司,至少缴纳一万元保证金;个人也可入驻淘宝,不需要缴纳保证金。商家在考虑入驻网络购物平台开店时,首先要先了解购物平台的具体入驻条件以及其可以提供的相关平台服务。

在淘宝和天猫平台上开的网店,都属于入驻平台型网店。尽管当当网书店是一个自营平台型网店,但是当当网在天猫平台上开设的当当网官方旗舰店就属于入驻平台型网店。如图1-2所示。

目前,中国的电子商务发展得已经比较成熟,国内几个主要网购平台的市场份额都趋向稳定。中小企业或者个人开网店大多选择入驻淘宝、天猫、拼多多、抖音小店和京东等平台。不同的网购平台通常有不同的特点和入驻要求。商家一般要先了解清楚平台的要求,然后再根据自身情况,选择合适的入驻平台。

作为淘系里的中高用户分流平台,天猫对于商家的要求比较高,但对于商家的流量扶持也比较明显。入驻天猫店铺,不仅需要缴纳店铺保证金,还有销售额要求,一旦审核条件没通过,很可能会被平台清退。天猫店铺适合有技术有团队的店铺来操作。

相比天猫店铺,淘宝的投入较少,限制也小,比较适合中小卖家操作,特别是个人小卖家。也因为淘宝开店的门槛不高,很多创业者都选择在淘宝开店,这样一来店铺竞争加剧,免费流量的获取越来越难,店铺也就越来越依赖付费流量了。

京东主打中高端市场,其用户群体主要是一、二线城市的中高消费群体,他们对商品质量

图 1-2　当当网的天猫官方旗舰店

和服务体验的要求较高。在京东开店,除了店铺运营费用、广告费用等,商家一般还要准备至少 10 万元的资金投入。如果选择自建仓的囤货形式,投入的成本更高。

作为一个面向下沉市场的低价电商平台,拼多多店铺的特点就是低价。拼多多对运营技术的要求低,开店成本和门槛低。做拼多多一定要有价格优势,这里也可以理解为货源优势。因此,拼多多比较适合工厂开店。

抖音小店的门槛也不高,相对来说平台规则也不是很严格,很适合个人小卖家来创业。抖店的玩法非常简单,不像淘宝那样需要具备很高的运营技术,基本上只要商品极具性价比,做好品控就行。

另外,作为电子商务的具体应用,所有网店的经营行为必须遵守《中华人民共和国电子商务法》和国家市场监督管理总局的《网络交易监督管理办法》对电子商务和网络交易的相关规定。

1.3　网店日常业务运营的主要内容

网店运营是指与网店运作相关的运营性工作,也可以称为网店运作、网店营运。网店一般可分为自营平台型网店和入驻平台型网店。所以,广义的网店运营包括平台运营、店铺管理和业务运营,狭义的网店运营一般包括店铺管理和业务运营。

本节重点讨论狭义的网店运营,也就是店铺管理和业务运营,其在概念上与传统门店运营类似。简单来说,网店运营的主要内容可以分为基础性的店铺管理和经营性的业务运营两大类。基础性的店铺管理包括平台入驻、店铺设计、店铺装修、店铺维护、商品管理等,经营性的业务运营包括网店推广、店铺选品、商品进货、商品促销、客户服务、订单处理、仓储物流等。

具体而言,网店运营一般包括以下几个方面的主要内容:

1) 平台入驻

入驻平台型网店创建店铺时,首先要考虑入驻什么样的购物平台。平台入驻要考虑:入驻条件、平台服务、入驻准备、入驻流程。

2) 店铺设计

通常来说,网店的店铺设计一般包括如下几个方面:店铺标识(LOGO)设计、店铺风格设计、店铺装修设计等。

3) 店铺装修

与线下门店相同,在线网店一般也需要装修。店铺装修的目的是定位店铺风格,提升品牌形象,完成对店铺的布局。PC端店铺装修与移动端店铺装修有不同的特点。平台一般都会有装修后台,并提供相关服务。

4) 店铺维护

店铺维护是对店铺相关信息的日常管理,一般包括如下几个方面:店铺活动设置(店铺搜索时显示)、主营商品关键词、店铺商品类目、购物必读、店招更新、海报更新等。

5) 商品管理

商品管理是对店铺经营商品相关资料信息的管理,是店铺管理的重要方面,一般包括:商品拍摄、商品描述(商品标题优化、商品发布属性描述、商品分类属性描述、商品描述细节增补)、商品推荐、新款商品上新、老款商品淘汰等。

6) 网店推广

网店推广是指网店对店铺及其商品的宣传。网店推广可以有多种方式,如:平台营销活动、广告投放、社交网络营销等。

7) 店铺选品

对于大多数店主来说,店铺选品是十分重要的工作。商品大致分为三类:实物类、虚拟类、本地服务类。店铺要根据自身条件和市场情况,在市场和竞品分析的基础上,有针对性地选择经营的品类。

8) 商品进货

网店的商品进货是网店业务运营的重要方面,一般需要考虑进货的渠道、产地、质量、价格、物流以及到货时间等。

9) 商品促销

网店销售商品时,经常会使用各种促销工具和促销手段。商品促销可以是售前的广告促销,也可以是售中的折扣促销。基于用户行为数据的个性化推荐是网店常用的商品促销工具。

10) 客户服务

无论是门店,还是网店,都离不开客户服务。网店客户服务一般可以分为:售前服务、售中服务和售后服务。客户服务的目的是稳定老客户和吸引新客户,同时处理好相关的客户投诉及纠纷问题。

11) 订单处理

订单处理是网店业务运营的重要环节。订单处理,有时也叫订单履行,是指对客户订单接受、优化处理、物品拣选、订单整合和包装的过程。订单处理包括从订单生成到将商品交付到客户手中以及售后服务的所有过程。订单状态反映订单的当前状况,有待审核、待支付、备货中、待移仓、移仓在途、待出库、已出库、配送中、已收货、已退货、客户作废、系统自动作废等状态。

12) 仓储物流

仓储是指通过仓库对物资进行储存、保管以及仓库相关储存活动的总称。网店只要涉及实物商品销售,就离不开仓储物流服务。网店的仓储物流可以是自营的仓储,也可以是外包的第三方仓储物流服务。

13）配送物流

实物商品的在线销售一般都需要商家提供配送服务。配送是物流的一个缩影或其在某小范围中全部活动的体现。配送是卖家在订单履行阶段为客户提供的物流服务。买家下单后，由配送中心或配送站提供的所有物流服务都可视为配送服务。网店的配送物流可以是自营的配送，也可以是外包的第三方配送物流服务。大部分网店的配送物流服务是由快递企业提供的。

上述是网店运营的主要内容，不同购物平台对入驻店铺的运营要求和服务可能会有所不同。比如京东平台开放计划（Platform Open Plan，POP）可以按 FBP(Fulfillment By POP)、LBP(Logistics By POP)和SOP(Sale On POP)三种合作模式为商家提供服务。FBP：京东提供仓储、配送和收款服务；LBP：京东提供配送和收款服务；SOP：卖家自行用快递进行配送。所以，商家入驻平台开店前，应该对不同购物平台进行一番比较研究。

1.4 网店对业务运营分析的必要性

在电子商务应用早期，网店依靠购物平台带来的优势，一般以低价与门店竞争。但随着购物平台和经营网店的商家数量的增多，愈来愈多的在线网店似乎又感到迷茫，在日益激烈的竞争环境中感受到了自身成长的巨大压力。与传统门店类似，流程优化、成本降低、效率提升、损耗降低、满意度提高、退换货率降低……，每一个运营环节都给网店发展带来新的挑战。如何让网店运营更为有效？如何及时发现网店运营中存在的问题？如何优化网店并稳步提高运营效果？显然，网店运营管理越来越重要。

为了更好地解决网店运营管理决策问题，网店运营分析越来越有必要。网店运营分析的必要性体现在如下三个方面：

1）网店经营策略优化需要

网店运营管理需要不断优化经营策略。通过分析市场、平台和网店运营情况，网店经营者可以清楚地评估市场环境和网店经营能力，从而指导网店制定和优化自身的经营策略，如：选品策略、定价策略、促销策略、服务策略等。

2）网店运营能力提升需要

网店运营管理需要不断提升运营能力。网店运营分析可以帮助网店发现自身存在的问题以及与同行其他店铺之间存在的差异，从而使网店查缺补漏，有针对性地采取措施或优化策略，不断完善自身的运营管理。对网店运营进行分析还有利于网店经营商深刻了解网店运营状态，以及如何调优网店运营的各个环节。网店运营的每一个环节的调优，都需要网店经营商持续地关注并分析年度、月度，甚至每周、每日的网店运营数据。只有分析网店运营的各个节点，才能逐步建立运营体系模型，并反复试错、不断调优，从而在发现问题、解决问题的过程中，逐步提升网店的运营能力。

3）网店客户服务改进需要

网店运营管理需要不断改进客户服务。网店运营的根本目的是通过在线方式为客户提供好的购物服务。服务创新是电子商务的灵魂。电子商务不是简单地用网店代替门店。网店的优势是可以基于电子商务理念为购物用户提供更好的服务。网店运营分析可以帮助网店更好地了解客户的购物习惯和服务要求，以便网店不断改进客户服务，从根本上提升网店的市场竞争能力。

　　对于一个网店经营者来说,学会网店运营分析至关重要。网店经营者应多方面、多角度去分析网店状态和销售数据,以便于随时做出相应的策略调整、能力提升和服务改进。虽然对网店运营情况进行分析是一项很烦琐、很枯燥的工作,但这却能给你的网店运营提供非常有效的参考数据,有利于自己网店的销售策略和推广预算的制定。总而言之,若想得到好的回报,就必须进行网店运营分析,网店运营分析水平直接影响着网店未来的发展前景。

1.5　网店业务运营分析的主要内容

　　网店业务运营分析是对网店业务运营效果及其影响因素的定性和定量分析。本书根据网店业务运营管理实践的需要,把网店业务运营分析的主要内容归纳为如下七个方面:客户界面与网站可用性分析、网店引流与流量转化率分析、网店推广与广告有效性分析、网店销售与订单有效性分析、网店选品与商品退货率分析、网店经营与商品营利性分析、网店服务与客户满意度分析。

　　1)客户界面与网站可用性分析

　　客户界面是商家与客户发生联系、产生互动的界面。通过这一媒介,客户可以感知、接触、体验企业的产品或服务。与门店类似,网店一个非常重要的作用,就是基于互联网创造和运用网络化的客户界面,让客户更好地感知、接触、体验其所销售的产品或所提供的服务。在网店运营中,客户界面与网站可用性,就是指网店使用在客户感知、客户接触、客户体验、市场营销等方面的有效、高效和满意程度。

　　2)网店引流与流量转化率分析

　　网店与门店最大的不同是运营的基础设施不同。门店的基础设施是门面房,网店的基础设施是互联网。网店与门店都需要有人访问。网店流量就是网店的访问人数。在网店运营中,商家首先要做的重要工作就是引流,也就是获客。网店流量转化率一般指成交人数占总访问人数的比例。更精细地衡量时,可以关注每个路径每一步的转化率,比如注册转化率、收藏转化率、购物车转化率等。

　　3)网店推广与广告有效性分析

　　网店运营离不开各种推广手段的运用。广告是最常运用的推广手段。广告有效性是指广告对业务增长的影响程度。网店广告有效性分析通常包括如下两个方面:一方面,推广方式分析。分析单位时间(周/月)的推广手段、方式、渠道,推广成本/访客来路/网店流量的比例,推广是否存在方式单一的问题、是否出现瓶颈效应,推广是否与同行重叠,付费推广与免费推广的成本比例,付费推广与免费推广的流量比例。另一方面,推广投入产出比分析。通过对网店推广投入产出比的准确计算,商家可以分析哪些推广环节是无效或低效的,哪些是行之有效的。对于有效的推广,商家可以继续追加费用,而对于无效的则可以选择减少推广费用,以达到使网店推广更为高效的目的。

　　4)网店销售与订单有效性分析

　　在电子商务应用中,人们通常运用网络店铺来销售商品和服务。有效订单是指客户完成了购买流程,并且已经成功支付的订单。有效订单的指标包括订单金额、订单数量、订单完成率等。网店可以通过数据分析,对有效订单进行分析,从而了解有效订单的情况。网店可以通过改善用户体验、优化营销活动、提升服务质量等方式来提高有效订单的数量。

5）网店选品与商品退货率分析

　　网店选品就是商家对销售商品的选择。随着电子商务应用的普及,越来越多的客户选择在网上购买商品。然而,随之而来的便是退货问题。退货率是指在特定时间段内,与总销售量相比,被客户退换货的订单数量占总订单数量的比例。退货率是反映网店客户满意度和商品质量的一个重要指标。所以,网店选品时的决策非常重要,网店要选择客户比较喜欢的商品进行销售。另外,网店也可以采取一些措施来减少退货率,例如提高商品质量、优化售后服务等。

6）网店经营与商品营利性分析

　　网店经营的目的是在为客户提供在线购买服务的同时获得利润。网店商品营利性就是指网店销售商品的盈利程度。网店商品营利性分析包括:网店商品销售成本核算、网店运营成本核算、网店推广成本核算、网店商品销售收入核算和网店商品盈利影响因素分析。网店经营成本过高会减少商品销售的盈利。

7）网店服务与客户满意度分析

　　网店运营离不开各种各样的服务,如售前、售中和售后的客户服务。客户服务会影响客户在网店购物的满意度。在网店运营分析中,客户满意度分析是尤为重要的一个环节。客户满意度是客户将购买行为的利得与投入和预期水准作比较后的结果。网店为客户带来了很多便利,但是网店的交易也常常存在问题。体验不佳的交易不仅会让客户感到不满意,还会对网店的声誉造成不良影响。访客单次交易平均沟通时间,卖家沟通技巧是否有不足、引导购买成功的比例、对产品是否熟悉、表达是否流畅、是否能主导沟通节奏、是否能够洞察买家心理,中差评是否能及时解决、售后是否能及时处理,交易量与投诉量比例,交易量与中差评量比例,客户维护是否到位等,都是网店经营需要注意的问题。

思考与练习

1. 在数字化水平越来越高的今天,网店与门店相比,有哪些优势?
2. 人们一般如何对网店进行分类?个人网店与企业网店有何不同?
3. 比较在淘宝、天猫、京东、拼多多等平台上开店所要具备的条件。
4. 网店运营是指与网店运作有关的工作,通常包括哪些内容?
5. 为什么要进行网店运营分析?如何理解网店运营分析的必要性?
6. 根据网店运营管理实践,网店运营分析可以从哪几个方面着手?
7. 当当网为什么既要开放当当平台,同时又在天猫平台开设旗舰店?

2 客户界面与网站可用性分析

【内容概要】
　　本章首先介绍客户界面及其可用性的相关概念与内涵,讨论客户界面可用性分析的必要性以及影响客户界面可用与否的主要因素,其次讨论网站的用户界面与可用性分析的相关问题,最后介绍网站可用性分析测试的常用工具以及网站可用性的改善措施。

【学习目标】
　　(1) 掌握客户界面可用性的概念和内涵。
　　(2) 理解客户界面可用性分析的必要性。
　　(3) 了解客户界面可用与否的影响因素。
　　(4) 了解网站的用户界面与可用性分析。
　　(5) 了解网站可用性的测试和改善措施。

【基本概念】
　　客户界面,界面可用性,网站可用性。

2.1 客户界面与界面可用性的概念

　　与传统门店一样,在线网店的运营离不开客户到访和互动。如何接触客户或者如何让客户了解网店的商品和服务是网店运营的核心内容。客户界面已成为取得竞争优势的新领域,出众的界面能力是唯一持久的竞争能力。本节重点讨论客户界面及其可用性的概念和基本内涵,以为后面的讨论奠定基础。

2.1.1 客户与客户界面

1) 客户

　　"客户(Customer)"一词源于称呼习惯。客户也叫顾客,是常常光顾某店铺或主户的人。客户时常光顾或买东西,与店主或主户维持良好关系。在市场经济中,任何商家都离不开客户。客户是商家服务的对象,没有客户,商家也就没有存在的必要。

　　客户可以指用金钱或某种有价值的物品来换取商品、服务或某种创意的自然人或组织,是商业服务或商品的购买者。他们可能是最终的客户、代理人或供应链内的中间人。所以,客户有不同的类别,如:消费客户,也叫 B2C(Business-to-Consumer,商家面向消费者销售产品和服务的销售模式)客户,他们是购买最终产品或服务的零散客户,通常是个人或家庭;B2B(也叫 BTB,Business-to-Business,商家之间进行的商业交易和销售活动)客户,他们是购买商品或服务(作为自己商品或服务的全部或部分),再销售给其他客户以赢取利润的客户。

2) 客户界面

界面(Interface),是指物体和物体之间的接触面。客户界面,顾名思义,就是商家与客户的界面。客户界面的概念,是从客户关系管理(Customer Relation Management,CRM)的"接触中心"发展而来的。CRM 的"接触中心",一般将电话、短信、传真、信函、网站、电子邮件等多种客户接触方式进行整合和集成管理。但是在 CRM 中,"接触中心"的出发点和立足点仍然是商家,很难站到客户的角度去换位思考。"客户界面"是一个全新的角度,可以让我们更好地研究客户注意力和兴趣点以及相关的因素。

从概念上说,客户界面是客户与商家发生联系、产生互动的界面。通过这一媒介,客户可以感知、接触、体验商家所销售的商品或所提供的服务。客户界面覆盖范围极广,可有形也可无形。如门店货架上的陈列和网店里的体验,已购买者的评价和网站的页面……,都可以是客户界面。

客户界面,是客户与商家打交道的"窗口",也是商家向客户展示商品和服务的"前沿阵地"。客户界面包括感知界面、接触界面、体验界面和营销界面等。在现代商业社会,客户界面越来越重要,已成为企业竞争优势的新来源。

客户界面的确定,就是要完完全全从客户的角度出发,通过情景再现和角色扮演,全程模拟客户的所见、所闻、所思、所想,即从客户产生注意到达成消费目标的全过程,进而画出客户行程图(Customer Journey Map),然后标出客户与商家、产品、服务产生交集的感知点、接触点、体验点。将这些点连接起来,即为客户界面。某一具体业务通常会存在多个客户界面,如表 2-1 所示的"草莓汁饮料零售的客户界面"。

表 2-1 草莓汁饮料零售的客户界面

客户界面	感知界面	接触界面	体验界面	营销界面
1	便利店门头	便利店货架	路边、家中	便利店海报
2	餐饮店餐牌	餐饮店餐桌	餐饮店	餐饮店促销员
……	……	……	……	……
N	搜索引擎	淘宝网店	家中	百度推广

对于客户界面,我们可以作上述比较抽象的理解。客户界面也可以表现为一些具体的形式,如:服务界面、用户界面等。服务界面,是服务视角的客户界面,是商家或系统向客户提供服务的界面;用户界面,是用户视角的客户界面,是产品或系统与用户交互的界面。

在不同的场景下,客户界面可以更具体地表现为具体技术支持下的服务界面或用户界面,如:Web 网站端界面、移动终端界面等。按照美国学者杰弗里·F.瑞波特和伯纳德·J.贾沃斯基所著的《客户界面——未来竞争优势》中的观点,通常的服务界面可以分成三大类型:人员主导服务界面、机器主导服务界面和人机混合服务界面。

很显然,网店和门店为零售服务提供了不同的服务界面。线上网店为客户提供了基于网站和(或)移动终端的用户界面,线下门店为客户提供了数字化服务界面或用户界面,甚至智慧无人商店为客户提供了高自动化程度的智能服务界面或用户界面。不同技术支持下的服务界面或用户界面,可以成为不同场景下的客户界面。

2.1.2 客户界面可用性

"可用性"一词最早出现在 1382 年,而第一次以近似于现在的含义被应用则是在 1842 年左右出版的《布莱克威尔杂志》(Blackwell's-Magazine)中。"可用性"是用来衡量产品质量的重要指标,它从用户角度来判断产品的有效性、学习性、记忆性、使用效率、容错程度和令人满意程度。随着计算机技术的发展,可用性概念在20世纪80年代由人因工程(Human Factors Engineering或Ergonomics)领域提出。

对于可用性的定义,引用最为广泛的是国际标准组织ISO 9241-11中对产品可用性的表述:一个产品可以被指定用户使用,在一个指定使用情景中有效地、有效率地、满意地达到指定目标的程度。其中,有效指用户达到指定目标的精确性和完全性,效率指用户精确、完全达到目标所耗费的资源,满意度则特指用户的使用舒适度和可接受程度。

对于可用性概念的定义,还有很多其他的观点,主要为以下几种。GB/T 2900.99-2016对可用性的定义为:(产品的)可用性是处于按要求执行状态的能力。它取决于产品可靠性、恢复性、维修性的综合特性,有时还包括维修保障性。Shakel将可用性定义为:技术的"能力(按照人的功能特性)很容易有效地被特定范围的用户使用,经过特定培训和用户支持,在特定的环境情景中,去完成特定范围的任务"。Hanson认为可用性包含两层含义:有用性和易用性。有用性是指产品能否实现一系列的功能。易用性是指用户与界面交互的效率以及易学性和用户的满意性。Hanson对可用性概念的定义把人这一因素的重要性又提升到了一个新的高度,突出了在与机器交互中,人的能动性与主导地位。Hanson的定义比较全面,但其对这一概念的可操作性缺乏进一步分析。著名的可用性研究专家Jakob Nielsen对可用性的定义描述为:可用性是关于某种东西是否容易使用的一种质量属性。更准确地说,它指的是人们能够多快地学会使用一种东西,在使用它的时候效率如何,它的使用方法是否容易被记住,使用时是否容易出错,以及用户是否喜欢使用它。如果人们无法使用或不愿使用某个功能,那么该功能还不如不存在。这个概念认为可用性包括以下五个要素:

(1) 易学性:产品是否易于用户学习?
(2) 交互效率:用户使用产品完成具体任务的效率如何?
(3) 易记性:将产品放置一段时间后,用户再次使用是否仍然记得如何操作?
(4) 出错频率和严重性:操作时出错的频率高低及严重程度如何?
(5) 用户满意度:用户对产品的满意程度如何?

产品在每个要素上都达到很好的水平,才具有高可用性。

可用性关注的是用户与对象在互动过程中的效力、效率和满意程度。客户界面,是商家与客户打交道的"窗口"。一个优秀的客户界面,可以帮助商家与客户建立良好的关系,并提升客户满意度。客户界面目标能力,就是商家如何适当地与客户相互作用,以为客户提供良好服务和支持的能力。客户界面的可用性,就是客户界面目标能力在效力、效率和满意三方面达成的程度。与门店类似,网店店铺提供与客户发生联系、产生互动的服务界面。网店可以是基于Web端的,也可以是基于移动端的。客户界面的可用性就是针对网店所销售的商品或所提供的服务,商家在与客户互动中能够提供有效的、效率高的和满意度高的服务界面。参照表2-1,在客户界面中,体验一般发生在线下,客户界面的接触点、感知点和营销点极大可能出现在网店中或网络上。所以,在互联网和电子商务环境下,客户界面的可用性,除了表现为网店的可用性,有时还表现为Web网站页面设计的可用性以及移动应用界面设计的可用性。

对于可用性概念的理解,我们还应当注意以下四点:

(1) 可用性不但是设计师在设计产品的过程中提升自身产品设计质量的有效方法,同时也是在设计后用来评价产品及用户界面设计是否易于使用的重要质量参数。当然,要注意的是,因为用户对产品的易用性也会因产品的不同而有所差异,所以可用性的评估指标和测试方式应该在不同的产品、不同的情境下有所改变,这样才能最大化地确保可用性测试的效果。常用的可用性研究方法,比如用户测试和专家评估等,也要因情况不同而有所侧重地使用。

(2) 可用性之所以作为评判产品是否符合用户需求、用户行为与认知需要的评判指标,是因为可用性与用户所使用产品的功能密切相关,且因用户使用产品功能的目的不同而有所差异。

(3) 可用性不是一成不变的,它会因可用性所满足的用户的不同、使用情景的不同、产品的不同等因素而有所变化。所以,在进行可用性评估时,要具体情况具体对待,而不应该一套标准"打天下"。

(4) 可用性测试应作为一项固定工作,贯穿于整个产品开发的始末,即从产品的开发之初就要进行必要的可用性测试工作,如对市场现存产品进行一定的可用性测试工作,或者通过测试原型的方式启发新的设计。

总而言之,可用性是表达某种东西使用时难易程度的一种属性。通俗地来说,可用性体现在人们掌握一种东西的快慢以及使用它的效率和体验等方面。

2.2 客户界面可用性分析的必要性

上一节,我们对如何理解客户界面及其可用性作了比较深入的讨论。如前所述,客户界面是客户与商家发生联系、产生互动的界面,客户依靠相关界面可以感知、接触、体验商家所销售的商品或所提供的服务。接下来,我们将进一步讨论客户界面可用性分析的必要性。

电子商务应用,在某种程度上,就是基于电子化的数字信息和网络构建有效、高效和满意的客户界面。客户界面可用性分析,就是对客户界面可用性进行系统分析。客户界面可用性分析的必要性主要体现在如下几个方面:

1) 有效的客户界面是商品或服务价值实现的保证

在任何商务活动中,商品或服务价值的实现,都离不开有效的客户界面。客户界面是客户与商家发生联系、产生互动的界面。没有客户界面,客户就难以感知、接触、体验商家所销售的商品或所提供的服务。无论是传统门店,还是网店以及各类广告,都是客户界面的一种具体表现形式。很显然,对于商品、门店、网店以及广告媒体,商家都有必要分析其作为客户界面的效力或有效性。

2) 高效的客户界面是客户与商家快速沟通的保证

对任何商家来说,他们不仅要考虑客户界面是否有效,还要考虑客户界面在使用中是否高效。对某种商品或服务来说,可能有多种可选择的客户界面。如何选择合适的客户界面,使商家易于被客户理解,这是客户界面选择的问题。有效和高效的客户界面一般需要商家在人力、物力和财力上作必要的投入。通常,销售费用反映了企业针对客户界面的投入策略,以及针对营销、广告宣传等领域的策略。另外,对门店和网店的布局,也是商家在客户界面效率提升和投入方面的重要决策。很显然,对于商品、门店、网店以及广告媒体,商家都有必要分析其作为客户界面的效率或高效性。

3) 满意的客户界面是商家能拥有忠诚客户的保证

对任何商家来说,只有提供满意的客户体验,才能建立忠诚的客户关系。客户界面是客户与商家打交道的"窗口",令人满意的客户界面在商家培养忠诚的客户中发挥着非常重要的作用。所以,商家在进行客户界面的选择和设计时,应该充分考虑客户界面对客户体验和忠诚客户关系的影响。很显然,对于商品、门店、网店以及广告媒体,商家都有必要分析客户对其作为客户界面的体验或满意度。

2.3 客户界面可用与否的影响因素

如前所述,客户界面包括感知界面、接触界面、体验界面和营销界面等。客户界面目标能力,就是商家如何适当地与客户相互作用,并为客户提供良好服务和支持的能力。客户界面的可用性,就是客户界面目标能力在效力、效率和满意度三方面达成的程度。下面,我们将从效力、效率和满意度三个视角出发,重点讨论影响客户界面是否可用的主要因素。

1) 对客户界面是否有效的影响因素

所谓有效的客户界面,就是通过客户界面,商家能够实现与客户的相互作用,以为客户提供良好的服务和支持。所以,对客户界面是否有效的影响因素一般有以下几个方面:

(1) 界面可视性:客户界面是客户了解商家及其商品或服务(信息)的界面。对客户来说,界面的可视性至关重要。如果界面及其传递的信息不易被看到,客户就不会感知界面及相关信息的存在,界面也就不能起到客户界面的作用。

(2) 界面可读性:客户通过界面传递的信息可以了解商家及其商品或服务。界面信息的可读性会影响到客户对商家及其商品或服务相关信息的理解和判断。如果界面设计复杂,不能让客户理解,客户就读不懂界面的所有信息,界面也就不能起到客户界面的作用。

(3) 界面互动性:客户界面不仅能向客户传递信息,也能为客户提供沟通方式或渠道,让客户能够与商家建立有效的联系或者建立有效的互动关系,以便商家在了解客户的基础上为客户提供有效的服务和支持。

2) 对客户界面是否高效的影响因素

所谓高效的客户界面,就是通过客户界面,商家能够以较少的投入帮助客户感知、接触和体验自身及自身的商品或服务,以达到销售商品或提供服务的目的。所以,对客户界面是否高效的影响因素一般有以下几个方面:

(1) 布局合理性:客户界面不合理,无疑会直接影响客户感知、接触和体验的效果,因而也自然影响客户界面的效率或高效性。所以,界面的合理性是门店和网店以及广告媒体设计中必须考虑的重要方面。不合理的界面设计,不仅达不到预期效果,也会增加界面设计方面相关费用的支出。

(2) 易于理解性:客户界面的易于理解性,是指客户界面的内容易于被客户理解和接受的程度,以便于客户界面能最大限度向客户传递信息或达到互动效果。所以,在界面设计时,商家要充分考虑客户界面是否易于被客户理解和使用,从而达到预期的沟通和互动效果。

3) 对客户界面是否满意的影响因素

所谓满意的客户界面,就是通过客户界面,客户可以简单、方便地与商家沟通交流,清楚地了解商家及其提供的商品和服务,并对此感到满意。所以,对客户界面是否满意的影响因素一般有以下几个方面:

(1) 设计简洁性:在数字时代,客户界面设计的简洁性对于商家来说是至关重要的。一个简洁的界面,如果能够在细节方面下功夫,同样可以让用户产生深刻的印象。所以,简洁的界面可以提高客户的使用体验,并提高客户的满意度和忠诚度。简洁的界面通常体现在以下几个方面:①内容烦琐程度低;②颜色搭配简约;③字体简单明了;④布局合理。

(2) 操作便利性:界面的操作便利性,通常是指界面的设计方便客户使用或操作,是界面要求客户或客户可以做某些行为或操作的便利程度。如果客户界面要求客户使用某工具或进行某些操作时要做比较复杂的操作,显然不会给客户带来好的体验。

(3) 服务满意度:界面的服务满意度,是指客户对通过界面感知和接触商家及其商品或服务过程中的综合服务的满意程度。客户满意度,不仅与客户对客户界面系统本身的体验相关,也与客户通过界面感知和接触到的服务质量或服务水平相关。所以,客户界面的服务体验是影响客户满意度和忠诚度的重要因素。

2.4 网站的用户界面与可用性分析

前一节,我们讨论了影响客户界面可用性的主要因素。客户界面是一个比较一般的术语。现实中的客户界面,可以是任何可以用来向客户展示信息的界面。网站界面是电子商务应用中经常遇到的客户界面。下面,我们将重点讨论网站的用户界面及其可用性分析。

2.4.1 网站界面及其设计要求

我们已经进入互联网时代,互联网应用离不开各种网络站点,也叫网站。网站界面是指网站呈现给用户的视觉界面,包括网页的布局、颜色、字体、图标、按钮、导航菜单和其他设计元素,以及用户与网站进行交互的方式,如输入表单、点击按钮、滚动页面等。网站界面的设计旨在为用户提供良好的体验,使用户能够轻松地找到所需的信息或完成所需的任务。一个好的网站界面不仅要美观,还要易于使用和导航。

在电子商务应用中,网站界面可以是网络店面,也可以是网络广告界面。所以,网站界面设计非常重要。网站界面设计一般须符合如下几个方面的要求:

1) 简洁明了

网站界面设计,一般需要简洁明了,能够让用户一目了然地了解网站的内容和功能。

2) 美观大方

网站界面设计,一般需要美观大方,符合用户审美,能够让用户拥有愉悦的视觉体验。

3) 易用性强

网站界面设计,一般需要考虑易用性,能够让用户快速找到需要的信息和功能,减少用户的学习成本。

4) 兼容性好

网站界面设计,一般需要考虑兼容不同的浏览器和操作系统,能够确保用户在不同的设备和平台上都能够正常浏览和使用网站。

5) 交互性强

网站界面设计,一般需要考虑可交互性,能够让用户与网站进行互动,提高网站的互动性和用户参与程度。

2.4.2 网站用户可用性的内涵

网站的用户可用性,是指网站能够真正为用户提供功能信息的实用性,是对用户在浏览网站过程中达成目标是否顺利以及在这个过程中用户是否满意的综合衡量。网站的可用性体现在有效性(Effectiveness)、效率(Efficiency)和用户主观满意度(Satisfaction)三个方面。

网站的有效性体现在网站的正确性上,网站的正确性是网站的编码正确,各个页面、各个功能都能正常工作。网站的效率体现在用户能够快速完成自己的任务上,具体可分为网站性能、信息体系结构、搜索功能等方面。网站性能受到很多因素的影响,如服务器、网络带宽、网站的实现技术等;网站信息体系结构如果和用户的期望相匹配,则用户能够快速地找到他们所需的信息;同时,网站的搜索功能应提供基本搜索和高级搜索,并将最有可能接近用户需要的信息排在最前面。网站的满意度是指用户使用网站进行交易时觉得舒适而满意,用户方便、快捷地在网站中完成了目标任务。由上可知,良好的用户体验是网站存在的必要条件,同时也是网站可用性的基本目标。

2.4.3 网站用户可用性的研究现状

国外学者对网站可用性的研究成果已有很多,包含不同的研究范围和研究视角,其研究进程体现了由定性研究向定量研究的过渡。其研究内容包括网站整体规划、网站界面设计、网站综合评价以及可用性指标的适用性等各个方面。一般是从如下三个角度研究网站可用性:

(1) 网站定性评价研究:网站定性评价研究是最早选择使用的方法,这种方法的优势在于在发现问题和解决问题方面具有较高的效率。这种方法的缺点在于主要依赖研究者和专家的经验和主观意识,虽然对网站可用性评价方式提供了有价值的意见,但是其研究成果无法摆脱人的主观意识所带来的局限性。

(2) 网站定量评价研究:由于网站定性评价研究本身具有主观性,研究者进一步提出了网站定量评价研究。采取的方法是设立可用性指标来评价网站的质量和有效性。该方法将理论与实证相结合,首先进行理论假设,然后对假设的理论进行验证,最终形成相关评价标准。

(3) 网站技术评价研究:网站技术评价方法是通过一定的技术方法,开发有针对性的高科技测试工具,并以此来直接或间接地完成网站可用性评价测试。在此研究领域中,具有代表性的学者是 Hassan and Feng Li。他们提出了基准化技术,并将其应用到了网站可用性与内容有效性评价的框架之中。经过实际测试,他们证明了基准化技术对于评价网站的可用性和内容有效性具有重要作用。

国内学者对于网站可用性的研究相对比较少,主要还是通过借鉴国外学者的研究思想,通过对国外可用性理论研究成果以及实际应用的梳理,结合中国本土网站的实际情况进行不同程度的研究。从研究方法来分,主要包括以下三个方面:

(1) 网站可用性理论评价研究:在网站可用性理论评价研究方面,国内学者主要还是站在理论基础的角度进行观点阐述,对国外以往的研究成果进行梳理、总结,并在此基础上进一步拓展。一些研究过于原则性,缺乏一定的可操作性。具体的操作在很大程度上依赖于网站开发人员对可用性的理解。同时,我国的可用性问题研究尚不完善。因此,这些指导性建议的提出,由于缺乏一定的实证作支持,无疑有待进一步考证。

（2）网站可用性实证评价研究：实证性研究方法在网站可用性评价中的应用，从某种程度上可以说，是我国研究者真正进行可用性研究的开端，是在运用了科学的研究方法的基础上寻求的一种创新。这种研究主要是从技术、定量两种研究视角展开。这些研究成果的得出，都经过了一定的实践检验，从研究方法上都具有一定的可借鉴性。但是由于这些研究只局限于一般网站中的某一方面的探究，无形中带有一定的局限性，对网站可用性的全面研究还有待进一步开展。

（3）网站可用性整合评价研究：考虑到上述研究中存在的不足，我国一些学者又进一步改进了研究方法与研究视角，采用了归纳与实证相结合的研究方法对网站可用性进行全面的研究。

通过梳理国内外学者在"网站可用性"领域的研究，我们发现，在这些研究开展的过程中，在研究对象经历了从一般网站到具体某类网站的过渡、研究方法经历了从理论研究到实证研究的过渡之后，网站可用性的研究对网站的设计具有了一定的指导性与可借鉴性。

2.4.4 网站应用的用户可用性问题

随着人类步入21世纪，互联网应用迅速发展，"网站"这个词已被大家所熟悉。当今世界是被互联网连接的世界，网站建设与发展越来越重要。网站作为一种信息系统，由于设计者和用户的认知和希望不同，引发了诸多可用性问题。例如，有些电子商务网站过于追求网页制作技术的运用和图形色彩的表现，却忽视了网页内容的组织性，使页面显得华而不实、杂乱无章，导致用户不能清楚、快捷地找到所需信息；有的网站忽视了用户对纸面信息与web信息浏览的区别，导致用户阅读不便；有的网站充斥着无效、过期的死链接，给用户造成寻找信息的挫折感。诸如此类，都极大地影响了网站的可用性。

Jakob Nielsen可用性专家组在2000年对20个电子商务网站作了测试。研究结果显示，电子商务网站的可用性很差，即使是Amazon.com也仅达到72%。近几年来，网站的可用性受到了很多商务网站的重视。大型网站和中型网站的可用性有所改进，但小型网站的可用性还是很差，忽略了网站很多部分的可用性设计。提高网站的可用性不但能充分增加商业网站的销售额，而且能让商业网站更具有生存和竞争优势。网站可用性的高低会给用户带来完全不同的两种体验，可用性高的网站能使用户及时在该网站找到所需要的产品。

网站的可用性问题浪费了用户大量的时间和精力，并给用户造成不愉快的上网体验。对电子商务网站来说，它们也面临着大量用户流失的局面。目前，网站的数量增长很快，但是网站的访问量却与网站数量的增长不成正比。有的情况下，网站建成了，任务完成了，用户也不去访问。我们发现，绝大多数网站的设计，除了内容太少、信息陈旧以及技术落后等，还存在着严重的可用性问题，主要表现在以下方面：

1) 易读性

网站所产生的阅读问题，主要是网站的小字体或固定字体影响了用户的阅读。文本和背景的对比度过低也可能产生易读性问题。

2) 链接

很多网站的设计者，在设计网站的时候，违反了网页链接设计的五大指导方针：使链接显而易见；对访问过和没访问过的链接加以区分；能够向用户解释链接的另一端是什么内容；避免JavaScript的使用；避免在新窗口中打开网页。

3) Flash 的使用

如果网页的内容是枯燥的,商家可以去重写文本或找更专业的设计师来设计更好的图片,不要企图用 Flash 来改变这种状况,因为大多数用户认为动态内容是无用的。

4) 重点内容或者功能不突出

重点内容和功能应该尽可能放在显著位置,并且内容要可浏览、有意义,功能执行要与用户习惯相一致。

5) 不好的搜索引擎

当网站信息量比较大的时候,对于用户来说,一个良好的搜索引擎无疑是好网站的一项基本要素。

6) 界面设计没有针对性

很多网站未能根据用户的不同提供个性化的服务。如 C2C 电子商务网站的界面设计可以根据买家和卖家来分类,也可以根据男性用户和女性用户作进一步的细分。对于不同类型的用户,网站界面的设计没有针对性。

7) 不方便的交互式表单

表单的设计应该注意以下几点问题:删除不必要的问题;如果没有必要,不要强制设计一些必填的表单区域;支持表单的自动填充功能;把键盘输入的焦点放在首选区;允许自由输入电话号码等信息。

8) 缺乏帮助和提示

当访问到一个错误页面时,缺乏帮助用户识别、诊断以及从错误中恢复的信息或提示。

由此可见,网站的可用性问题存在普遍性和严重性,这对网站发展会产生不容忽视的负面影响。对用户来说,电子商务网站的可用性问题会造成时间和金钱上的浪费,降低效率,形成负面的心理体验,造成挫折感;对电子商务网站来说,低可用性会导致用户流失,降低用户重复访问率,增加网站维护成本,增加培训和技术支持需求,降低企业声誉和竞争力等。

如图 2-1,这是一家网站的应用下载页面。用户访问该页面最主要的目的就是下载所需

图 2-1 某网站的应用下载页面

的应用软件。从图2-1中我们可以看出,该页面中不仅充斥着各种广告,而且最为不便的是无法快速找出下载的链接,这样便大大地降低了用户体验。

从上文我们知道,目前很多网站在设计上存在很大问题,这不仅仅是技术上的问题,更是理念上的问题。很多网站设计者还没有正确认识到用户体验的重要性。所谓用户体验是指帮助用户快速、容易地在网站上完成他们的操作。

在图2-1所示的网站中,我们可以看出,这家网站没有把用户体验放到足够重视的位置。用户在进入该下载页面后会花费很长一段时间来寻找下载链接,在这个过程中也可能会错误地点击到其他不需要的链接,这无疑为用户获取有效信息设置了重重障碍。用户在进入网站后只会简单地快速扫描网页,如果找不到所需的内容,就会迅速离开并寻找下一个信息提供者。因此,当一个用户进入网站后,发现自己需要经过大量的思考及探索才能搜索到所需要的内容,当然他会非常地不满意,并快速地离开。据研究,如果在首次访问网站后无法获取所需信息,那么40%的用户会放弃再次访问。这会让该网站流失大量的用户,从而削弱网站的竞争实力,并最终被用户淘汰。由此我们可以看出,用户体验对于网站设计的重要意义。

网站可用性分析可以帮助我们了解用户需求,同时指导我们提高用户体验。在电子商务类网站中,用户体验尤其重要。因此,网站可行性分析也成了评价电子商务网站质量的一个关键要素。如果客户在网上找不到所需的产品,他们就不会购买产品,商业网站就会损失潜在销售额。现在很多客户从传统的购物方式转换到网上购物并把越来越多的钱花费在网上购物上,然而很多网站经营者把大把的钞票用于广告宣传上,以吸引客户访问该网站。网站开发人员在网站设计中过分追求美工和新技术含量,似乎没有考虑可用性在其商务站点和买卖过程中的作用,结果是忽视了客户需求、网站缺乏内容量和网页缺乏人性化设计,导致客户放弃购买或不再访问该网站。

在一些公司网站中,可用性分析也十分重要。通过可用性分析,我们可以更加了解用户的类型、用户的访问目标以及用户的浏览习惯等等。据此,网站设计者可以将网站设计得更为合理,从而帮助用户更加顺利而又满意地完成访问。如果网站缺乏必要的分析,那么很可能会因此而无法运作。因此,网站可用性分析对于网站运营的成功起着至关重要的作用。

2.4.5 影响网站可用性的因素

对于网站的用户来说,可用性是一个相对主观的用户体验。对于同一个网站,不同的访问者由于在审美观、知识、习惯以及经验等方面存在着巨大差异,所以他们很可能会给出完全不同的评价结果。虽然不能找出大家都一致赞同的影响因素,但是一些普遍存在的规律是可以测试并需要注意的。根据对网站用户的调查,以下几方面的因素会影响网站可用性。

1) 与网站设计相关的因素

(1) 页面设计不规范:很多用户在访问一个网站时,他可能已经拥有大量的网站访问经验,同时他也会形成一种页面构架的心理期望,比如网站首页页面在顶端设置导航、必要的网站搜索栏,链接的文字加下画线,等等。如果网站没有按照用户的期望设计网页,用户会感到非常迷惑。而当网站做了他们期望的事情时,用户会非常愉悦。也就是说,如果网站设计不合用户的操作习惯,那么会给用户带来操作上的不快,例如在网站首页设置太多的内容、设置了水平滚动条、后退按钮无法正常使用等。这些网站设计时没有充分考虑到用户的操作感受,从而使用户很难愉快地完成访问并获取所需信息。

(2) 弹出式窗口：当用户单击一个链接或按钮时，他们通常会期望一个新页面出现在最后一个页面的位置上，而不是在新窗口中打开。为了撤销所做的动作，他们会单击"后退"按钮。如果网站的设计人员总是在一个新的浏览窗口中设计新的内容，而不是重用当前的窗口，那么用户就不能通过"后退"按钮返回上一个页面，而只能通过关闭当前窗口进入上一个访问页面，这会增加用户操作的复杂性，为用户带来不必要的麻烦。

(3) 用户常用功能位置设计问题：一个网站的老用户很可能会经常使用网站内的特定功能。如果用户无法自定义这些功能在网站内的位置，并且这些功能也不在网站首页或者导航位置，那么用户每次使用这些功能时都必须进行很多重复的操作，这会给用户带来很大不便。例如，百度首页没有"百度百科"这一搜索选项。当用户选择"更多"来查找"百度百科"功能时，显示的页面如图2-2所示。百度产品展示页中一共有近90种百度产品，而"百度百科"这个常用功能却未能显示在第一页面上，这需要用户花费大量时间来寻找。

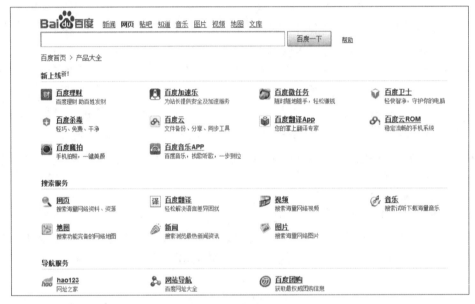

图2-2 百度首页显示

(4) 网站信息导航不完善：众所周知，几乎每一个网站都有一定的信息导航区域。如果用户进入了一个没有导航的页面（即孤立页面），那么他就无法到达他要去的地方。例如，一个网站内部有很多层次的链接，在你点击进入最底层页面后，页面中没有任何其他的链接来返回首页，那么你只能通过多次点击"后退"按钮来返回首页，这会大大增加用户的无用操作。一个设计良好的网页应该在每一个站内页面上都有导航栏。

(5) 浏览器平台间的不兼容：目前，人们使用的主流计算机浏览器是 Microsoft 的 IE，但也有一些其他的浏览器，如 Google、360 公司提供的浏览器。人们也可以通过手机上网。这样可能导致同一个网页在不同浏览器上的浏览效果不同，甚至人们不能打开网页。很少有用户会选择重新下载与之兼容的浏览器来达到浏览的目的。

(6) 没有用户反馈途径：很多用户在使用网站获取信息的同时，也希望对网站的建设提出建议与意见。但是网站在设计时，往往会忽略增加同用户沟通的渠道。对于一个网站的老客户来说，他们很愿意提供这种建议，这种建议也很有价值。所以，用户感觉到的问题长时间得不到解决，就会引发用户的不满意，从而影响网站的可用性。

【知识拓展】

关于点击时间的菲茨(Fitts)定律

点击屏幕上方元素所需的时间是由 Fitts 定律来决定的。该定律指出：使用指点设备到达一个目标的时间是和达到该目标的距离除以该目标大小的商的对数成正比的。目标离得越远，点击它花费的时间就越多。不过，这条定律指出，时间仅仅按照距离对数的增长而增长，这意味着增长相当缓慢。这是因为人们移向很远处的目标时，他们会加快移动的速度。

Fitts 定律也指出：某物体越大，点击它所需的时间就越短。这是因为用户不需要精确地指到某个位置。因为"后退"按钮很大，所以点击它会很快。点击大目标的方便性正是我们推荐使用企业标志作为指向主页的链接的一个原因。

2) 与网站内容设计相关的因素

(1) 过于密集的内容：一个充满密密麻麻文字的网页会让用户感到沮丧，因为他不得不花费大量的时间从这些文字中找到他所需要的信息。有人把这些文字比喻成乌龟坚硬的外壳。很多"掠食者"会放过这个行动迟缓的家伙，因为根本不值得花费时间和力气来打开它的外壳以便吃到肉。Web 用户也经常会认为没有必要花费那么多的时间到密集的文字中寻找信息。

(2) 过多的 Flash 动画技术：大段的 Flash 视频会让用户坐在计算机前无所事事，并感到无聊透顶。他们唯一能做的就是赶快离开。网站的设计者往往是编程技术高手，他们喜欢玩一些故弄玄虚的技巧，让网页看起来与众不同。但用户往往并不买账，他们只关心那些自己最想要的信息。另外，过多的 Flash 动画会让网站的访问速度大大降低，使用户失去耐心。

(3) 网站内容不切实际或者过于陈旧：网站内容描述得越华丽，信息的可信度越低，用户就越容易离开而转到其他网站。应当用最通俗、简单的语言向用户描述产品或者服务给用户带来的好处，而不是看似悬乎的各种功能。同时，如果一个网站很久都没有进行更新，访问者便会逐渐对其失去兴趣。例如，国内很多公司主页中的信息几个月才更新一次，用户多次查看后如果都未曾更新，便会将其列入"黑名单"，即使以后更新可能都不再会进行访问。

(4) 网站内容的不一致性：大公司可能会有很多子公司(子部门)，他们的网站都是单独设计的，完全没有考虑网页之间信息的关联性。他们网站的设计风格也完全不同，根本看不出他们属于一个公司。

(5) 过早地要求用户提供个人信息：如果当你第一次访问一个网站的时候，它要求你必须进行注册并且提供部分个人信息才能继续进行访问，那么你会怎么做呢？很大一部分用户会选择放弃访问，这是因为注册会占用很长一段时间，同时用户对于第一次访问的网站也不是十分信任。如果需要了解用户，那么最好是先与客户建立一定的联系，随着关系的深入再慢慢地让用户提供信息。例如，在卓越亚马逊上，你可以匿名访问并搜索所需要的信息。只有当你要进行购买时，网站才让你提供姓名、电话等信息。

2.4.6 网站可用性的评价标准

浏览网站的用户是异质的。在 Web 2.0 时代，用户浏览网站有各种各样的驱动因素，他们也许是为了寻找信息，也许是满足消费需求，也许只是网上冲浪、娱乐等等。用户的定义变得更加模糊，因为任何人都可以到达 Web 站点。角色和目标的不同，使每个用户对网站的需求也都不同,这使得影响网站评价的因素增多。鉴于网站的特殊性,评价网站的可用性就需要一个合理全面的评价体系。目前存在很多种关于网站的评价指标体系,但是每一种指标体系都有一定的适用范围。不同类型的网站应具有不同的网站评价标准。由于本书主要讨论网店运营分析,接下来我们将主要讨论电子商务网站的评价。

为了更好地了解网站可用性评价指标,我们主要介绍微软公司提出的可用性评价指标,即微软可用性指南(Microsoft Usability Guideline,MUG)。MUG 围绕五个主指标形成了对网站进行可用性评价的基础,这五个主指标是:内容、易用性、促销、定制服务、情感因素。可以认为,这些指标覆盖了与网站可用性有关的所有特征。这五个指标并不是同等重要的,它们与网站所处的行业、用户浏览网站时的角色、用户的目的等因素密切相关。微软可用性指南包括主指标和子指标,其中,五个主指标中的四个可以进一步分解。

1) 内容(Content)

内容用来评估网站所包含的信息以及将这些信息传递给用户的能力。在 MUG 中,该主指标包含 4 个子指标,用来刻画与内容有关的各个特征。这些子指标是:

(1) 关联性(Relevance):表示内容与核心用户的相关性,即网站所提供的信息是否和该网站的核心用户紧密关联。

(2) 媒体使用(Media Use):表示适当的多媒体技术的使用。网站是否在文字、图像、图形、声音、动画等多种信息表达形式中选择合适的媒体来表达信息内容。

(3) 深度和广度(Depth and Breadth):用来检查网站信息的深度和广度。网站的内容应该既要有一定的详细程度,又要有一定的覆盖面。

(4) 适时性(Current and Timely Information):网站的内容是否及时更新,以及网站是否提供相关的时间信息。

2) 易用性(Easy of Use)

易用性指的是对用户使用网站时的能力上的要求。站点对用户能力的要求越低,则该站点越易使用。如果一个网站必须是经过某些专门培训的人才能使用,那么该网站的易用性就很低。在 MUG 中,该主指标下有三个子指标:

(1) 目标(Goal):指网站的主题对用户来说是否清晰、易于理解。

(2) 框架结构(Structure):指网站的信息组织方式是否方便用户使用。

(3) 提供资料(Feedback):指网站是否给用户提供了使用该网站的引导信息。

3) 促销(Promotion)

促销是指网站在 Internet 或其他媒体上的广告宣传能力。一个网站的促销能力对促进该网站的交易是很关键的。在 MUG 中,"促销"没有下一级细化指标。

4) 定制服务(Made for the Medium)

定制服务是指网站满足特定用户需求的能力。网络提供了为客户量身定制服务的空间,个性化是网站的关键需求。事实上,当今的市场营销策略,如关系营销、个人对个人营销等,都要求网站不能设计成静态的,而应当能提供动态的、能满足特定用户独特需求的内容。"定制服务"分成了三个子指标:

(1) 社交(Community):指网站是否给用户提供参加某个在线小组、与其他用户进行交流的机会。

(2) 个性化(Personalization):反映网站为用户量身定制服务的技术上的能力。

(3) 时尚(Refinement):指网站能及时反映当前主流趋势的能力。例如,采用主流的技术、采用大家普遍接受的表达方式等。

5）情感因素（Emotion）

情感因素是指网站做出情感反应的能力。实践表明，软件系统能像人一样有情感地做出反应，这在计算机使用环境中起着非常重要的作用。MUG的"情感因素"有四个子指标：

（1）挑战性（Challenge）：指能使用户在使用网站过程中克服一定困难而产生某种成就感。但不能为追求挑战性而使网站功能复杂，或使人模糊、困惑、难以理解。

（2）情节设计（Plot）：指网站如何激发用户的兴趣。例如，使用像故事一样的情节，一步步引人入胜。

（3）品质力量（Character Strength）：指通过网站传递出对客户的吸引力，使用户产生对网站的信任感。

（4）节奏控制（Pace）：指网站提供给用户的控制信息流的能力。用户可以根据自己的实际情况，选择合适的信息量及速度。

微软公司所提出的可用性指南，在一定程度上为我们评价网站可用性指出了一条明路，但是中美客户群体以及文化等方面的差异决定了我们不能照搬这种现存的标准体系。我们可以参照 MUG 提出适合国内网站的评价标准。

2.5 网站可用性的分析测试与改善

对于网站可用性的评价标准体系，我们已经有了一个初步的认识。但是如何利用这个体系帮助我们完善网站还需要更进一步的探索。提高网站的可用性是人们非常关心的问题之一，而改善网站可用性所采用方法的核心是以用户为中心的设计方法（User Centered Design，UCD)，该方法强调从用户的角度来进行网站的设计开发。为了改善网站的可用性，可用性人员通常需要大量的用户行为数据来分析和发现可用性问题，从而进一步改善网站的可用性。基于这种需求，各种用于自动收集和分析用户行为数据的方法大量出现。只有通过对用户在网站中的动作行为进行分析，我们才能了解到网站在哪一方面存在问题，进而找出解决问题的方案。

2.5.1 网站可用性的分析测试

基于网站用户的行为记录来分析网站可用性，其核心就是取得用户在网站页面内的详细行为。下面就让我们来了解几款网站可用性分析测试工具及其应用。

1）Userfly

Userfly 可以提供免费的网页访客动作记录服务。只需要在网页中添加一段简单的 JavaScript 代码，它就可以记录访客从打开该网页到关闭该网页整个过程中的动作。它能够帮助你记录的内容包括鼠标移动、点击以及键盘输入等动作。对于网站拥有者来说，Userfly 可以很方便地对用户行为进行检测和分析，并通过 A/B 测试等方法为网站界面设计和用户体验提供非常有价值的信息。

2）ClickTale

ClickTale 是对网站的访客浏览行为进行分析的一个工具，如图 2-3 所示。它以类似视频的方式将访问者在网站上进行的操作全部记录下来，可以在线观看，也可以将其下载到电脑上。

图 2-3 ClickTale 工具

ClickTale 的访客行为视频记录,可以帮我们更好地布局网页,从而给访问者带来更好的用户体验进而提升转化率。它还提供了实时监控的性能分析、转化分析、链接分析以及先进的过滤和市场分析。

ClickTale 是一个颠覆传统的流量统计记录工具,可以帮助站长深度了解来访者的相关信息。ClickTale 最大的特色便是可以在线录制访客们的所有动作,用户只需要在网页中添加一段代码即可在后期像回放电影一样通过录制视频来了解访客们的一切动作。ClickTale 还存在点击数预览的功能,让我们在热力图(Heatmap)中收看到每一次鼠标按下链接时的相关数据。

3) Mouseflow

Mouseflow 是一款在线分析工具,它能对访客的浏览习惯和鼠标操作行为进行跟踪,从而获取人们对页面的关注范围和操作习惯,为我们进行页面优化提供重要依据。它将汇总分析人们在页面上的鼠标操作动作,并以直观的热区图形式反映出来。

利用 Mouseflow,我们可以分析出自己站上的热区图数据,把访客最关注的内容放到热区范围内,从而完成对网站内容和布局层面的优化。我们可以在 Mouseflow 的结果页面中查询到页面浏览量、平均访问深度、平均访问时长、web 页面情况、最热页面等统计数据。通过这些数据,我们可以分析出访客的地理位置、来源链接、进入页面、浏览页面量、停留时间、所使用的浏览器等。同时,该软件还为用户提供了网站用户鼠标点击视觉热区分析,这也是 Mouseflow 的一大特色。通过热区图,我们可以对网站内的设计重新规划,从而提高网站可用性。如图 2-4 所示。

4) 眼动追踪

眼动仪,用于记录人在处理视觉信息时的眼动轨迹特征。作为心理学研究中的一项重要工具,它被广泛地运用于工业设计、广告设计、可用性测试、市场研究、体育运动、交通驾驶、航空运输、信息传播、司法侦探等学科领域。近年来,眼动追踪技术作为描述和诠释用户行为的方法,逐渐在网站的用户体验研究中得到了应用。目前,我国拥有眼动仪和利用眼动追踪技术开展网页、软件、手机、信息产品可用性研究的机构和人员越来越多。

现代眼动仪的结构一般包括四个系统,即光学系统、瞳孔中心坐标提取系统、视景与瞳孔

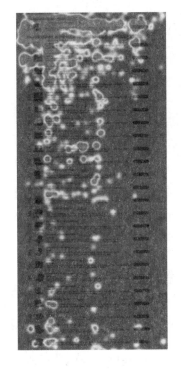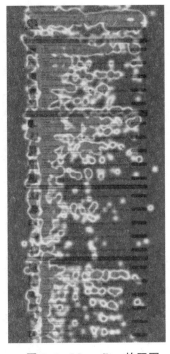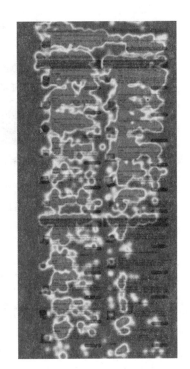

图 2-4　Mouseflow 热区图

坐标叠加系统和图像与数据的记录分析系统。眼动有三种基本方式：注视(Fixation)、眼跳(Saccades)和追随运动(Pursuit Movement)。眼动可以反映视觉信息的选择模式，对于揭示认知加工的心理机制具有重要意义。从研究报告看，利用眼动仪进行心理学研究常用的资料或参数主要包括：注视点轨迹图、眼动时间、眼跳方向的平均速度以及时间和距离、瞳孔大小和眨眼。

眼动追踪技术对网站可用性的研究主要包括对网页浏览习惯的研究和对网站页面布局的研究两个方面。其中，对网页浏览习惯的研究主要是通过观察、分析网民的网页浏览数据，来获取相关资料，从而对网页的结构、设计、内容等对网民的影响力作出判断，并且进一步推断出网站如何实现最优布局才能对网站受众产生最大的视觉和心理影响。

(1) 网页浏览习惯的研究：在眼动研究中，我们发现，浏览不同网页时，被测试的用户注视习惯几乎一致。最普遍的浏览模式呈 F 形注视点分布。当然，并不是所有被测试用户的注视点都呈 F 形分布，也会有 E 形的和倒 L 形。但是大部分数据都与 F 形注视极为相近，其实它们都是 F 形注视的衍生。

眼动追踪研究对用户在浏览三个不同网页时的眼动轨迹进行了记录，其中第一幅图所展示的是典型的 F 形注视点分布，如图 2-5。通过对记录数据的分析，我们能够清楚地了解到用户注视这三个网页的先后顺序，及其对其中某一部分的注视时间、注视次数，其眼跳距离、瞳孔直径变化等，并以此来分析用户的心理活动，从而为网页布局提供有效的信息，为网站企业对网页结构、内容、广告确定以及优化等的决策提供强大的理论支持。需要注意的是，在眼动追踪技术对网页浏览习惯的研究中，这只是其中一个细微的共性。更精确有效的信息和研究，还有待对每个网站进行更具针对性的可用性测试。

图 2-5 眼动追踪研究

（2）网站页面布局的研究：相对于眼动追踪技术对网页浏览习惯的研究，其对网站页面布局的研究目的虽与前者的研究目的有一定的相似性，但是由于对后者的研究有了很大的创新，因而对其研究的目的也有了更高、更新的要求。眼动追踪技术对网站页面布局的研究是致力于使用户感觉更加顺畅舒适，在浏览页面习惯性的注视动作上，优化网站页面的内容，使浏览者更便捷地找到自己所需要的内容。具体地说，眼动追踪技术通过记录被测试人员的眼睛运动轨迹，一方面来分析用户的眼动轨迹和浏览习惯，另一方面完整而客观地还原用户对页面各部分的视觉注意力、注视轨迹和关注质量，通过眼动追踪对三大门户网站的可用性进行研究。与 MSN 和 SINA 相比，SOHU 首页的页面布局更加均匀，如中间纵向分为三列，并且内容色调基本一致，宽窄也相当接近，这更加有助于用户注意力的均匀分配。通过这三幅图的分析结果，我们能够较为直观地得出不同的网页分别需要改进的地方有哪些，从而设计出更吸引人的网络页面布局。

在网站可用性研究的方法中，可用性测试、问卷调查和焦点小组等传统方法一般都是建立在测试人员与被测试人员交互的基础上的，测试结果在一定程度上会受到测试实施人员的影响。眼动追踪技术的优势在于它可以细致、直观地观察和记录用户的浏览方式和浏览习惯，从而发现传统的可用性测试很难发现的东西，为分析用户行为提供了丰富的补充资料。尤其是对于网页的设计和布局，眼动追踪技术通过记录被测试人员的眼动轨迹，不仅可以分析用户的眼动轨迹是否流畅和合理，还能完整地还原用户对页面各部分的视觉注意力、注视轨迹和关注程度。

在 21 世纪，眼动追踪技术成功成为一门实践科学，普遍地应用于学术研究和商业领域。随着眼动追踪技术的不断创新和发展，以及互联网技术需求的不断加大，其在网站可用性方面的应用将越来越广。利用眼动追踪技术所提供的数据和信息，网站企业的页面设计将越来越具有体验性，使用户获得耳目一新的浏览感受，从而为网站发展带来优势，也使用户更加快捷、便利地从网络获取所需要的信息。

类似于上述网站可用性分析的工具还有很多。通过这些软件，网站运营商可以很好地了解自己网站是否符合用户的期望，从而改善不足，提高网站可用性，为产品的成功销售奠定坚实的基础。

2.5.2 网站可用性的改进措施

网站的可用性是指用户能够轻松地浏览和操作网站的能力。一个具有良好可用性的网站能够提供给用户友好的体验，吸引更多的访问者并增加转化率。从以上部分的讨论中，我们可以清楚地了解到网站可用性对商业网站的重要性，提高网站的可用性无疑成了大家心中迫切想知道的内容了。但是并不存在一种适合所有类型网站的可用性改进方法。由于本书的主要研究对象集中在网店上，因此，我们将对提高商业网站的可用性提出部分改进的建议。

在 Web 2.0 时代，决定一个商业网站成败命运的，不仅是网页的视觉设计，也有设计的可用性和有效性。访问网页的用户拿着鼠标，决定着一切，"以用户为中心"是网站设计的一个趋势。没有丝毫用处的功能存在网页中，将会影响用户的页面体验，从而降低网站的可用性。因此，我们在分析提高网站可用性的方法时，应该站在用户的角度来思考。据此，我们提出以下几条措施建议：

1) 减少用户思考的时间

根据克鲁格(Krug)的可用性第一原则，网站的页面设计应当清晰明了。一个成功的网站应当避免让用户经过反复慎重的考虑才能做出决策。如果网站的导航和结构不是直观的，产生问题的数量就会大增，且使得用户很难理解系统是如何工作的、怎样才能从 A 点跳转到 B 点。一个清晰的架构、中等强度温和的视觉引导、易于识别的链接，可帮助用户找到实现目标的途径。清晰和一致的导航栏，使用户能够快速找到所需页面。适当的空白间隔、清晰的导航也能够帮助用户更轻松地找到所需内容。

2) 降低用户访问的门槛

任何一个想向用户提供服务或者使用工具的项目工程中，应尽量使门槛降低，对用户的要求减少。一项服务要求用户付出得越少，越有可能被一个随机进入的访问者真正尝试。如果不用填那些他们以后都不会再次用到的、长长的网页表格，首次来访的用户都会愿意尝试该服务。请让用户自由浏览网页，让他们不用交换私人信息就能尝试你的服务。强迫用户填写电子邮箱地址来测试用户特征是不合理的。如果要理想化地去除所有的障碍，首先就是不需要贡献些什么或者填写注册。仅仅一个用户注册表就足以阻碍用户在网站的随意浏览行为，且会对网站浏览产生很大的不利影响。

3) 抓住网站用户的眼球

因为网站通常都是既提供静态的内容又提供动态的内容，一些用户界面就会比另一些更加吸引人。很明显，图像比文本更吸引眼球——就好像加粗的句子比未加粗的句子更容易引起注意。人类的眼睛是一个高度非线性运作的设备，网页用户能够直觉地识别边界、模式和运动。这就是为什么视频广告特别容易引起反感。但是从市场营销的角度来说，它们的确完美地吸引了用户的注意。使用中等强度的视觉元素来将用户的注意力吸引到网页的特定区域，能够使你网站的访客不假思索地从 A 点轻松到达 B 点，并忽略背后可能存在的逻辑关系。访客遇到的问题越少，就越会具有良好的方向感，且会更加信任这个网站呈现的公司。网站应该使用简洁明了的语言和排版，将重点信息和关键功能突出展示。

4) 省略无关紧要的文字

确保导航栏的标签和功能符合用户的期望，避免使用复杂的词汇和术语。当然，这里所描述的文字是与内容毫无关联的占位文字，而不是网站文章中的文字。很多设计师在设计网页的时候,为了使网页看起来丰富,将大量的无关紧要的文字放在网页中,尤其是大量的欢迎词语。可真正在网站的使用过程中,很少有用户会去仔细阅读这些文字,而且这会造成大量的视觉噪声。因此,为了让有用的页面内容更突出并让页面更简洁,我们应该缩减页面中大部分的站位文字,避免使用冗长的段落和大段的文本,尽量使用短语和关键词。

5) 降低网站的视觉噪声

保持页面布局简洁明了,避免过多的视觉干扰。网站用户难以理解页面的最大原因是视觉噪声。一般,网站会产生两类视觉噪声:第一是过多的重要信息。使用太多的颜色,或者内容过于拥挤,会使使用者眼花缭乱,产生厌烦心理。第二是背景噪声。使用的背景图片过于复杂,或者文字使用特殊的效果,如下画线。这种噪声影响要比第一种小,但是长时间浏览充满背景噪声的网页也会使人烦躁。因此,网站设计者应尽量减少视觉噪声,使用简单的颜色以及去除背景图片。

6) 规范网站元素的设计

传统用法是长时期里逐渐养成的、一时不容易改变的行为、倾向或社会风尚。网站也有其传统用法,比如很多人都熟悉电子商务站点上的购物车及其使用方法。因此,我们在设计商务网站的时候,可以使用购物车的标志,而不用加上"购物车"这样的说明文字。使用传统元素设计出的网站并非索然无趣。事实上,传统规范非常有用,因为它们减少了学习的周期且节省了去收集有效性的精力。例如,如果所有网站对于 RSS 源都启用不同的视觉特征,这将是可用性的一个梦魇。这与我们习惯于对数据规范整理,或者对于商场的货架规律摆放,并无区别。如果你遵从规范,你将获得用户的信心、信赖、信任,且证明你的可靠。遵从用户的希望——理解他们对于一个网站导航、文字结构、搜索栏位置的期望等等。使用传统用法一方面可以减少用户的陌生感和思考时间,另一方面也可以节省设计师的设计时间。

7) 采用有效的书写方式

由于网站与打印出版方式不一样,它需要与用户喜欢的书写方式相匹配,且与浏览习惯相契合。鼓吹浮夸的文字将不会被阅读。大段没有图像、标粗或者斜体关键字的文本可能会被用户忽略。一个优秀的网站应当避免使用太过于自作聪明的名字、有市场导向的名字、公司名或者不常见的技术名词。网站的文字内容应该易于阅读,避免使用复杂的字体和颜色。请保持良好的对比度,让文字在背景上清晰可见。同时,使用合适的字号和行间距,让用户在阅读时不感到疲劳。网站上的表单,如询盘、注册和订阅表单,应该简单易填。请减少表单字段的数量,只收集必要的信息。同时,为用户提供明确的错误信息提示,确保他们能够顺利完成表单填写。

8) 适应多设备快速响应

随着移动互联网的普及,越来越多的用户通过手机和平板设备访问网站。响应式设计是提高网站可访问性的重要手段。通过响应式设计,网站可以适应不同的设备,如电脑、平板和手机等。这样可以确保用户在不同设备上都能顺利地访问网站,从而提高用户体验。网站速度对于用户体验非常重要。统计显示,加载时间超过 3 秒的网站会导致大量用户流失。图片和多媒体内容可以为网站增色不少,但过多的图片和视频可能会影响网站速度和用户体验。要对图片进行压缩处理,减小文件,同时确保图片质量。对于视频内容,可以使用第三方视频平台进行托管,降低服务器负担。为了提高网站的速度,要优化代码、启用缓存等,并选择性能良好的主机服务商,确保网站快速加载。

9) 提供帮助并保障安全

为了提高网站的可用性,及时有效的客户支持不可或缺。网站应提供明确的帮助和支持渠道,可以考虑使用在线客服工具,如在线聊天窗口,为用户提供实时帮助,方便用户解决问题或获取所需信息。作为网站,为不同国家和地区的用户提供多语言支持是非常必要的。可以提供相应的语言版本,确保翻译准确无误,符合当地的文化和习惯。此外,提供方便的语言切换功能,让用户能够轻松选择适合自己的语言。用户隐私和数据安全也是提高可用性的重要方面,网站应该采取适当的安全措施,如 SSL 证书、防火墙和定期备份等,来改善网站的安全性,确保用户数据、信息和交易安全。

10) 经常测试网站可用性

一个网站必须定期进行维护与测试,从而使网站不断满足客户的需求。测试不要做得太迟、太少,或是为了不合适的理由而做。要定期进行用户测试和网站分析,收集用户反馈和数据,了解用户在使用过程中的体验和问题。根据反馈和数据进行相应的优化,提高网站的可用性和用户满意度。根据网站可用性专家 Steve Krug 的研究,测试一个网站用户要比一个都不测好一倍;且在项目启动之初,测试一个用户要比在项目结束的时候测试五十个用户要好得多。错误在需求和设计活动中是非常常见的,而越迟被发现,代价就越昂贵。可用性测试是一个迭代的过程。这意味着你需要设计些东西,然后接着就测试它、修正它,然后再接着测试。也许第一轮不能发现一些问题,因为这些问题可能被其他问题所覆盖,用户们在其他问题上就已经被绊住了。可用性测试总是带来有用的结果。无论是被指出现有网站存在某些问题或者是犯了某些主流的设计错误,都会使您对于自己的项目做出一个有意义的审视。

网站的可用性对于吸引和留住用户至关重要。一个用户友好、易于使用的网站可以提高用户满意度和转化率。持续关注新技术和设计趋势,积极采用和实验新的功能和技术,可以提供更好的用户体验和更高的可用性。采取上述提高网站可用性的措施,并在实践中注重用户反馈和数据分析,可以提高网站的可用性,吸引更多的用户并提高转化率。

思考与练习

1. 在互联网时代,网络店铺与传统店铺相比,有哪些主要优势?
2. 何谓客户界面?如何理解客户界面对未来竞争优势的重要性?
3. 客户界面可用性分析的必要性,通常主要体现在哪几个方面?
4. 电子商务网站的界面设计一般要符合哪几个方面的具体要求?
5. 分别从用户和网站两个视角,分析网站可用性问题的重要性。
6. 影响电子商务网站可用性的主要因素,一般包括哪几个方面?
7. 用于网站评价的微软可用性指南,包括哪些主指标和子指标?
8. 网站可用性测试的常用工具一般有哪些?要求说出三种以上。
9. 站在用户的角度来思考,提高网站可用性的方法一般有哪些?

3 网店引流与流量转化率分析

【内容概要】

本章首先介绍网店引流以及流量转化率的相关概念,讨论网店流量转化率分析的必要性以及影响网店流量转化的主要因素,其次讨论网店流量分析与转化评价中的相关问题,最后介绍网店流量转化分析的常用工具以及网店流量转化率的提升策略。

【学习目标】

(1) 掌握网店引流以及流量转化率的概念。
(2) 掌握网店对流量转化率分析的必要性。
(3) 了解影响网店流量转化率的主要因素。
(4) 了解网店流量转化的分析与评价指标。
(5) 了解网店流量转化率提升的具体策略。

【基本概念】

网店引流,网店流量,流量转化率。

3.1 网店引流与流量转化率的概念

很多网店都非常重视流量和网店引流。但是,仅有网店流量的增加,对于业务的发展是远远不够的,因为这并不一定能让这些网店的潜在客户购买自己的商品。所以,关键还是要提高网店流量转化率。下面,我们将重点讨论网店引流与流量转化率的概念。

3.1.1 网店流量与引流

1) 网店流量

网店,类似于线下门店;网店流量,类似于线下门店的客流量。所谓网店流量,就是对人们访问网络店铺的次数统计。从概念上讲,网店流量不同于网络流量。网络流量是指通过网络传播的数据量,如手机流量,是指人们上网产生的数据流量。网店的经营者都很重视网店流量。网店有流量,也就是有客户访问网店,这样,网店才有向客户销售商品的可能。从内容上划分,网店流量可以分为免费流量、活动流量、内容流量及付费推广流量等。

通常,网店流量的来源有好几种,不同的流量有不同的获取方法。下面,我们以淘宝网店为例,简单介绍一些不同渠道的网店流量。

根据淘宝网店工具(生意参谋)的流量渠道划分,网店流量可以分为淘内免费流量、付费流量、自主访问流量和站外流量。网店免费流量主要分为搜索流量、站外其他流量、老客户 CRM (Customer Relationship Management,客户关系管理)流量、站内其他流量。

淘宝站内付费流量的来源一般有以下几种：直通车、钻石展位、淘宝客。

(1) 直通车：为了保证直通车的流量是精准流量，卖家可以选择添加一些精准词。前期最好不要选择"大词"和"热词"。虽然被搜索的概率很大，但是这些词在前期展示得比较少，自然点击率不会很高。卖家朋友们开直通车不仅要吸引流量，还要控制成本。产品特性中的长尾关键词会有更多的展示机会、更多的点击机会，自然促成交易的可能性更大。直通车流量是会有一些变化的。所以，我们建议卖家根据实时数据的变化改变直通车的方案，不能盲目驾驶。

(2) 钻石展位：钻石展位跟直通车不同的地方在于，直通车是展现不扣费，而钻石展位是只要展现就扣费。也就是说，只要有人看到了广告，就会扣费。跟直通车不同，钻石展位有非常多的展示位置，涵盖了站内站外各种资源位，加起来有200多个，包括手淘首页猜你喜欢、PC端和手机端淘宝首页焦点图等多种位置。钻石展位的资源位多，展现量大，触达机会多，是淘宝卖家短时间内快速提高访客量的利器！

(3) 淘宝客：引导淘宝客推广店铺主推商品（主推商品高佣金），寻大淘客合作（多去联盟，或可以和淘宝达人以淘宝客的形式进行合作），报淘宝客活动（帮派或类目群经常会有淘宝客活动报名消息）。

另外，网店流量还可分为公域流量和私域流量。公域流量指商家直接入驻平台实现的流量转换，比如大家熟悉的拼多多、京东、淘宝、饿了么以及内容付费行业的喜马拉雅、知乎、得到等公域流量平台。私域流量是指从公域（Internet）、他域（平台、媒体渠道、合作伙伴等）引流到自己私域（官网、客户名单），以及私域本身产生的流量（访客）。私域流量是可以进行二次以上链接、触达、发售等市场营销活动的客户数据。私域流量和域名、商标、商誉一样，属于企业私有的经营数字化资产。相比起来，公域平台的流量贵、流量分散流动，而且掌握在平台手里；而私域平台的粉丝更加精准，变现效率更高，流量留存率更高。私域是一个相对亲密的场景。私域是一个更加紧密的"圈子"，商家可以通过私域反复触达、唤醒客户，与客户建立长久的联系，从而获取客户的信任。

2) 网店引流

在网店运营中，如何为网店带来流量，是网店运营要考虑的重要问题。对此，首先要做的工作就是网店引流。所谓网店引流，就是运用各种手段增加访问网店的人流量。网店引流的方法有很多种，商家可以根据自己的实际情况选择合适的方式来进行引流。以下是几种常见的引流方法：

(1) 搜索引擎优化：优化搜索引擎，可以让网店获得更多的曝光和访问量。一般需要合理使用关键词、建立良好的内部链接、优化网站结构等，以优化网站在搜索引擎中的排名。对于一个刚刚建立的网店来说，要想更好地进行搜索引擎优化，可参考以下几点：①把握好核心词汇和相关词汇的选择，确保能够吸引目标客户群体；②在网站代码结构和标签使用上，遵循百度 SEO（Search Engine Optimization，搜索引擎优化）政策规范，进行必要的技术与规范化优化；③提供高质量的内容，让用户在访问网站时能够获得丰富的信息。

(2) 社交媒体：与各种社交媒体平台结合，例如微信、微博、知乎、抖音、快手等，通过与用户交流互动，增强用户黏性，促进网店流量增长。这是因为大众将越来越多的生活时间花费到手机和平板电脑使用上。而在手机和平板电脑使用过程中，他们又将大量时间花费在社交媒体上。在社交媒体平台上，商家可以定期发布一些有趣的内容，通过互动来吸引粉丝们的关注，并引导他们前往自己的店铺购买商品。

(3) 广告投放：广告投放是新闻媒介为推销广告版面和广告节目时间而进行的活动。广告投放的具体方法：利用自身媒介进行宣传、借助其他媒介宣传、寄送各种宣传材料、登门拜访主要广告客户、举办与广告客户联络感情的联谊活动等。在一些主流的广告投放平台进行广告投放,例如百度推广、谷歌 AdWords、微博推广、Facebook 广告等,通过付费的方式吸引目标受众访问网店。

（4）社群营销：社群营销就是在互联网数字化社群的社会环境下,充分运用互联网工具,利用群体失智、情绪化的特点,激发社群所蕴藏的巨大能量,以达到营销的目的。社群营销的核心是"人",辅助因素是商品与服务。通过各种社群平台,像 QQ 群、微信群等,网店可以与用户建立紧密的关系,分享自己产品的信息,引导用户参与互动,提高用户亲和度,以此增加网店的流量。

（5）内容营销：内容营销是一种有效的营销技术,旨在通过创造、发布和传播有价值的内容来吸引、满足和激励受众,从而达到最终的营销目标。生产有价值的内容,比如博客文章、图文等,可以吸引并留住网店流量,为网店带来更多常规性的流量。

（6）线下推广：对于一些传统的线下实体店、公司或展会,我们也可以利用线下资源来增加被访问率。例如,在展览会安排销售人员宣传电商平台及网店;在其他实体店发放小礼品和折扣券等方式来吸引客户,增加知名度。

3.1.2 网店流量转化率

对网店运营来说,仅有客户访问量的增加,对于业务的发展是远远不够的,因为这并不一定能让这些网店的潜在客户购买自己的商品。所以,关键是要让网店流量带来客户的购物行为,也就是要提高网店流量的转化率。那什么是流量转化率呢？

流量转化率是衡量一个网店成熟度的核心指标。所谓流量转化率,就是网页点击次数最终转化成订单或对商家有利行为次数的比例。换句话说,就是网店的访问者中,有多少比例的人进行了对网店有利的运作行为。流量是基础,转化才是流量价值的最终体现。通俗地说,流量证明你抓住了客户的眼睛,流量转化率才代表你抓住了客户的心。

在互联网广泛应用的时代,世界上有数以亿计的网站,每种网站流量转化的方式不一定相同,流量转化的含义也各有不同,一般可以分为如下几大类：

1）电子商务网站流量变化

电子商务网站是为访问者提供产品的"商店"。对于电子商务网站而言,一次转化意味着访问者完成一次购买,下了一个订单。

2）导向型网站流量变化

导向型网站是为了产生一种向导,并非直接让访问者下一个订单。其实际的转化过程发生在线下。例如,许多顾问公司或是医院之类的专业服务机构会依靠其网站给他们带来实际业务。对于导向型网站而言,一次转化意味着访问者成功地在线填写并提交了一份联系表单。

3）内容型网站流量转化

内容型网站是依靠发布内容来吸引访问者的网站。内容型网站通常靠出售广告来获得收益。相比电子商务网站或导向型网站,对内容型网站上的转化进行计量要困难得多。这些网站对广告投放者的收费标准是每月的浏览量和访问者的数量。因此,访问者越多或者是页面浏览者越多,其广告收益就越多。这样说来,访问者在线停留了很长的时间,阅读了很多的文章,甚至订阅了一封电子报,都可以看作发生了转化。

4）品牌网站流量转化

品牌网站旨在对其品牌进行宣传,以增加某品牌在市场中的知名度和受关注度。因此,对于此种网站,转化的概念很模糊。

5) 社交媒体网站流量转化

社交媒体网站用于帮助不同的群体相互联系和交流。微博、微信、Facebook 等都属于这类网站。对社交媒体网站的转化进行定义是一个崭新的话题。

当然,一个网站并不局限于单一的形式。虽然电子商务网站的主要转化目标是把产品卖出去,但是他们同时也有其他的目标,比如提高商品的知名度或者让客户订阅邮件列表。如在线杂志那样的依靠在线广告的内容型网站,还可能同时通过有偿的订阅来提供对网店上优质内容的访问权限。我们拿淘宝来说,淘宝网本身的站内转化有很多种,最常见的就是下面几个,如图 3-1 所示。

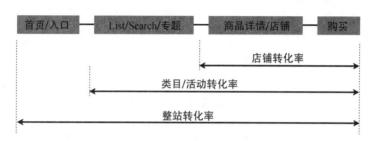

图 3-1　淘宝的典型转化路径

网店的首要任务是给商品寻找客户。它在一段时间内的转换率等于其总的订单数量除以站点访问者的数量。假设某网店某月的访问数量是 1 000,其中有 100 个访问者下了订单,那么该网店的流量转化率就是 10%:转化率=100/1 000=10%。

当然,网店的流量转化并不是一步完成的,通常包含多个步骤。比如,我们想买一台洗衣机,从网上搜索,会有众多的搜索结果,如图 3-2 所示。但数据告诉我们,名列第一的自然搜索结果能获得最多的点击量,通常在 45% 左右。

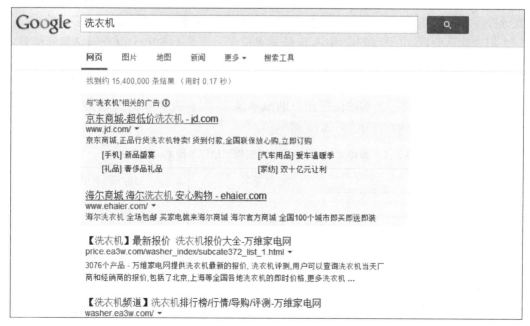

图 3-2　洗衣机在 Google 上的搜索结果

图 3-2 中的第一条搜索结果是京东商城的广告,如果你点击这一条广告,会出现如图 3-3 所示的页面:

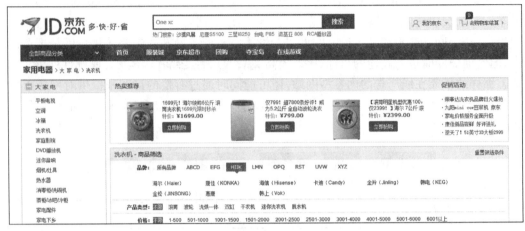

图 3-3　洗衣机在京东上的产品页面

尽管网店的产品页面设计可能有不同的目标,但是其最主要的目标就是让访问者点击"加入购物车"按钮。当然,点击了这个按钮并不意味着产品售出。访问者在点击这个按钮后还能有许多选择。只有点击了确认订单按钮,才能确认获得了一个订单,即完成了一次转化。

3.2　网店流量转化率分析的必要性

EcommercePlus 是艾瑞基于 iUserTracker 网络用户行为的连续性研究数据,是针对电子商务网站运营效率与用户购买行为进行追踪的专业分析工具。EcommercePlus 监测数据包括了中国各大电子商务网站的流量排名、用户转化分析、订单转化分析、用户日均转化率分析、购买频次分析等。不过人们最关心的一个指标是订单转化率,这表明广告费究竟起了多大效果。

人们普遍认为,在电子商务应用中,流量非常重要。于是不少电子商务网站疯狂烧钱,但买来的流量并不见得有效。一份来自淘宝的统计数据显示,目前网站推广投资回报率(Return on Investment,ROI)是 1∶0.3,获得一个实际购买用户的成本是 80 元,获得一个真实有效点击的成本是 0.8 元,获得一个购物注册用户的成本是 20 元。表 3-1 是艾瑞咨询发布的 2010 年 12 月中国主流购物网站订单量 top10 榜单。

表 3-1　2010 年 12 月中国主流购物网站订单量 **top10** 榜单

网站名称	下单笔数排名	访问到下单转化率
淘宝网	1	7.6%
拍拍网	2	3.0%
当当网	3	3.7%
京东商城	4	1.9%
卓越亚马逊	5	3.4%
凡客诚品	6	3.4%

（续表）

网站名称	下单笔数排名	访问到下单转化率
麦考林	7	4.3%
一号店	8	3.3%
麦包包	9	3.2%
东淘网	10	4.3%

注：1. 该下单数指累计提交的订单量(含提交后又取消的订单和未结算的订单)。
2. 访问到下单转化率指该购物网站本月下单次数之和与本月访问次数之和的比例。
3. 淘宝网包含淘宝商城。
数据来源：Ecommerce Plus,基于对20万家庭及办公(不含公共上网地点)样本网络行为的长期监测数据获得。

表3-2是2010年3月美国拥有高转化率的网店与行业平均水平的对比数据。大多数在线零售商能把2.3%的访问者转换为客户。由于对流量转化率进行了分析，一些零售商甚至能将25%以上的访问者转化为客户。

表3-2 2010年3月美国拥有高转化率的网店与行业平均水平的对比数据

网店名称	转化率	行业平均转化率
Schwan's	40.6%	2.1%
Woman Within	25.3%	1.7%
Blair.com	20.4%	1.7%
1800 petmeds.com	17.7%	2.1%
Vitacost.com	16.4%	2.1%
QVC	16.0%	5.2%
ProFlowers	15.8%	2.1%
Office Depot	15.4%	5.2%
Oriental Trading Company	14.9%	2.1%
Roamans	14.4%	1.7%

数据来源：https://www.oreilly.com/library/view/conversion-optimization/9781449377588/ch01.html

由此可见，对于流量转化率的分析：流量转化率的影响因素、评价指标，流量转化率如何优化等，就变得十分必要。这可以让我们从分析结果中找到应对措施，转化流量，挽回流失的销售额，多挣错过的钱。此外，要根据转化率建立网店预算。在决定推广活动预算的时候，每次转化能产生多少营收是个很重要的因素。这个数字通常就是由转化所得到的平均订单金额。

平均订单金额＝全部订单营收额/订单总数

当然，收入仅来自实际发生转化的客户。基本的转化率公式是：

转化率＝发生了期望行为的访问者数量/访问者总数

下面两个要素决定着付费的在线广告推广活动能否成功：

(1)进行推广活动所需的成本：通常必须计算两种成本，包括把访问量引导至着陆页面的成本以及设计和优化着陆页面的成本。

（2）通过转化率所确定的该推广活动产生的营收以及单次转化产生的营收：在策划推广活动的时候，需要为上述两个要素制订计划并安排预算。但有些活动会影响推广活动的收益能力，所以还要考虑下面这些问题：

① 对每次点击，网店应该花费多少：每次点击开支＝推广活动预算/访问者数量。

② 推广活动的转化率如何影响收益能力：订单数量＝访问者数量×转化率。

③ 无亏损的最低转化率：通常，进行付费推广活动时，转化率是个未知数。我们把推广活动中的最低转化率称为盈亏平衡转化率。用于计算盈亏平衡转化率的公式为，盈亏平衡转化率＝总成本/（单次转化利润×访问者数量）。

所以，没有对流量转化率的精细分析，就无法确定以上的各项数据，也就没法为网店的运营建立合理的预算。

3.3 网店流量转化与否的影响因素

网店流量转化是电子商务运营的核心。影响网店流量转化与否的主要因素包括：平台或店铺品牌、网店商品吸引力、用户体验、客户行为、客户服务、流量质量等因素。

3.3.1 平台或店铺品牌因素

品牌是给拥有者带来溢价、能产生增值的一种无形的资产，它代表企业或产品的一种视觉、感性和文化形象，它在客户心中是代表企业全部内容的一种东西，不仅仅是一种商标标志，而是一种信誉标志，是企业对客户的一种承诺。对于任何一家企业来说，品牌都是一种核心竞争力。

1）平台品牌

随着互联网的快速发展，电子商务平台如雨后春笋般涌现，从无到有，从有到多，从多到滥。只有重视电子商务平台品牌建设，才能真正树立良好形象。虽然在网络世界里，我们只需要点一下鼠标，就可以从一个平台转到另一个平台。但是，从现实来看，大部分人的访问习惯是稳定的。网店的盈利和其平台品牌经营的关系是非常密切的。一个好的品牌，是网店的永久性资产和核心竞争力。

平台品牌的知名度越高，网民对其的关注度就越高。网民对平台的关注度的提高，又进一步提升了平台品牌的知名度。如此一来，可以形成一个互动反馈下的网民关注与媒体品牌相互促进的良性循环，从而可在一定程度上提高网店或平台的知名度，提升转化率。

2）店铺品牌

一个平台上会有数以万计的店铺。对于同类商品的店铺，比如在淘宝网上随意输入一个"秋冬连衣裙"，下方会显示找到相关店铺276 233家，如图3-4所示。面对如此之多的竞争者，店铺掌柜们要努力打造自己的品牌，才能脱颖而出。

比如：淘宝旗舰店就是品牌厂商自己的直销商店或商城，也有部分是官方授权委托分销商直营的。所以，淘宝又推出了淘店铺，是淘宝网频道中的一大特色板块，收录了淘宝商城（天猫）旗舰店、金冠店铺等各类淘宝网精品店铺，如图3-5所示。

在这些冠以某某旗舰店的店铺购物时，人们在心理上会多一份信任感，从而能下更多的订单，增加流量转化率。

图 3-4　同类商品店铺数

图 3-5　淘店铺主页

3.3.2　网店商品吸引力因素

网上销售的商品一般可分为虚拟商品（数字化商品或信息服务）和实体商品。虚拟商品不需要物流配送，产品可被用户通过网络直接下载，或者在网上直接提供相关服务；实体商品包括根据商品型号就能确定其功能、性能、质量的标准化商品（通过浏览网上商品目录订货）和不同用户对商品属性有不同要求的个性化商品（网上接受客户的订制，按个性化要求生产），实体商品要根据客户的要求组织配送。

1) 商品质量和特色

商品质量是任何市场营销的基础。强调网络营销中商品质量的重要性，是由于网络的虚拟性和超时空性，使客户完全无法重复在传统营销中已经习惯了的购买过程形式，无法产生感官直接接触商品所得到的感受。如果商品质量一旦存在问题，即便商品可退换也可维修，但对于客户而言，需要支付的总成本就会增加，同时也难免出现一些其他意想不到的麻烦，甚至会导致客户对网络商品失去信心从而选择其他的购买方式。

正因为如此,客户更愿意通过网络购买标准商品、品牌商品和小件商品。为了增加客户的信任,网店的商品必须保持很稳定的质量,这有助于转化率长久稳定在符合企业特征的水平上。

另外,店铺所售商品也可有自己的品牌特色;或者在某些品质上有自己独一无二的东西,如自己手工做(DIY),这类商品里有自己的创意、自己的灵感;或者可实现个性化定制服务。很显然,品牌特色也会有助于转化率的长久稳定。

2)商品信息详细程度

提升网店电子商务转化率,要特别重视商品信息的详细程度。商品图片要美观诱人,但更要真实。如果客户拿到的物品与网上的图片差距很大,就会失去对店家的信任。维权意识强的客户甚至会追究到底,店家会难逃责任。

商品的描述一定要真实、专业。文字描述不是可有可无的。店家可以写一些"郑重说明""购买说明"之类的交易说明,特别是针对常见的买卖问题、汇款问题。同时,一些和买家事先沟通好的规则,也可以写在里面。

3)商品价格

如图3-6所示,这是一份中国客户报在2013年3月做的关于客户选择网购原因的调查结果。由于网店可以省去租店面、招雇员及储存保管等一系列费用,总的来说,其商品较一般商场的同类商品更物美价廉。所以,有高达68.97%的客户因为价格便宜才选择网购。

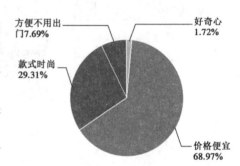

图3-6 客户选择网购原因的调查结果

价格不仅直接影响网店的盈利水平,同时又是市场竞争的重要手段之一。根据商品的特点,选择合适的定价策略,让商品在价格上有优势,有助于促进销售,提升转化率。

4)商品成交量

去饭馆吃饭的时候,人们总是挑人多的那家。其实购物也是一样的,尤其是在网上购物时,由于不能实际触摸或感知商品,人们对销售量就更加看重,觉得大家既然都买,应该就错不了。所以,人们在决定是否要购买时,商品的成交量是个重要的参考指标,进而成交量也成了影响流量转化率的一个十分重要的因素。可以说,零成交的商品在转化时更难。

5)商品评分和评价详情

商品的评分和评价详情是购买过某商品的客户在收到或使用过它后,对其外表或性能的真实体验和评价,如图3-7所示。在一定程度上,其比商家对此商品的描述更具真实性和参考性。

评分的高低和商品评价将是攻克客户心理防线的临门一脚。到这一地步的时候,客户的购买意向已经很强了。如果有高评分和很多好的评价,那对提高转化率有极大的促进作用。

6)商品折扣等促销活动

当商品质量控制在一定水平上时,客户购买意愿取决于对价格的感知。客户对价格的感知取决于对产品获取价值与交易价值的评价。网络营销促销活动,可以把商品、服务、价格等信息传递给目标观众,以引起他们的注意,这有助于增加客户对商品的认识和记忆,增强客户购买的信心。可以发掘潜在的消费群体,扩大销售量,提高转化率。

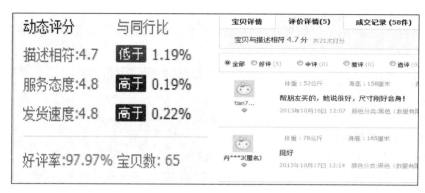

图 3-7　某商品评分和评价详情

网络促销的方式有很多，例如：

（1）折扣促销：按数量、按季节、按地区等，选择合适的折扣方式。

（2）有奖促销：客户总是喜欢免费的东西，消费到达一定额度，客户可以得到礼品，这能很好地促进销售。

（3）免费促销：互联网的开放性和自由性使得一些易于通过互联网传输的产品非常适合网上促销，如许多软件厂商为吸引客户购买软件产品允许客户通过互联网下载，在使用一段时间后再决定是否购买。

3.3.3　用户体验因素

用户体验是一个较模糊的概念，用户体验研究的根本问题是人的感受和主观反应，涉及价值、偏好、美学等内容。由于其受主观响应的影响难以度量，至今仍没有一个权威的定义和度量标准。我们认为，站在购物网店的角度来讲，用户体验则是指用户访问一个网店或者使用一个系统时的全部体验感受。他们对网店的印象和切身感觉，影响他们能否从访问者转换成服务申请者或商品购买者，并直接影响电子商务网店的转化率。

1）网店访问速度因素

电子商务网店的访问速度问题已经直接影响到了网店的流量，而网店的流量几乎与网店的利益直接挂钩。因此，电子商务网店的速度问题是影响客户体验的一大因素。所以可以用尽量简洁的页面、启用 Gzip 压缩技术、将 CSS（Cascadiny Style Sheet，层叠式样式表）放在页面最上面和使用页面缓存技术等来提高企业电子商务网店的访问速度。

2）网店易用性和内容的关联性

对于网店来说，网店易用性是网店生存和成功的必要条件。如果网店很难用，用户就会离开。要让每一个用户都能快速找到他们想要的，尽量采用直接的命名方式，不用晦涩的单词或者不清晰的词汇。尽量让用户减少鼠标移动和点击次数，让用户知道他在哪里。有清晰的栏目和标题定位等。

网店是冷冰冰的，看不见摸不到。我们没办法通过商店的规模、装潢、销售人员的笑脸等来建立信任，就必须通过其他方式消除这种心理障碍。所以，一般要突出三个重点：突出你的产品的优点和与众不同的特色；突出帮助访问者辨别、判断同类产品优劣方面的内容；突出内容的毋庸置疑的正确性。

3) 网店设计美观度因素

要让客户在你的网店上停留更长的时间,网店设计的美观度非常重要,做好网店美工必不可少。

(1) 页面布局清晰直观,使得用户能够直观地理解如何使用它。

(2) 文字字体设置合理而且已普及应用。

(3) 颜色搭配得当合理,从目标客户群体出发,而不是自己想象,不要太花哨。

(4) 各个板块风格要一致。

(5) 页面间跳转要合理,各级页面间要层次清晰。

(6) 网店架构要考虑到各种分辨率的用户,使用 Web 标准设计网页,尽量兼容更多浏览器,不要出现不同浏览器下不兼容的问题。

网店设计要美观大方,要给人一种很有实力、可以信赖的感觉,它的风格应根据网店的定位和受众群体的喜好确定,避免不同寻常的、令人眼花缭乱的设计、密密麻麻的内容。

4) 购买流程中的体验

客户在购买流程中的体验主要包括:

(1) 购买流程便捷性:从选中商品到结算的流程越多,其中的风险越大,用户放弃结算的可能性越高。

(2) 商品陈列的合理性:网店的商品陈列是一个对外形象。

(3) 下单到收货时间:网上购物商品的评价中,一个很重要的指标就是发货速度,而客户在收到商品后也会对网店卖家的物流速度有一个评价。

3.3.4 客户行为因素

网店与客户之间的直接联系看似并不紧密,但实际上,客户行为对网店绩效的影响是相当巨大的。若能够找准客户行为因素各子因素对于网店转化率的影响规律,则势必能提高网店的流量转化率。

1) 搜索关键词的用户真实需求

关键词是网络使用者在使用搜索引擎查找相关信息时所输入的关键性的词语。一般而言,网络使用者通常会使用搜索引擎查询他们想要寻找的产品或服务。若能有效运用关键词,必能增加网店流量,提升网店排名,从而获得最好的网店宣传及推广效果。

客户提出的需求并不一定最符合他的需要,我们要先了解他"需求后面的需要",从最终的核心需要出发,提出更符合客户利益的解决方案。如果该方案是在客户接受能力的范围内,就很容易取得客户的认可,而使客户放弃其最初的不成熟预想。要围绕他"需求后面的需要",因为我们是专家,完全可以在这方面帮助客户,这也是最能体现我们专业价值的地方。

对关键词的研究分析本身就可以作为一个收费服务项目。对于大客户而言,关键词调研和分析甚至应该独立立项。所谓"找对方向就成功了一半",结合客户的商业目标科学寻找最合适的关键词,它的技术含量不会比排名更低,商业价值也不会比排名更低。

2) 客户忠诚度和重复购买率

1989 年,《哈佛商业评论》上发表过这样一组数字:如果客户保持率提高 5 个百分点,则每个客户的平均价值增长 25%～100%。而对于一个电子商务网店,要想提高其转化率,老客户的持续忠诚尤为重要。影响客户忠诚的因素是:满意度、情感联系、信任、风险降低、习惯性选择与企业交易历史。

很高的客户忠诚度必然会带来很高的客户重复购买率。但客户进行重复购买可能并不是因为真正的忠诚,也许他们只是出于购买方便、价格合理、可获取程度高或者是由于习惯而产生的习惯性购买。

3）用户真实点评

用户真实点评对于提高网店转化率具有相当大的作用。当一个客户在决定是否要买某种产品时,一个很重要的参考就是此商品的评分和评价详情。正面的评价对于购买的激励作用是非常大的,反之,负面的评价就可能会导致客户放弃购买。

4）引导老客户进行转介绍

利用网络营销来引导老客户进行转介绍比传统营销方法还具有优势。通常情况下,对于已成交客户,我们可以通过积分、折扣、礼品等形式来促进老客户再次消费;同时,对于老客户介绍来的新客户,除了新客户能够得到比较优惠的价格外,老客户也将得到积分或礼品等多种形式的回报。

例如,有些网店就曾推出过这样一类活动：某同学只要能邀请3个以上的好友一起来购物,那么该同学就将获得一定的积分或优惠。这种策略的效果是相当好的,单个用户为了获得更多的积分,会推荐更多自己认识的人一起购物。以此链式反应循环下去,用户就会成倍增加。所以,任何一个电子商务网店都不能忽视引导老客户转介绍带来的经济利益。

3.3.5 客户服务因素

客户服务水平是提高电子商务网店转化率的关键。优化人员能做的只是把潜在客户带到网店上来,而如何留住来到网店的用户、提高客户转化率,则考验电子商务网店的客户服务水平。

1）及时的在线客户服务

"在线营销平台"是一个系统化的工程,包含了"Web即时通信工具、短信、邮件、在线电话、语音视频、CRM系统"等功能。在线客服回答关于产品特性和产品正确维护等的问题,必须能在每一次回答中帮助客户,帮助他们解决在购买决策制定过程的每一个问题。如图3-8所示,是淘宝和京东商城网店的客服联系方式。

图3-8 淘宝和京东商城网店的客服联系方式

2) 可靠、安全的多种支付渠道

目前,电子商务交易过程中,按照支付的流程不同,主要存在四种电子商务支付模式:

(1) 支付网关模式:支付网关模式是指客户或商户把支付指令传送到银行的支付网关,然后通过银行的后台设施完成支付的业务模式。在该模式下,商业银行单独建立支付网关。

(2) 网上银行支付模式:网上银行是指银行利用 Internet 技术,通过建立自己的 Internet 站点和 WWW 主页向客户提供开户、销户、查询、对账、转账、信贷、网上证券、投资理财、网上支付等金融业务的虚拟银行。网上银行支付,就是银行直接通过网上银行为用户提供支付服务。

(3) 第三方支付模式:在第三方支付模式中,利用的支付网关或系统是由第三方机构建设的,而不是由银行或银行联合体建设的。换言之,网上支付服务是由第三方机构提供的,而不是商业银行或传统支付系统的运营者。

(4) 移动支付模式:移动支付主要是基于手机银行的一种新型的支付模式,其特点是可随处支付、交易时间短。

例如,淘宝网购物网店的支付方式,首先选择支付宝支付,然后可以使用储蓄卡、信用卡、余额宝、花呗等支付。充分利用多种网上支付工具有助于电子商务网店转化率的提升。

3) 有效的换退货等保证

"7 天无理由退换货"是淘宝正在使用的服务规则,指卖家使用淘宝提供的技术支持及服务向其买家提供的特别售后服务,允许买家按本规则及淘宝网其他公示规则对已购特定商品进行退换货。唯品会承诺七天无条件退货,并且退货免运费。

4) 查询和跟踪订单

以淘宝为例,当我们在网上买下商品后,即可登录我的淘宝,在"已买到的宝贝"中看到已买商品的订单。

交易状态中会显示当前商品的基本状态,如"买家已付款""卖家已发货"等。如果商品处于"卖家已发货"状态,则可以点击右侧的汽车小图标,查看物流信息。

在物流信息的详情页面中,我们可以了解到物品的配送地址、快递公司、运单号等。此外,淘宝还提供了贴心的功能:可在页面上点"跟踪运单信息",直接打开快递公司的网页,查看商品订单配送的具体情况,如到达哪个城市、是否开始上门配送等。

可以说,淘宝在购物跟踪上做得比较到位,不会让我们额外担心。其他网店与淘宝的订单跟踪类似,功能上都大体相同。

3.3.6 流量质量因素

对于网店而言,重要的不是网店流量,而是流量质量。流量质量深深地影响着网店的转化率,但精确的流量来源规模总是有限的。

1) 直接输入名称或地址的流量

直接输入名称或地址进入网店的用户是网店的高质量访问者,这种访问者具有高动机,他们带着某个目的访问特定的网店,他们比其他的访问者更有可能产生购买行为。他们已经想好了要买什么,进入网店只是为了进一步了解商品的价格、质量、服务等附加因素。这种搜索者想要知道的是你的网店能告诉他们什么,他们的出发点是对你的产品很感兴趣。只要我们网店上有客户想要的商品,有吸引客户的商品,有信任度、诚信度,并有方便的联系沟通方式,这种流量的转化率可以达到80%以上。并且这些用户可能成为电子商务网店十分忠诚的流量用户。不过通常情况下,这一类的高质量流量能占到网店总流量的1%就相当不错了。

2) 非搜索引擎的外部链接流量

外部链接是指本网店以外的链接。虽然通过外部链接流量所带来的网店转化率要比直接输入名称或地址带来的网店流量转化率低,但通过非搜索引擎的外部链接带来网店流量的访问者一般已经大概了解链接网店的信息。因为他们是通过搜索相关产品或资讯直接进入你的网店的,之前就可能已经了解相关产品。所以,这类访问者也带有较高的目的性,实现目的的动机也比较高。

3) 通用/品牌关键字流量

通用关键词非常诱人,我们几乎马上就能预见地迅速地成功。一夜之间,搜索者就会涌入网店,这确实能带来很大的网店流量,但实际却没有看起来那么简单。通用关键词可能带来很高的点击量,但转化很少。很多人点击以后看到你的网店没有他们要的东西就会离开。有时,搜索者可能不知道网店提供了一个特别的产品或服务。除非看到列出的结果,否则他们关注不到。他们可能在以前的访问中没有记住网店的网址,但可能记住了品牌的名称,这时品牌关键词就发挥了作用。

虽然通过品牌关键字带来的流量较低,通常不到总流量的10%,如果对品牌的认知度较低,这一比例会更低。但是通过某一品牌关键字带来的访问者是处在他们做出购买决定的最后阶段,他们知道要去哪里购买,只是将搜索引擎作为导航条,这意味着他们已经准备好要购买了。如果人们通过品牌名称找到网店,但这部分网店流量没有高转化率的话,说明网店在某方面有比较严重的问题,比如网店销售前咨询服务没做好、网店功能设计不合理等。

4) 活跃用户/流量用户

每天登录的用户数量,即活跃用户的数量,它反映了用户黏性。在网店发展的初级阶段,积蓄可持续交往的活跃消费用户,是网店的先发门槛。活跃用户数的增长远比交易额的增长重要。

流量用户是指那些带有一定频率性访问该网店的用户,他们可能一周访问你的网店一次。这些流量用户相比一般的普通用户而言有较高的转化率,他们访问网店带有一定的目的性。通过自身的努力,将他们变为永久性客户的可能性很大。他们第一次可能通过外部链接或网店广告无意间访问了网店,并对网店产生兴趣。以后,这些用户可能通过网址、网店名频繁地访问网店。把握好这些用户并努力将他们转化为永久用户,这会给网店的转化率带来比较大的提升。

5) 商品信息和客户需求的契合度

研究发现,增强网店商品推荐的信息度、准确性、易用性、及时性和可靠性,对客户网络购物认知会有显著的影响,进而可以影响客户网络购买行为。信息度指网店根据客户需要推荐的商品数量与商品相关信息的丰富性和清晰性。客户如果对本网店商品不熟悉,又不是该领域达人,网上相关信息资源又不充足(尤其非标准化商品),那么他会有很大的潜在恐惧感。这个恐惧感影响他选择和决策,而且选择越多,越难决策。商品信息与客户需求的契合度越高,客户购买商品的可能性越大,网店的转化率就越高。

3.4 网店流量分析与转化评价指标

3.4.1 网店流量数据分析

在网店运营的过程中，进行店铺的流量分析是非常重要的，它可以帮助我们更好地了解客户的访问行为和购买行为，并发现潜在的问题。

1) 流量跟踪分析

通过网店数据平台或第三方数据分析工具，我们可对店铺的各种流量指标进行跟踪和分析，包括来源、渠道、关键词、搜索排名等。同时，还可以结合店铺首页、分类页、商品详情页等页面的访问情况，进行深入分析，找出流量波动的原因和影响因素。

2) 不同品类和商品的流量分析

通过对店铺不同品类商品的流量分析，我们可以了解到客户对不同品类和单品的购买需求，这有助于我们制定更精准的促销策略，优化产品推荐和分类展示方式，并根据数据结果调整采购和库存策略。

3) 关键词分析

通过对搜索关键词进行分析，我们可以找出客户日常关注的热点话题和热门商品，并针对性地推出相关的商品和促销活动。同时，还可以利用关键词分析来了解竞争对手的市场份额和优劣势，为我们的营销决策提供参考依据。

4) 用户画像分析

通过对用户的性别、年龄、地域、兴趣爱好等信息进行分析，我们可以建立用户画像，找出不同用户群体的特点和购买偏好，为我们推出更具针对性的产品和服务提供数据支持。

5) 页面热力图分析

通过页面热力图工具，我们可以了解到用户在店铺内部浏览和点击的热点区域和频次，找出用户关注的重点和忽略的区域，有助于我们调整页面布局和内容，提高用户的浏览和购买效率。

6) A/B 测试分析

A/B 测试方法可以对不同的营销策略和页面设计进行比较，找出最优方案。例如，在促销活动中，它可以测试不同的优惠方式和折扣幅度，找出用户最喜欢的促销形式，提升促销效果。

7) 流量转化路径分析

通过客户行为轨迹分析，我们可以跟踪客户在店铺内部的浏览和购买行为，找出客户的转化路径和转化率，以及不同路径下的漏斗失效点和客户留存率。通过对这些数据的分析，我们能够了解到客户的心理和消费习惯，及时调整优化店铺的布局和推荐策略，提高客户的购物体验和转化率。

8) 数据可视化分析

将运营数据用可视化的方式呈现，如图表、漏斗、地图等，能够让我们更加直观地了解数据变化和趋势，帮助我们及时发现问题和优化空间。

在进行店铺流量及其转化分析时，我们需要综合运用多种数据工具和技术手段，并不断优化和调整营销策略，以提高店铺的竞争力和盈利能力。

3.4.2 流量转化评价指标

网店流量转化指标主要用于描述访客和网店的交互状况,用于帮助网店判断是否达到网店建设的预期目的。转化是一个泛化的概念,访客在访问网店的过程中,所有有价值的行为均可记为转化。对网店来说,通用的转化目标包括注册、收藏、加入购物车、下单、支付等。

(1) 注册用户数:在统计周期内,发生注册行为的独立访客数。

(2) 注册转化率:在统计周期内,新增注册用户数占所有访客数的比例。通常,网店的访客中,已经有一部分是注册用户,这导致该指标不能真实反映非注册访客的注册意愿。但考虑到目前行业通用定义和目前大部分网店主要以新访客为主,没有对该指标进行修正。

(3) 收藏量:在统计周期内,访客收藏网店或商品等对象的次数。

(4) 收藏用户数:在统计周期内,对网店或商品等对象进行收藏的访客数。

(5) 加入购物车访客数:在统计周期内,发生将商品加入购物车行为的访客数。

(6) 下单用户数:在统计周期内,确认订单的用户数。

(7) 下单率:下单用户数占所有访客数的比例。

(8) 确认订单数:在统计周期内,用户成功订购网店商品或服务而产生的订单数量。同一用户可能在网店产生多笔订单。

(9) 成交订单数:在统计周期内,已完成付款的订单数量。

(10) 支付率:成交订单数占所有确认订单数的比例。网店的支付流程和体验是影响支付率的重要因素。

(11) 成交转化率:在统计周期内,成交用户数占访客数的比例。

(12) 成交金额:在统计周期内,用户成功完成支付的金额。

(13) 静默转化率:自拍人数/总访客数。就是客户没有咨询,直接下单。所以,该指标可以反映店铺宝贝的信息是否详细,产品说明、促销介绍是否通俗易懂等,该值越高越好。

(14) 询盘成交转化率:询盘下单人数/总访客数。该指标反映客服对产品的熟悉程度、客服的销售能力等,该值越高越好。

(15) 客服平均响应时间:该指标反映客服的打字速度、回答问题速度,进一步反映客服对产品知识了解的程度。

(16) 成交用户数:成功拍下并完成付款的人数,包括静默成交和询盘成交,是反映店铺转化率的核心指标。

(17) 成交件数:成交商品的数量总和。该指标反映所有成交商品数量总和,进一步反映店铺关联销售做得是否到位。

(18) 平均订单金额:这项指标反映客户在网店上所下订单的平均花费。

(19) 每单物品数量:每单物品数量能够产生直接影响并伴有商业价值的情况并不多见。升级销售和交叉销售软件常常会关注这个度量指标,因为它能展示该软件增加客户订购物品数量的能力。

(20) 结算放弃率:这个指标代表进入了结算流程但没有在网上生成订单的访问者数量。对于未经优化的结算流程而言,45%~80%的客户放弃结算是很常见的。

3.5 网店流量分析工具与转化提升

一般而言,网店流量的转化率为 1%~2% 是正常现象。不同行业的不同网店,其转化率也有所不同。有时,网店转化率甚至可以达到 90%。图 3-9 所示的是网络购物的一般流程。我们要分析一个网店或网店的转化率,就要分析其关键路径的转化率。

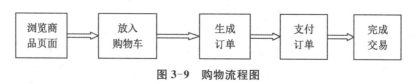

图 3-9 购物流程图

以图 3-9 所示的购物流程为例,我们可以分别统计出这五步中每一步的人数,然后计算得到每一步的转化率,如表 3-3 所示。

表 3-3 每一步的转化率的统计

	浏览	放入购物车	订单	支付	完成交易
人数/人	2071	622	284	235	223
上一步转化率	100%	30.0%	45.7%	82.7%	94.9%
总体转化率	100%	30.0%	13.7%	11.3%	10.8%

通过对这些数据进行统计,我们已经可以初步判断该流程的转化率情况,及每一步的流失率情况。当然,为了让分析结果更加具体形象,我们可以借助一些图表工具。

3.5.1 网店流量转化的分析工具

1)漏斗模型

漏斗模型(Funnel Model)在我们日常生活中随处可见,已被广泛应用于流量监控、产品目标转化等日常数据运营与数据分析工作中。漏斗模型是一个线性流程,从开始到结束,用户在每一个环节都会产生流失,就像漏斗一样。漏斗模型不仅显示了用户从进入流程到实现目标的最终转化率,同时还可以展示整个关键路径中每一步的转化率,如图 3-10 所示。

谷歌分析(Google Analytics)提供了很好的漏斗模型分析和展示方案。用 Excel 表格来处理也能显示漏斗的效果。但是需要注意的是,单一的漏斗模型对于分析来说没有任何意义,我们不能单凭一个漏斗模型评价网店某个关键流程中各步骤转化率的好坏。所以,我们必须通过趋势、比较和细分的方法对流程中各步骤的转化率进行分析:

(1)趋势(Trend):从时间轴的变化情况进行分析,适用于对某一流程或其中某个步骤进行改进或优化的效果监控。

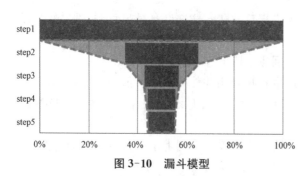

图 3-10 漏斗模型

(2) 比较(Compare)：通过比较类似产品或服务间购买或使用流程的转化率，我们可以发现某些产品或应用中存在的问题。

(3) 细分(Segment)：细分来源或不同的客户类型在转化率上的表现，我们可以发现一些高质量的来源或客户，通常用于分析网店的广告或推广的效果及投资回报率(ROI)。

所以，漏斗模型适用于网店中某些关键路径的转化率分析，以确定整个流程的设计是否合理、各步骤的优劣、是否存在优化空间等。

2) Ecommerce Plus

Ecommerce Plus(艾瑞电商服务评估工具)是艾瑞基于 iUserTracker 网络用户行为的连续性研究数据，针对电子商务网店运营效率与用户购买行为进行追踪的专业分析工具。EcommercePlus 根据客户网购时的自然购物流程构建分析模块，实时监测购物流程上每个节点的客户行为模式，如图 3-11 所示。

图 3-11　EcommercePlus 的工作模块

(1) 网络购物行业用户转化率基准与趋势分析：监测网络购物行业整体以及用户人均访问、选购、下单和支付现状及趋势，呈现各类别网络购物及各品类产品的基准水平，帮助购物网店评估自身业绩与整体行业发展的差距，为购物网店设立目标提供数据参考。

(2) 购物网店各环节转化率实时监测分析：监测各购物网店在用户访问、选购、下单、支付各环节的转化率变动情况，并归类比较同类别网店、同品类产品、同类厂商各环节转化率的差异，协助购物网店进行竞争对手分析和用户体验改进标杆管理。

(3) 不同消费群体购物行为和转化率交叉分析：多维交叉比较不同消费群体用户的购物行为和转化率差异，监测不同来源用户、不同属性用户在各网店购物行为的变动趋势，指导购物网店面向特定消费群体进行前期的网络营销推广活动和营销预算分配以及新用户拓展。

(4) 网络购物用户购买行为深度挖掘：对比分析客户重复购买次数和忠诚度变化情况，协助购物网店设定面向老用户的促销活动和积分奖励制度；交叉比较用户在各个购物网店的购物情况，为购物网店之间的市场合作拓展提供创新性建议。

3) Google Analytics

Google Analytics 是著名互联网公司 Google 为网店提供的数据统计服务，如图 3-12 所示。Google Analytics 可对目标网店进行访问数据的统计和分析，并提供多种参数供网店使用。

Google Analytics 转化套件的分析范围不再局限于网页浏览量和访问人数，如图 3-13 所示。Google Analytics 了解如何共同发挥所有数字营销渠道的作用，为网店带来访问者；了解衡量销售量、下载次数、视频播放次数等有价值的操作指标；了解为什么一些访问者会在该店购买，而另外一些不会，进而调整网店和营销计划。

(1) 探查访问者行为如何促成销售和转化：Google Analytics 的目标和事件跟踪功能，可以

图 3-12 Google Analytics 主页

跟踪销售量、下载次数、视频播放次数、转化次数、网店上卖家的参与度，或定义卖家自己的指标。卖家还可以根据目标定制报告，并确定哪些访问者操作最有可能帮助自己实现业务目标。

(2) 利用电子商务报告提升在线销售量：确定卖家最畅销的产品和最有价值的促销活动。无论是复杂的交易，还是简单的点击购买，电子商务报告都可帮助卖家了解客户购买的原因以及他们的购买类型。卖家可以从交易一直跟踪到广告系列和关键字，了解购买者的站内行为，并调整购物车以提升销售量和培养客户忠诚度。

图 3-13 Google Analytics 分析转化率图示

(3) 通过多渠道路径报告全面掌握广告系列效果：不要将广告系列的衡量工作局限于达成交易的最终点击。通过多渠道路径报告，卖家可以查看所有数字营销活动的效果，包括广告搜索、广告展示、社交营销、联署网络营销、电子邮件营销等。可以了解哪些渠道可吸引访问者关注产品，哪些渠道可促成销售，进而更均衡地安排营销计划。

(4) 跟踪访问者在卖家网店上所行经的不同路径：了解访问者喜欢或不喜欢卖家网店的原因。利用 Google Analytics 的卖家流可视化功能和目标渠道，卖家可以跟踪访问者的转化路径，了解他们从哪里进入、在哪里停驻以及从哪里离开，可以找出网店导航中的优缺点，分析网店和营销计划中有哪些需要进行调整。

4）百度统计

百度统计是百度推出的一款免费的专业网店流量分析工具，如图 3-14 所示。百度统计能够告诉卖家访客是如何找到并浏览卖家网店的，能够帮助卖家改善访客在自家网店上的使用体验。

图 3-14　百度统计主页

代码正确添加后，进入百度统计，卖家即可看到含有丰富数据的概况页，其可以为卖家提供网店最重要的流量报告，方便卖家从全局了解网店流量情况。进入各个报告，卖家可以从以下角度细致了解网店的流量情况。

（1）流量分析：卖家可以通过百度统计查看一段时间内网店的流量变化趋势，及时了解一段时间内网民对网店的关注情况及各种推广活动的效果。百度统计可以针对不同的地域对卖家网店的流量进行细分，如图 3-15 所示。

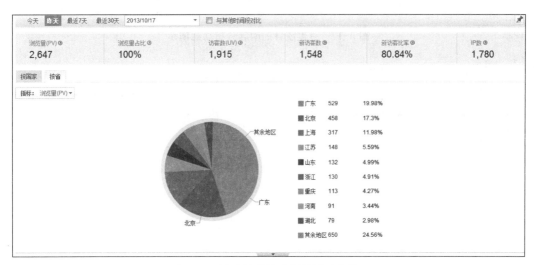

图 3-15　百度统计的流量统计功能演示

（2）来源分析：卖家可以通过百度统计了解各种来源类型给网店带来的流量情况，包括搜索引擎（精确到具体搜索引擎、具体关键词）、推介网店、直达等。通过来源分析，卖家可以及时了解到哪种类型的来源可以给自己带来更多访客。如图 3-16 所示。

（3）网店分析：卖家可以通过百度统计查看访客对网店内各个页面的访问情况，及时了解哪些页面最吸引访客以及哪些页面最容易导致访客流失，从而更有针对性地改善网店质量。如图 3-17 所示。

★ 自定义指标 高级筛选

设备过滤 ◉全部 ○计算机 ○移动设备 ⊞ 更多高级筛选项

◉按来源类型 ○按来源网站 转化目标 全部页面目标

		来源类型	浏览量占比	IP数↓	跳出率	平均访问时长	转化次数	转化率
⊞	1	外部链接	75.52%	1,343	92.2%	00:02:33	5	0.28%
	2	直接访问	14.32%	256	83.9%	00:02:57	–	–
⊞	3	搜索引擎	10.16%	197	91.19%	00:03:03	–	–
		当页汇总	100%	1,796	91.04%	00:02:39	5	0.22%

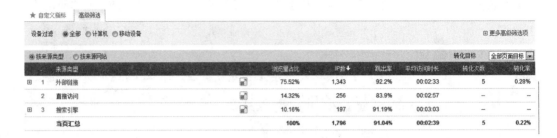

图 3-16 百度统计的来源统计功能演示

今天 昨天 最近7天 最近30天 2013/10/18 与其他时间段对比

○按来源类型 ◉按来源网站 转化目标 全部页面目标

		来源网站	浏览量占比	IP数↓	跳出率	平均访问时长	转化次数	转化率
⊞	1	http://tuiguang.baidu.com	49.22%	739	94.96%	00:02:14	–	–
	2	直接访问	14.15%	192	82.41%	00:03:33	–	–
⊞	3	http://cas.baidu.com	12.9%	170	91.55%	00:02:29	–	–
⊞	4	百度	7.93%	118	89.6%	00:03:10	–	–
⊞	5	http://e.baidu.com	6.12%	87	90.53%	00:03:35	–	–
⊞	6	http://tongji.baidu.com	3.66%	32	95.52%	00:01:06	3	4.41%
⊞	7	http://yingxiao.baidu.com	1.2%	21	95.45%	00:02:16	–	–
⊞	8	http://pro.baidu.com	1.15%	20	94.74%	00:03:29	–	–
⊞	9	搜狗	0.35%	7	100%	00:01:30	–	–
⊞	10	http://beidou.baidu.com	0.4%	6	100%	00:00:20	–	–
⊞	11	Google	0.3%	4	75%	00:01:04	–	–
⊞	12	http://iwangmeng.baidu.com	0.35%	4	75%	00:00:27	–	–
⊞	13	http://www.yoyooho.com	0.15%	3	100%	00:02:00	–	–

图 3-17 百度统计的网店分析功能演示

(4) 转化分析：卖家可以通过百度统计设置网店的转化目标页面，比如留言成功页面等。然后，卖家就可以及时了解到一段时间内的各种推广是否达到了预期的业务目标，从而有效地评估与提升网络营销投资回报率。如图 3-18 所示。

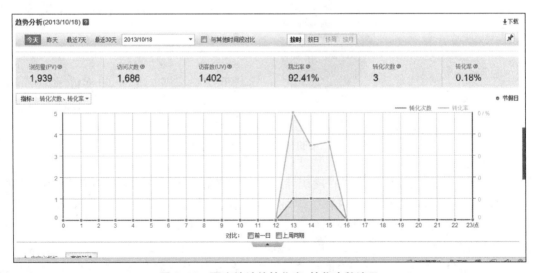

图 3-18 百度统计的转化率、转化次数演示

目前,已经有非常多的国内网站开始选择百度统计作为自己的流量统计系统,百度统计本身也在不断地增加功能和进行技术优化。

5)雅虎(量子)统计

雅虎统计为量子统计的前身,自2007年7月11日Beta版发布以来,一直致力于为个人站长、个人博主、网店管理者、第三方统计等提供网店流量监控、统计、分析等专业服务。2008年9月加入淘宝,于2009年3月正式更名为"量子统计",同时承诺将为广大卖家提供永久免费的网店统计服务,成为阿里巴巴旗下一个强大、精准的网店统计产品。量子统计一共有两套产品:量子店铺统计和量子网站统计。其中,量子店铺统计又分为量子统计(淘宝官方版)和量子恒道统计。如图3-19所示。

图3-19 量子统计主页

就目前来看,量子统计主要用于淘宝店铺的相关统计,为网店运作直接提供助力。当然,这并不代表量子统计在普通的独立网店支持方面存在不足。相反,简单明了的统计报告一直是量子统计吸引中小站长的优秀品质。

(1)销售分析功能:"量子恒道店铺经"中的"销售分析"功能将销售指标和店铺业务关联起来,从卖家的角度提供量、率、度的经营数据,诊断店铺经营并以此做出相应决策。目前,销售分析提供"销售总览"和"销售详解"数据。但要注意的是,当天的数据要次日才能查看。

"销售总览"以月/日为维度来分析卖家店铺的整体经营情况,帮助卖家对比分析自家店铺与主营类目以及淘宝一级类目下店铺的经营数据,以评估自己店铺的经营状况,同时提供全方位的经营分析指标。

① 数据指标分析:数据指标分析从三个最为重要的维度来为卖家提供一个便于理解的经营思路,即访客数、全店成交转化率、客单价。如图3-20所示。

② 店铺经营趋势/店铺经营对比:在"店铺经营趋势"中,卖家可以看到按月或按日的经营趋势分析。系统默认展示"访客数""支付宝成交件数""成交用户数"这三项指标的趋势图。卖家可以通过自定义选择需对比的经营数据类型,并通过对比趋势图进行店铺运营分析。如图3-21所示。

③ 店铺经营明细:在"店铺经营明细"中,我们可以看到当前所选时间段或日期的详细经

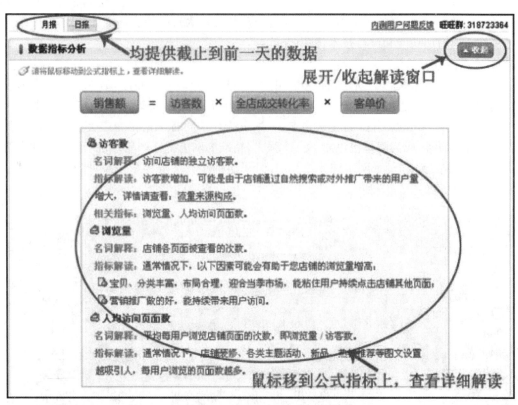

图 3-20　量子统计数据指标分析图

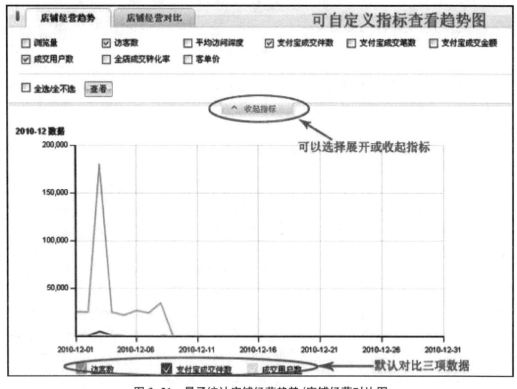

图 3-21　量子统计店铺经营趋势/店铺经营对比图

营报表，并可以对其中涉及的数据指标进行排序、隐藏，以便于卖家进行数据查看及分析。如图 3-22 所示。

2010-12 店铺经营明细（明细报表提供3个月数据，请您及时下载！） 更多指标 下载 打印

拖动查看隐藏数据　指标排序/隐藏　下载/打印报表

日期	浏览量	访客数	浏览回头客	浏览回头率	平均访问深度	拍下件数	拍下笔数	成交回头客
2010-12-13	59	24	4	16.67%	2.36	4	4	1
2010-12-12	42	11	1	9.09%	3.79	12	11	0
2010-12-11	21	9	2	22.22%	1.91	1	1	0
2010-12-10	136	30	2	6.67%	4.25	2	2	0
2010-12-09	49	16	4	25.00%	2.72	0	0	0
2010-12-08	130	14	4	28.57%	6.19	17	14	0
2010-12-07	127	21	2	9.52%	5.29	9	9	0
2010-12-06	22	9	0	0.00%	2.44	0	0	0
2010-12-05	19	8	2	25.00%	2.38	0	0	0
2010-12-04	11	5	0	0.00%	2.20	0	0	0
2010-12-03	115	19	2	10.53%	4.42	8	8	1
2010-12-02	25	14	1	7.14%	1.79	6	6	0
2010-12-01	81	24	4	16.67%	3.00	0	0	0
月总量	837	181	19	-	-	59	55	2
平均值	64.38	15.69	2.15	13.62%	3.24	4.54	4.23	0.15

图 3-22　量子统计店铺经营明细图

（2）来源分析：无论大中小卖家，开淘宝的第一件事情就是引流。分析各种流量渠道，收费的、免费的、站内的、站外的，哪个流量渠道对你帮助最大，哪个流量渠道的 ROI 最高。

① 浏览量分析：浏览量分析提供各来源的到达页浏览量、到达页浏览量占比、浏览量、浏览量占比四个相关指标。如图 3-23 所示。

来源	到达页浏览量	到达页浏览量占比	浏览量（PV）	浏览量占比
总计	52,487	100%	128,913	100%
+ 自主访问	26,888	51.23%	69,151	53.64%
− 淘宝免费流量	13,195	25.14%	31,990	24.82%
淘宝类目	4,041	7.70%	7,004	5.43%
淘宝站内其他	4,023	7.66%	11,726	9.10%
淘宝搜索	1,913	3.64%	3,842	2.98%
淘宝店铺搜索	1,124	2.14%	3,999	3.10%
阿里旺旺非广告	789	1.50%	2,287	1.77%
店铺动态	714	1.36%	1,776	1.38%

图 3-23　量子统计浏览量分析图

② 访客分析：访客分析提供各来源的访客数、新访客数、新访客占比、入店访问深度、入店跳失率五大指标，能真正检测各来源的引流功力。如图 3-24 所示。

来源	访客数（UV）	新访客数	新访客占比	入店访问深度	入店跳失率
自主访问	38,308	28,421	74.19%	2.70	65.67%
淘宝付费流量	29,705	24,998	84.15%	2.36	63.38%
钻石展位	14,876	11,179	75.15%	2.62	54.77%
淘宝客	8,087	7,481	92.51%	2.17	68.73%
直通车	6,851	6,407	93.52%	2.02	75.55%
定价CPM	1	1	100.00%	2.00	0.00%
淘宝免费流量	21,536	18,436	85.61%	2.42	68.20%
淘宝类目	7,092	6,695	94.40%	1.83	79.62%
淘宝站内其他	6,407	5,029	78.49%	2.59	63.48%
淘宝搜索	3,141	2,735	87.07%	2.09	78.10%

图 3-24　量子统计访客分析图

③ 来源成交分析：来源成交分析提供各来源的入店次数、拍下件数、拍下金额、收藏量的转化相关指标。如图 3-25 所示。

来源	作为首次来源入店			作为最后来源入店			查看成交明细
	入店次数	拍下件数	收藏量	入店次数	拍下件数	收藏量	
自主访问	287,724	28,924	21,369	320,724	29,240	21,289	点击查看
直接访问	170,171	21,922	10,214	198,712	21,612	9,292	点击查看
购物车	30,225	4,043	1,778	34,946	4,403	1,864	点击查看
我的淘宝	27,871	1,580	2,436	28,182	1,766	2,296	点击查看
宝贝收藏	22,860	1,060	3,045	24,038	1,171	3,469	点击查看
店铺收藏	36,065	315	3,860	34,387	286	4,348	点击查看
卖家中心	532	4	36	459	2	20	点击查看

图 3-25　量子统计来源成交分析图

(3) 网店统计

① 实时掌控流量变化：秒级延迟，实时呈现网店流量数据统计分析结果，第一时间掌控流量变化，提升网店运营效率。如图 3-26 所示。

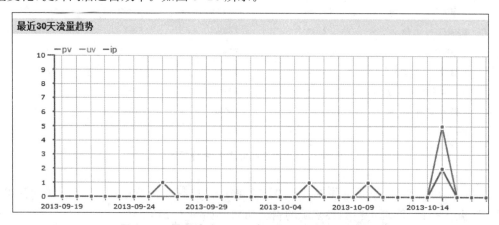

图 3-26　量子统计用于网店流量数据统计分析演示

② 深度挖掘流量来源：网店访问分析（有时也使用"网店流量分析""网店流量统计分析""网店访问统计分析"等相近的概念），是指在获得网店流量统计基本数据的前提下，对关键词分析、访问来源分析、访问地区分析等，深度挖掘各渠道流量来源并进行统计、分析，从中发现买家访问网店的规律，并将这些规律与网络营销策略等相结合，从而发现目前网络营销活动中可能存在的问题，并为进一步修正或重新制定网络营销策略提供依据。

3.5.2 网店流量转化率的提升策略

在了解了流量转化率的影响因素和利用一定的工具对流量转化进行分析之后，要采取一定的措施来提高流量的转化率。首先就要明确流量转化的三要素：吸引访客注意力、留住访客、促使访客采取行动。根据这三要素，就要做到如下几个方面：

1) 以客户为中心的网店架构和视觉导航设计

这是一个老生常谈的话题，但并没有得到充分的重视。特别是企业网店，相当多仍然停留在"公司介绍、产品展示、在线订单、联系我们"这一十年不变的套路上。以客户为中心并不是一句口号，而是要通过客户的视角来审视，看如何才能第一时间把网店最重要的内容体现出来，并且通过产品或服务的特色去吸引客户深入了解。一个不墨守成规的网店，往往能给客户眼前一亮的感觉。

2) 提供丰富的产品/服务介绍信息

多数网店在对产品/服务的介绍信息上没有做好，这导致客户兴趣全无。就好像来到一个装饰华丽的表演舞台，观众最期待的还是表演。表演得不好看，舞台再漂亮观众也不买账。

有调查表明，在网上零售商为提升客户转化率采用的各种措施中，提供丰富的商品介绍信息明显有利于提升网上商店的客户转化率。对于企业网店也是如此，产品特点介绍得越详细、产品展示图片越清晰，客户的兴趣越高。随着视频技术的发展，为产品进行视频展示已经成为一种时尚。淘宝网的一家内衣店的女店主目前已经用自己做模特来展示店内出售的内衣商品，反响很好——要是再来几段视频展示的话，销售量更要飙升了。

3) 安全的网络平台和服务资质展示

调查表明，网店备案信息、经营资质展示、完整的联系方式、权威的网络安全认证标志等信息，能够增强客户的认可程度。客户只有在感到安全的前提下，才会进一步产生业务联系、在线购买等行为。

4) 设计合理的促销与限购

小区内有一家新开的羊毛衫店，一开张就表明"只卖7天，低价促销"。7天后改说法了，"接厂家通知，再卖5天，降价促销"；5天后的说法是"最后3天，买一送二"；3天后的说法是"延期3天，一件不留"；再过3天的说法是"明天下午6点走，半卖半送"；2天后的说法是"厂车未到，见钱就卖，随到随走"。之后过了几天，羊毛衫全卖完了，他们真的走了，不过并没有走远，而是到另一个小区重新上演。一个月的时间里，这家羊毛衫店接连掀起5次销售高潮，在小区里创造了比商业街上同类店铺还要好的销售业绩。

现在也有不少网店在模仿这种"促销与限购"相结合的方式，有效地提高了流量转化率，取得了骄人的成绩。

5) 尽可能简单的转化流程

流量的转化流程主要体现在浏览过程、购买流程、注册流程、互动流程等。我们千万不能去考验客户的耐心,而应该尽量让客户心情愉悦地进行每一步操作,并快速得到他想要的结果。简化流程是一项细活,需要反复地测试和揣摩。

6) 有效利用在线客服工具

在线客服工具是一个双向的交流沟通工具。客户可以主动同网店客服进行交流,网店客服也可以对客户的访问行为进行关注,并主动发出交谈邀请,帮助客户解决难题。

数据表明,由于大多数企业网店不能进行及时的互动沟通和线上交流,超过98.5%的潜在客户将会流失。只是一味被动地等待访客电话和上门,企业只能抓住1.5%的访问者。由此可见,在线客服工具是提高网络营销转化率的有效工具。

7) 精准的搜索引擎关键词广告

搜索引擎竞价广告是提高客户转化率的一种有效的网络营销方式。在对客户检索行为分析的基础上选择最有效的关键词组合,优化广告着陆页面的内容,能有效提高转化率。

搜索引擎竞价的效果受多方面因素的影响,每日的消耗预算、关键词数量和报告分析等维护工作的好坏直接影响了搜索引擎竞价的效果。由于搜索引擎关键词广告具有一定的专业性,选择有实力的服务商进行广告维护,可以进一步提升网络营销效果。像上海火速等,是Google正式授权的服务商,在搜索竞价产品销售和服务上经验丰富,值得信赖。

8) 具有说服力的客户见证

客户见证是有效的营销技巧,但很多网店并没有充分将客户见证利用到网络营销中来。在产品/服务展示的同时,展示该产品/服务的客户服务评价、使用体验,能增强产品/服务的说服力,增加客户购买的兴趣和信心。

在这方面,阿里巴巴做得比较到位。在对其诚信通产品的营销推广中,阿里巴巴大量使用了客户见证技巧,既有正面的使用体验,也有反面的客户受骗经历展示。两者的巨大反差使客户从心理上快速接受了诚信通产品。

9) 引导老客户进行转介绍

利用网络营销来引导老客户进行转介绍比传统营销方法更具有优势。通常情况下,对于已成交客户,我们可以通过积分、折扣、礼品等形式来促进老客户再次消费。同时,对于老客户介绍来的新客户,除了新客户能够得到比较优惠的价格外,老客户也将得到积分或礼品等多种形式的回报。

10) 重视电子邮件营销的应用

电子邮件营销并非指发送垃圾邮件广告。电子邮件营销除了在开拓新客户上有其作用之外,其更大的作用还在于对潜在客户的跟踪关怀上。我们可以通过自身平台的电子杂志订阅、卖家注册会员邮箱、有奖活动参与者邮箱以及合作伙伴提供的相关电子邮箱等多种形式获取潜在客户的邮件列表,使用电子期刊、促销活动介绍、网店精华内容推荐、免费资源提供等多种邮件形式,吸引潜在客户继续关注我们的网络平台和产品(服务),最终实现潜在客户的转化。

每一个开展网络营销的人,都应认识到网络营销转化率的重要性。提高网络营销转化率并没有什么秘籍,需要的是站在客户的角度,用心去改进自己的网络营销思路,优化网络平台和流程,重视客户体验,善于引导客户参与互动,并积极维系与潜在客户之间的关系,追求可持续发展的网络营销。

【案例分析】

Google Analytics 和 Viget 帮助 PUMA 将下单率提高 7%

PUMA 运动鞋具有轻便、舒适等特点,全世界千百万客户对其宠爱有加。PUMA 希望其网店分析平台也具有同样的特点。

PUMA 的在线宣传要起到品牌塑造工具和电子商务通道两大作用。其网店需要充分展现 PUMA 品牌类型的宽广度,所展示的内容和产品要兼顾国际化特色和地方需求。通过与 Google Analytics 认证合作伙伴 Viget 的合作,PUMA 重新设计了自己的网店,并以 Google Analytics 为中心建立了网店效果衡量机制。

1) 适应快节奏的步伐

PUMA.com 是一个内容丰富、充满动感的网店。然而,正如 PUMA 始终致力于改善产品一样,该公司还坚信有必要不断改进网店,使其更便于访问者实现自己的目标。另外,PUMA 的产品遍布全世界的各个角落。因此,该公司必须坚持在各主要地区不断加以改进,并分析哪些改进提高了销售额和参与度。还有一点对 PUMA 也很重要:PUMA.com 上的各个产品类别(例如 PUMARunning、Golf 和 Football)具有各自不同的风格和外观,所以需要一个统一的网店形式保持彼此间的关联。PUMA 需要单独对比各个类别的效果,并了解访问者在 PUMA 网店浏览期间的行为。

Google Analytics(分析):凭借 Viget 分析小组的专业能力和 Google Analytics(分析)平台的灵活性,这些挑战得以迎刃而解。在进行网店测试期间,PUMA 采用了 Google Analytics(分析)的自定义变量,并根据访问者看到的测试版本对其进行细分。通过这种方式,PUMA 得以比较各个测试版本如何影响访问者在整个访问过程中完成各种目标和微转化的能力。

PUMA 使用 Google Analytics(分析)中的配置文件和自定义过滤器,创建了一个针对 PUMA.com 所有内容的整体视图,以及一个针对 PUMA 各个类别网店的独立的、有针对性的视图。该公司还使用了多种高级功能,例如,通过事件跟踪来衡量访问者与动态页面元素的互动情况,使用高级细分筛选来自各个地区的访问者。

"通过高级细分进行即时计算的能力非常棒。"PUMA 的数字化策略主管 Jay Basnight 说道,"有了这种能力,我们几乎可以迅速解决所遇到的任何问题"。

2) 保持领先位置

通过与 Viget 和 Google Analytics 合作,PUMA 对访问者行为有了一个详细的了解,有能力优化整个网店体验。对于一家去年收入达数十亿元的跨国公司来说,这些改变意味着相当大的收益。在网店标题测试期间,该公司发现某版本可将在线订单提高 7.1%。再辅以其他以 Google Analytics 数据为依据的改进措施,该公司成功将访问者与 PUMA 品牌内容(如资讯、视频和图片)的互动时间提高了一倍多。此外,PUMA 还优化了国际访问者的体验,使来自中国和印度等新兴地区的流量提高了 47%。

"Google Analytics 让我们有能力帮助客户。通过与 Viget 合作,我们取得了不少好成绩,很高兴有机会使用 Google Analytics 这种工具。不管我们面临什么决策,Google Analytics 都能给出满意的答案。"Jay Basnight(PUMA 数字化策略主管)说道。

案例分析:

(1) PUMA 目标

● 深入了解网店内容和产品的受欢迎程度,以制定适当的策略。

- 了解在各个地区,哪些网页内容可以吸引到客户并能促进销售。
- 通过优化网店来改善转化率和客户的在线体验。

(2) 解决之道
- 利用过滤器实现流量细分,以分析具体产品。
- 搜集定制数据,以分析网店更改对目标和微转化的影响。
- 利用高级细分衡量各个地区的关键内容和互动情况。

(3) 结果
- 下单率提高了 7.1%。
- 访问者在网店上与 PUMA 品牌内容的互动时间多了一倍。
- 主要地区在参与度和访问量上实现了近 50% 的增幅。

思考与练习

1. 如何理解网店引流?为网店引流的常用方法有哪几种?
2. 为什么流量转化率是衡量一个网店成熟度的核心指标?
3. 网店的流量转化率一般会受到哪几个方面因素的影响?
4. 在网店运营中,应该如何分析店铺流量及其转化路径?
5. 网店流量转化分析常用的工具有哪几种?说出三种以上。
6. 网店流量转化率的提升策略有哪几种?说出五种以上。

4 网店推广与广告有效性分析

【内容概要】

本章首先介绍网店推广与广告有效性的相关概念和内涵,讨论网店广告有效性分析的必要性并分析影响广告有效与否的主要因素,其次讨论网店广告效果测评与相关指标的选择,最后讨论网店对广告有效性的评估方法和提升策略。

【学习目标】

(1) 掌握网店推广以及广告有效性的概念。
(2) 掌握网店对广告有效性分析的必要性。
(3) 了解影响网店广告有效性的主要因素。
(4) 了解网店广告的效果测评与指标选择。
(5) 了解网店广告有效性评估与提升策略。

【基本概念】

网店推广,网店广告,广告有效性。

4.1 网店推广与广告有效性的概念

在网店运营中,网店的推广是非常重要的工作。网店推广的目的是让更多人获得网店及其商品的信息。网店推广通常离不开各种广告。这一节重点讨论网店推广与网店广告有效性的相关概念。

4.1.1 网店的推广与广告

1) 网店推广

所谓网店推广,就是利用可能的信息传播手段和方法,让更多的人了解网店及其业务,让店铺拥有更多的流量,让更多人购买商品或服务。无论是门店,还是网店,都离不开对商店和商品的推广。相比之下,网店推广更为重要。因为门店即使不做推广,也可能有人看到门店开着,就会进去看看。但是,网店不做推广,人们可能就不知道网店的存在,也就不会主动去访问网店。

网店推广的途径和方法有很多,目前最主要的网店推广,还是借助广告宣传、直播推广和促销活动等三种方式:

(1) 广告推广:广告推广是一种营销活动,通过向潜在客户推广广告,提高网店的知名度,增加人们对商品和服务的认知度,以期达到促进销售的目的。广告推广的方法很多,如:利用自身媒介或其他媒介宣传,寄送各种宣传材料等。

（2）直播推广：直播推广可以简单地理解为通过网络直播来进行推广活动，它可以是传统的视频直播，也可以是虚拟现实的直播，也可以是社交网络的直播。在网络直播时代，网店的推广也可以通过网红直播来进行。

（3）促销活动：不局限于线上店铺，很多线下店铺也会采用这种低价出售商品的方式进行店铺推广。而在线上店铺中使用这种推广方式会让效果放大数倍，其原因在于网店进行低价促销活动不会受到地域和人流量的限制。

2）广告推广

在网店推广中，广告推广是比较常用的方法。广告，顾名思义，就是广而告之，向社会广大公众告知某件事物。广告有狭义和广义之分。狭义的广告是指以营利为目的的广告，通常是商业广告。它是为推销商品或提供服务，以付费方式通过广告媒体向消费者或用户传播商品或服务信息的手段。广义的广告则包括公益广告和商业广告。所谓公益广告，是指不以营利为目的的广告。例如，政府公告、宗教布告、教育通告、文化、市政、社会、救济等团体的启事、声明以及个人的遗失声明、寻人启事、征婚启事等。网店广告属于商业广告。

"广告"一词，据考证是外来语。它首先源于拉丁文"Advertere"，其意为"注意、诱导及传播"。中古英语时代（约公元1150～1500年），"Advertere"演变为"Advertise"，其含义衍化为"使某人注意到某件事"或"通知别人某件事，以引起他人的注意"。直到17世纪末，英国开始进行大规模的商业活动。这时，"广告"一词便广泛地流行并被使用。此时的"广告"，已不单是指一则广告，而是指一系列的广告活动。静止的物的概念的名词"Advertise"，被赋予现代意义，转化成为"Advertising"。汉字的"广告"一词源于日本。

1890年以前，对于广告，西方社会较普遍认同的一种定义是广告是有关商品或服务的新闻（News about Product or Service）。1894年，Albert Lasker（美国现代广告之父）认为：广告是印刷形态的推销手段（Salesmanship in Print, Driven by a Reason）。这个定义含有在推销中劝服的意思。1948年，美国营销协会的定义委员会（The Committee on Definitions of the American Marketing Association）形成了一个有较大影响的广告定义：广告是由可确认的广告主，对其观念、商品或服务所作之任何方式付款的非人员性的陈述与推广。《中华人民共和国广告法》对"广告"的定义是：商品经营者或者服务提供者承担费用，通过一定媒介和形式直接或者间接地介绍自己所推销的商品或者所提供的服务的商业活动。

随着经济的繁荣和社会的发展，广告在人们的生活中无处不在。广告是一种商业行为，它通过媒介向广大受众传达产品或服务的信息，以期达到销售或品牌塑造的目的。广告的主要媒体包括电视、广播、网络、报刊、招贴等。广告的形式多样，可以是文字、图片、音频或视频，可以呈现在媒体或户外，可以利用品牌或名人代言等手段。随着网络的兴起，在网络上做广告的形式已经超过其他广告媒体。因为网络具有特殊的唯一性，所以广告主可以根据受众的独特喜好来定制广告，这样不仅可以降低广告受众对广告的反感度，而且对于提升广告的精准度有很好的帮助。通过电脑、手机等一切可以接收网络的终端，广告可以轻松地传播到目标人群，广告的传播效果是最佳的。

如今的广告，除了传播途径发生了重要改变外，在传播内容方面也不像以前那么生硬，只是让受众被动地去接受。现在的广告内容更加贴合受众人群的需要，让受众人群在不知不觉中接受对商品的宣传，从而达到最佳的传播效果。而且现在，万物皆可成为广告载体，只要能够聚焦人的关注度，那么就可以进行广告宣传。现代人接收的任何信息中都有可能包含广告的内容。

3）网络广告

在网店推广中，网络广告是目前用得最多的广告形式。所谓网络广告，就是在网络上做的广告，是在网络广告投放平台上，利用网站上的广告横幅、文本链接、多媒体，在互联网刊登或发布广告，通过网络传递到互联网用户的一种广告运作方式。与传统的四大传播媒体（报纸、杂志、电视、广播）广告及近来备受垂青的户外广告相比，网络广告具有得天独厚的优势，是实施现代媒体营销战略的重要一部分。

网络广告是主要的网络营销方法之一，在网络营销方法体系中具有举足轻重的地位。事实上，多种网络营销方法也都可以理解为网络广告的具体表现形式。网络广告并不仅仅限于放置在网页上的各种规格的横幅（Banner）广告，如电子邮件广告、搜索引擎关键词广告、搜索固定排名广告等都可以理解为网络广告。无论以什么形式出现，网络广告所具有的本质特征是相同的：是向互联网用户传递营销信息的一种手段，是对用户注意力资源的合理利用。Internet是一个全新的广告媒体，速度最快、效果很理想，是中小企业扩大影响的好途径，对于广泛开展国际业务的公司更是如此。

追本溯源，网络广告发源于美国。1994年10月14日是网络广告史上的里程碑，美国著名的热线（Hotwired）杂志推出了网络版的Hotwired，并首次在网站上推出了网络广告，这立即吸引了美国电话电报公司（AT&T）等14个客户在其主页上发布广告。1994年10月27日，一个468×60的Banner广告显示在页面上，标志着网络广告的正式诞生。更值得一提的是，当时的网络广告点击率高达40%。中国第一个商业性的网络广告出现在1997年3月，Intel和IBM是国内最早在互联网上投放广告的广告主，传播网站是Chinabyte.com，广告表现形式为468×640像素的动画旗帜广告。中国的网络广告一直到1999年初才稍有规模。经过多年发展，网络广告行业已经慢慢走向成熟。

网络广告主要有以下几种类型：

（1）黑板报（Blackboard）：在用户登录页面右侧，大小为658（横）×280（直）像素。

（2）置顶新鲜事（Top Feeds）：出现在个人新鲜事的置顶位置，能够呈现出图文、动画等多种媒体形式。在呈现方式上可以分为动态广告和静态广告。

（3）顶部大通栏广告：在首页的顶部，大小为60×90像素，<22 kB。

（4）热帖文字链广告：通常在论坛里面，大小为20个字。

（5）电子礼物（E-Gift）：通常以质量图形式出现，大小为64×64像素。用户通过进入电子商城，可以选择喜欢的电子礼物，点击后可以添加要赠送的对象和祝福语。若好友收到电子礼物，则会以新闻形式出现在个人新鲜事列表中。

（6）赞助商广告（Sponsor Ads）：主要以静态或动态图片形式出现在个人首页右侧栏中，大小为200（横）×120（直）像素。图片下方会有按钮出现，从而可以实现喜欢、分享、投票等功能。

（7）游戏内置广告：社交网络平台有许多应用和游戏，品牌可以将产品关联到游戏环节，促使用户在玩游戏中接触到该产品，或是全面体验该产品的特点。

（8）Widget box-视频广告：可以处在首页或者首页以外。用户点击广告中的展示图片后，将弹出视频播放框（480×360像素）播放视频广告，FLV（Flash Video，流媒体格式），<5 MB，1分钟，尺寸为480×360像素（宽高比例必须4∶3）。

对于以上广告，我们将其概括总结成以下三类：

（1）展示类广告：黑板报、置顶新鲜事、顶部大通栏广告。

(2) 互动型广告：Widget box-视频广告、热帖文字链广告、赞助商广告。

(3) 植入式广告：电子礼物(E-Gift)、游戏内置广告。

由于网店运营中较多运用展示类广告，所以后面，我们主要以展示类广告为代表进行分析。

4.1.2 网店广告的有效性

面对愈演愈烈的市场，商家们对广告的投入也是成比例地增长的，各商家正在绞尽脑汁地通过广告进行无孔不入的宣传。然而，在巨额投资之后，广告是否能达到预期的销售效果呢？在众多的商品广告中，如何能让消费者记住商品并且购买，才是商家最为关心的问题。从广告本质来看，它是一种投入与产出的过程。网店投入一定的广告费用，最终目的是促进和扩大商品的销售，实现商品销售的盈利。所以，评价某广告是否有效、是不是好广告，最主要的就是看它在道德和法律所允许的范围之内，最终能否给网店带来良好的经济效益。这是衡量广告有效性的根本准则。

从概念上说，网店广告有效性即网店广告的效果，是指网店广告活动对其受众所产生的影响以及由于人际传播所达到的综合效果。当前，业界测量网店广告有效性的方法是把销售、引导力以及网络流量与用户最终点击的广告联系在一起。虽然各大网络公司为了吸引广告主，各自采用了各具特色的有效性分析系统。但是，其对于网店广告有效性分析的方法与理论基本是类似的，具体如下：

对于网店来说，他们一般关注以下几个方面：

(1) 广告播出后，受众通过该广告能达到的对网店及其商品的了解、充分了解或熟悉的效果如何，其中各个层次的比例是多少。

(2) 广告的播出是否直接带来商品销售量和销售额的增长。

(3) 广告的投入产出比是否在网店目前的经营状况可承受范围和盈利范围之内。

对于媒体而言，他们可以考虑以下几个方面的因素：

(1) 广告的投放是否带来网店站点点击率即访问率的上升。

(2) 人们对广告的反馈率有多高，如：广告对人们浏览网页有无妨碍，人们在上网时会用多少时间浏览广告，人们是否喜欢该商品的广告，人们认为广告的增加是否提高了网页的美观程度。

(3) 在广告开始投放至结束的整个时段内，网店应为广告投放投入的成本是多少，是否在网店的经营预算之内。

如前所述，网店推广离不开广告，网络广告是目前用得最多的广告形式。人们提到网店推广，一般都会想到网络广告。但是，网店推广有时也需要传统的线下推广方式或广告形式。比如：新网站或网店，由于没有线上用户基础，开始的推广大都依赖线下推广方式或广告形式。在电子商务和互联网应用非常普及的今天，网店确实会更多地使用网络广告，但也不是仅使用网络广告。有时，网店也可基于二维码把传统媒体广告与网店推广结合起来。

因为网络广告是基于计算机和通信等多种网络技术和媒体技术的，所以其在有效性分析方面要比传统广告更有优势一些。首先，网络媒体的交互性使得网络受众在观看完广告后可以直接提交个人意见，广告主可以在很短的时间内得到反馈信息，然后就可以迅速对广告效果进行测评。其次，广告主可以利用网络上的统计软件方便、准确地统计出具体数据。而且网络广告受众在回答问题时可以不受调查人员的主观影响，这样就使网络广告有效性测评结果的客观性与准确性大大提高。再次,互联网是一个全天候开放的全球化网络系统,网络广告的受众数量是无限庞大的。网络广告有效性调查在网络大范围内展开,参与调查的目标群体的样本数量能够得到保证。最后,网络广告有效性测评在很大程度上依靠技术手段,耗费的人力、物力比较少,相应的广告成本比较低。

由于网店在推广中使用网络广告确实比较多一些,并且在有效性分析方面,网络广告要比传统媒体广告更有优势。后面对网店广告有效性的分析,如没作特别说明,一般都是结合网店网络广告来讨论的。

4.2 网店广告有效性分析的必要性

网店广告一旦投放到媒体,网店最关心的就是广告所产生的效果,即广告的有效性,那么网店自然就会对广告刊登一段时间后的效果进行分析。这个分析结果是衡量广告活动成功与否的唯一标准,也是网店实施广告推广策略的基本依据。对广告有效性的分析,不仅能客观评价网店前期广告的效果,而且可以有效指导网店以后的广告推广活动。所以,对网店广告进行有效性分析是非常必要的,这种必要性具体表现在如下三个方面:

1) 有助于完善广告计划决策

广告计划决策是广告活动中最为关键的一环,它可以帮助企业明确广告目标、分析市场环境、确定预算、选择合适的媒体和进行广告效果测定等。有了正确的计划决策,企业才可以制定有效的广告计划,提升品牌知名度和市场竞争力。

广告效果,通常是指广告信息通过广告媒体传播后所能产生的社会影响和效应。这种影响和效应包括两方面:一是广告的传播效果;二是广告的销售效果。测定这两种广告效果,有利于企业更有效地制定广告策略,降低广告费用,提高广告效益。通过广告有效性的评估分析,企业可以检验原来预定的广告目标是否正确、广告形式是否运用得当、广告发布时间和媒体的选择是否合适、广告费用的投入是否合理等等,从而可以提高网店广告活动计划决策的水平,获得更好的广告效果。

2) 有利于提高广告设计水平

广告设计是通过相关设计软件,为表达广告目的和意图所进行的一种平面艺术创意设计活动或过程,是对广告的主题、创意、语言文字、形象、衬托等五个要素构成的组合安排。广告设计的最终目的就是通过广告来吸引眼球。

通过评估广告的曝光量、点击率、转化率等指标,企业可以了解广告在目标受众中的传播效果和被接受程度。通过了解广告受众对广告的接受程度,企业可以鉴定广告主题是否突出、广告诉求是否针对广告受众的心理,广告创意是否吸引人、是否能起到良好的效果,从而可以改进广告设计,制作出更好的广告作品。

3) 有利于促进广告业务发展

广告业务的范围包括设计、制作、代理、发布广告。广告公司通过设计制作各类广告,为各类商家提供广告服务,并承担广告投放的费用。广告公司的业务范围非常广泛,可以提供多样化的广告服务,满足不同企业的需求。

对广告投放的效果进行客观、科学的评估,可以帮助广告主了解广告的影响力和回报,优化广告投放策略。广告有效性的评估分析能客观地肯定广告所取得的效益,可以增强广告主的信心,使广告企业更精心地安排广告预算,而广告公司也容易争取广告客户,从而更有利于促进广告业务的发展。

4.3 网店广告有效与否的影响因素

早在1900年,就有人对印刷广告的有效与否进行了研究。最初,人们运用记忆实验来研究广告的有效性,之后又很快发展为运用再认和自由回忆的方法。传统的广告有效性测量大多是通过主观评价。近年来,心理学的原理和研究方法被广泛应用到广告设计和效果评价中,人们通过测量多种心理效应来判断广告在消费者中产生的效果。测量广告有效性的方法主要包括认知测量、记忆测量、视向心理测量、意见测量。有关认知测量、记忆测量和意见测量的方法手段很多,如通过取向评估和游戏评估进行认知测量,通过回忆和再认的方法进行记忆测量,通过主观评价和访谈的方法进行意见测量。随着科学技术的不断发展,近年来,人们开始研究广告浏览时的眼动特点,用眼动仪来记录眼睛的注视位置、注视时间、回视次数、扫描路径等有效指标,从而更客观地反映出人们在看广告时对哪些元素最感兴趣,哪些元素容易被人们忽略等。

展示类广告包含三个元素:图片元素、品牌元素和文本元素。图片元素是指广告中的所有图片信息,包括插图(但不包括品牌图案);品牌元素包括品牌名称、商标和符号;文本元素指广告中所有的文字,例如标题、副标题、价格、主要的说明文字,但不包括品牌名称。影响网店广告效果的因素有很多,比如广告中各元素的大小比例、位置分布、颜色、明暗度、文本数目等等。视觉眼动研究通过眼动仪记录人们在浏览广告时眼睛运动的全过程,从中可以准确地了解到人们最先注视哪个元素、注视的顺序、眼睛停留在各元素上的时间等,然后根据这些客观的数据对各元素在广告整体中所起的作用进行分析,从而为更合理地设计广告提供依据。总的来说,影响网店广告有效与否的因素主要有以下几种:

1) *广告的大小*

广告的大小对注视会产生影响。在黄页广告中,通常是对广告信息进行简单罗列,这时,广告的大小显得尤为重要。Lohsel发现,93%的四分之一页大的广告能被注意到,而一般的罗列广告被注意到的概率只有26%。同时,人们对粗体罗列广告的注意程度比一般罗列广告高42%。在黄页广告中,广告越大,越有可能被注视。消费者先看大广告,再看小广告。但也有研究发现,随着广告的变大,广告效果反而降低;与同类竞争广告大小一样或比其略大,反而更可能吸引消费者的注意力。

2) *广告的颜色*

一般的展示类广告都是彩色的。人们在观察不同的形状和颜色时,眼运动具有时间序列和空间序列的特性:三角形和黄色更具有视觉上的诱目性,对形状和颜色的首次注视点和注视点个数在第二象限都是最多的,第一象限其次。在观看黄页广告时,被试者总是先看有彩色的广告,再看没有颜色的广告。颜色对被试者注视广告时间的影响因广告的大小而异。对于四分之一页大的广告,广告颜色的影响显著,人们对彩色广告的浏览时间比对同等大小的黑白广告的浏览时间长11%。但Kelly等人在1991年发现,红色并没有对广告的有效性产生显著的影响。这与其他杂志或报纸广告关于颜色的研究结果不同。

3) *广告的位置*

在心理学的记忆测验中,先向被试者呈现一系列的项目,要求被试者记忆,然后要求被试者回忆这些项目,可以不按呈现顺序回忆。结果发现,在系列中,最后几个项目回忆得最好,这就是近因效应;另外系列中,开头几个项目回忆较好,这就是首因效应。在广告中也同样存在首因效应和近因效应。因此,广告商如果想要广告的记忆效果达到最优,应该把广告置于屏幕的开头或者末尾。但在黄页广告中,人们容易忽略罗列在末尾的广告,因为消费者在浏览黄页广告时,通常是按照字母顺序进行的,但这种浏览并不是穷尽式的,列表末尾的部分可能根本就无法被注意到。因此,在列表末尾的广告被选择的可能性很小,这与近因效应并不矛盾。人们对黄页广告页面中末尾部分的广告没有注视,所以就无所谓回忆了。对同一广告而言,第二象限比第四象限更吸引注意,第一象限比第三象限更吸引注意。综合而言,广告的上部比广告的下部有更多的注视点,其中第二象限注视点最多,第三象限注视点最少。因此,如果把最重要的信息放在第二象限,广告效果最佳。

4)广告插图

插图和文本的相对位置也会影响广告的有效性。有研究表明,无论是眼动指标还是再认成绩,都反映出人们在对文本和图形的加工方式上存在差异。2004年,Underwood等发现,人们通常先注视图片,大约3个注视点之后,再注视文本信息,然后又重新注视图片。研究者认为,对于简单的图片,3个注视点足以形成关于图片主要特征的、低水平的特征地图。如果特征地图中包含丰富的细节信息,不能通过3个注视点获得,那么人们在注视文本信息之前,会在图片上停留更长的时间以获得足够的信息来形成低水平特征图。当文本在插图下方时,与插图相比,文本受到更多的注视。而文本与插图左右位置排列时,无显著差异。除了插图的位置以外,插图的唤起性也会影响广告效果。高唤起性的广告插图注视点更多,记忆效果较好,但对插图相对应的文本元素没有影响。他们认为,插图的唤起性比插图的位置更重要,对再认成绩的影响更大。在看广告时,人们先看大的、带插图的广告,再看不带插图的广告。带插图的广告被注视的时间是不带插图的两倍。因此,广告中的插图应以简洁明了为佳。

5)注视时间

某一区域的注视时间是指该区域所有注视点的时间之和。每个区域的注视时间并不是相等的,它与该区域的注视密度有关。在视觉信息或语义信息量大的区域,注视点多,注视密度大。有研究表明,在同一类型的广告中,消费者对最终选择购买的广告与没有购买的广告的注视时间差异显著,即注视时间越长,购买的可能性就越大。有的研究还考察了重复出现的广告对人的注意情况的影响,发现被试者注视广告的顺序通常是图案、正文、背景,对文字的注视时间最长,其次是标题,对于图案和背景的注视时间最短。有学者对人们观看展示类广告时的眼动特征进行研究,结果发现,看广告时,人们最初的注视点通常是在广告的中央位置,而且他们通常先注视广告中大字体的字(标题),无论这个标题在什么位置。研究者还发现了一个有趣的现象:当广告中的文字较多时,被试者对其的注视时间与文字较少时的注视时间大致相等。

6)其他因素

影响广告有效性的还有很多其他因素。一般而言,人们先注视信息量大的广告,再注视信息量小的广告。先被注意到的广告更有可能被选择。另外,广告类型本身也会影响注视时间,例如人们对银行广告的注视时间比对比萨饼广告的注视时间长;对塑料制品和交通广告的注视时间较长,而对餐馆和服装广告的注视时间较短。似乎人们对其不熟悉的行业产品注视多,还有一种可能是人们对价值高的产品或服务更为关注。

2005年,Nanavati等发现,广告中,每行70个左右字符的文本是最适合阅读的,字符过多或过少都会阻碍阅读速度。另外,广告中的字幕,每一行的字数相同最有利于阅读。除此之外,消费者浏览广告时的眼动模式还与消费者的异质性有关,不同卷入程度(这里的卷入程度可以理解为消费动机程度)的消费者对同一广告中各元素的注视时间、注视顺序等都有所不同,达到的广告效果也存在差异。根据遗忘曲线定律,在一定时间内重复注视同一个广告也可以增强广告效果。

由此可见,影响广告有效性的因素很多,除了广告的大小、颜色、位置、插图外,还有很多因素,比如广告的信息量、消费者的卷入程度,甚至声音也会对广告效果产生影响。

4.4 网店广告效果测评与指标选择

4.4.1 网店广告效果的测评原则

网店广告效果的测评是网店运营中比较重要的工作,一般需要遵循如下基本原则:

1) 有效性原则

广告评估工作要以具体的、科学的数据结果而非空泛的评语来证明广告效果。由于目前我国还没有形成规范的网络广告市场,导致有的广告商采用一些不正当的手段来获取统计数据。例如,广告商很可能为了争取利益而通过各种虚假诱惑广告甚至强制弹出手段制造点击次数,这些点击往往造成访问率很高的假象。所以,广告效果测定必须选定有效、有代表性的答案来作为衡量的标准,否则,就失去了有效性。这就要求采用多种测定方法,多方面综合考察,广泛收集意见,得出客观的结论。

2) 可靠性原则

前后测定的广告效果应该有连贯性,以证明其可靠。若多次测定的广告效果的结果相近,其可靠程度就高;否则,此项测定就有问题。这就要求广告效果测定对象的条件和测定的方法前后一致,以得到准确的答案。

3) 相关性原则

指广告效果测定的内容必须与所追求的目的相关,不可做空泛或无关的测定工作。倘若广告的目的在于推出新产品或改进原有的产品,那么广告效果测定的内容应针对消费者对品牌的印象;若广告的目的在于在已有的市场上扩大销售,则应将广告效果测定的重点放在改变消费者的态度上;若广告的目的在于和同类产品竞争、抵消竞争压力,则广告效果测定的内容应着重于产品的号召力和消费者对产品的信任感。

4) 综合性原则

影响广告效果的可控性因素是指广告主能够改变的因素,如广告预算、媒体的选择、广告刊登的时间、广告播放的频率等;不可控因素是指广告主无法控制的外部宏观因素,如有关法律法规的颁布、消费者的风俗习惯、目标市场的文化水平等。在测定广告效果时,除了要对影响因素进行综合性分析外,还要考虑到媒体使用的并列性以及广告投放时间的交叉性。只有这样才能排除片面的干扰,获得客观的、全面的评测效果。

5) 经济性原则

进行广告效果测定,所选取的样本数量、测定模式、地点、方法以及相关指标等,既要有利于测定工作的展开,同时也要从广告主的经济实力出发考虑测定费的额度,充分利用有限的资源为广告主作出有效的测评。

6) 经常性原则

广告效果测评有时间上的滞后性、积累性、符合性以及间接性等特征,因此就不能抱有临时性或者一次性测定的态度。要坚持经常性原则,要定期或不定期地测评,并保证一定的量。

4.4.2 网店广告效果测评的基本方法

如何测评广告效果一直是广告行业内备受关注的问题。随着技术的发展,新的方法不断出现并应用于广告效果的测评。下面是网店广告效果测评的一些基本方法。

1) 通过服务器端统计访问人数评估

在网店推广中,大部分是网络广告。网络广告的优势,就是效果统计比较容易。它不像传统媒体,效果好坏难以掌握。现在,有一些专门的软件可以用来对广告进行分析,生成详细的报表。通过这些报表,广告主可以随时了解有多少人在什么时间访问过他们的广告页面,有多少人点击过广告图标,或是有多少人访问过载有旗帜广告的网站等等。

尽管网络广告有容易准确计量的优势,但是如果你的广告同时出现在若干个站点,依然无法监测哪个站点效果更好。一个比较粗略的办法是,看同样数量的某一指标,如千人广告成本(CPM),在哪个站点先完成。

2) 通过查看客户反馈量评估

一般来说,如果广告投放后,广告对象的反应比较强烈、反馈量大大增加,则说明所投放的广告比较成功;反之,则说明所投放的广告不太成功。例如,我们可以通过观察 Form 提交量和 E-mail 在广告投放后是否大量增加来判断广告投放的效果。对于利用 BBS 甚至留言板等免费工具做网络广告的营销者来说,监测广告效果有一种简便的办法:在编写电子邮件的指向链接时,可使人们在点击链接、弹出新邮件窗口时,自动填好邮件"主题"。

3) 通过广告评估机构评估

网络广告效果评估是一个全新的领域。广告客户一旦选择了网络广告这一方式,就将质询广告访问量的真实件和准确性,以评估效果。"你真的帮我显示了 1 000 次广告吗?怎样叫显示一次?为什么点击率那么低?"

无论是站点流量审计还是广告服务审计,都是非常严谨的商业行为。如果没有准确、全面的统计结果,广告客户就将无所适从,那么网络广告这一新兴产业就很可能被断送。专业的评估应包括两个方面:一是量的评估,比较计划和执行在量上的区别;二是研究广告的衰竭过程,方法是将同一广告的每天的点击率在坐标轴上连成线,研究每个创意衰竭的时间,为设定更换广告创意间隔提供依据。

4) 通过网络广告管理软件评估

目前,已经出现多种把网络广告投放和广告效果评估集成起来的网络广告管理软件,常用的有"CMM""康赛广告监测系统""中国媒体指标"等,广告主可以向有关软件研究公司购买。在投入广告之前,你可以根据它提供的媒体各方面的情况制订计划;在投入广告之后,提供软件的公司将把广告效果的各种数据通过软件分类汇总,从而使你了解到广告的效果。

4.4.3 网店广告效果测评的传统指标

广告效果测评的评价指标在广告行业当中,主要充当了广告计费的依据。目前,中国网络广告有效性的主要评估指标有每千次展示成本(CPM)、每广告位时长成本(CPT)、每用户点击成本(CPC)、每用户行动成本和每用户购买成本(CPA 和 CPS)。

1) CPM

虽然叫作 Cost Per Million,实际上是以千人为单位计算。CPM 只与广告展示量有关,即不考虑实际效果,而只考虑实际投入。公式表达为:

$$总费用＝单位价格 \times 访问量 \times 显示次数/1\,000$$

在这里,一段时间内的变动量只有"访问量",展示量和单价都是固定的。基于现有技术,可以实现对浏览量的实时监控,因此 CPM 的时效性很好。就真实性而言,网站的浏览量有水分几乎是互联网行业心照不宣的"潜规则"。因此,第三方权威检测的出现,是这种收费方式在中国进一步发展的前提。

但是,CPM 并不涉及广告播出效果的考量。CPM 是国际上通用的广告收费方式,这从一个侧面说明,CPM 能够很好地调整广告主与媒介平台间的利益关系。一般来说,网站运营情况越好,它的浏览量越大,广告展示也就越有效果。这基本是一个"靠实力说话"的收费标准。

2) CPT

CPT 是按照每广告位时间单位,比如包月、包天等来进行收费的,公式为:

$$总费用＝单位价格 \times 时长$$

在这个公式中,一定时间内,没有任何变量出现,因此 CPT 的实效性非常低,甚至可以说没有实效性。但是,由于不引入变量,CPT 的计算方法非常真实。一个网站的运营情况越好,它的 CPT 单价也就会越高,这主要通过广告主和媒介平台的商讨决定,而时间是一个任何人都无法作假的单位量。因此,CPT 的真实性非常强,公平性也比较适当。但是,就如同不是努力了就一定有回报一样,并不是投入了时间就一定有效果。CPT 在这个方面与 CPM 有一定的相似性。那就是,它们并不考虑广告播出的实际效果。从某种意义上来说,这对广告主并不有利。CPT 是传统媒体的主要收费模式,在目前中国的网络广告中也有一定市场,它符合中国广告主的习惯,行业标准化潜力较大,甚至高于 CPM。

3) CPC

对于 CPC 而言,通过广告点击数和点击率来收费显然比 CPT 更加具有实效性。公式为:

$$总费用＝单位价格 \times 点击数$$

"点击数"与"访问量"一样,具有很强的实效性。但相对而言,CPC 的真实性高于 CPM。广告主可以花钱雇佣第三方检测机构通过广告链接进入广告主自己的网站,这就在一定程度上避免了虚假点击率的存在。CPC 的另一个优势在于,它考虑到了广告播出后的实际效果,它考虑了用户在看到广告之后有没有行为层面的意愿。这点迎合了广告主的需求。而就行业标准化潜力来说,CPC 的推行仍有赖于第三方权威检测机构的出现,并且不是所有媒介平台都乐于那么为广告主着想。而这种方法的推行,在一定程度上需要广告主扮演强势角色。

4) CPA 和 CPS

CPA 和 CPS 则沿着 CPC 的道路走得更远。三者都要求用户在浏览广告之后有所行动,且行动的深度不断增强,从点击到注册再到购买。这三种收费方式明显更加有利于广告主而非媒介平台,尤其是后两者,对于中小型网站而言,选择这样的收费模式无异于慢性自杀。CPA 和 CPS 的真实度较高,但是同样有第三方检测的问题。例如 CPS,如何监控广告主的数据以使其不要少算由广告带来的销售额呢?媒介平台需不需要为这样的检测再自掏腰包呢?这些都是问题。我们并不看好这样收费方式的行业标准化潜力。虽然它在一些特定情况下可能更利于广告主,如淘宝网目前部分采用了CPS广告模式。但只有在媒介平台十分强大,强大到不通过这个媒介平台,广告主就无法售出自己产品的前提下,这样的收费模式才能做到双方利益的平衡。否则如此苛刻的收费条件,相信大多数网站都不会接受。

4.4.4 网店广告效果测评的新指标

目前,广告效果的衡量标准大多关注曝光度、影响力和转化率三个方面,依然停留在曝光、点击、独立访客(Unique Visitor)等指标上。由于不完善且缺乏业内公认统一的测量体系,这些指标无法评估新媒体广告双向对话特质。因此,建立一套具有较强操作性的广告有效性评价指标体系,对企业了解广告投入和产出具有重要的现实意义。鉴于此,这一节在现有研究成果的基础上,讨论广告有效性评价的指标与模型,为网店做出更好的营销决策提供依据。

1) 从 AIDA(Attention -Interest -Desire -Action)到 SICAS(Sense -Interest & Interactive -Connect & Communication -Action -Share)

消费者从接触网络广告开始,一直到完成某种消费行为,不可能一步实现,中间势必要经过几个阶段。在当今的互联网时代,用户获取信息的媒介、渠道、方式,品牌、商家之间的交互以及购买行为、用户间的交流、体验分享方式等都在发生全面深刻的改变。据 DCCI(Data Center of China internet,中国互联网数据中心)调查表明,用户行为消费的模式正在由 AIDA、AIDMA、AISAS 模式转化为 SICAS 模式。其具体的转化过程如下所示:

AIDA 模式。该理论认为,潜在消费者从接触广告开始一直到完成某种消费行为,共经历以下四个阶段:注意(Attention)、兴趣(Interest)、欲望(Desire)、行动(Action)。

在 AIDMA(Attention -Interest -Desire -Memory -Action)模式中,消费者经历以下五个阶段:注意商品,产生兴趣,产生购买愿望,留下记忆,做出购买行动。整个过程主要由传统广告、活动、促销等营销手段驱动,而广播式的广告是 AIDMA 的核心驱动。

在 AISAS(Attention -Interest -Search -Action -Share)消费行为模式之下,消费者从被动地接受商品的营销宣传,转化为主动获取商品信息。AISAS 模式强调消费者在注意商品并产生兴趣之后的信息搜集(Search),以及产生购买行动之后的信息分享(Share)。但在 AISAS 模式下,营销活动的核心驱动依然是广告,只是多了点击、行动、转化等效果维度。品牌商家与用户间的互动,也只是线性的单向营销传播以及行为消费过程。

SICAS 模型,是全景模型,主要有以下几个阶段:品牌-用户互相感知(Sense),产生兴趣-互动(Interest & Interactive),用户与商家建立连接-交互沟通(Connect & Communication),行动-购买(Action),体验-分享(Share)。用户行为、消费轨迹在这样一个生态里是多维互动的过程而非单向递进的过程。SICAS 阶段,商务营销活动的核心驱动是基于连接的对话,并非广播式的广告营销。

SICAS 各阶段主要含义如下:

Sense,即品牌-用户互相感知。在 SICAS 生态里,通过分布式、多触点,在品牌商家与用户之间建立动态感知网络(Sense Network)是非常重要的基础。对用户的感知最为重要,而能够被用户感知到同等重要,这两点是品牌商家建立感知网络的两个关键。

Interest & Interactive,即产生兴趣-互动。形成互动不仅仅在于触点的多寡,更在于互动的方式、话题、内容和关系。这方面,曝光、印象的效率在降低,而理解、跟随、响应用户的兴趣和需求成为关键。

Connect & Communication,即建立连接-交互沟通。这意味着必须基于广告、内容、关系的数据库和业务网络,建立不同用户之间由弱到强的连接,而非链接。

Action,即行动-购买。在行动-购买(Action)阶段,用户的行为不仅仅发生在电子商务网站之中,O2O、App、社交网络等,都可能成为购买的发起地点。

Share,即体验-分享。体验-分享(Share)的基础是社会化网络。但是实际过程中,互联网的开放分享会实现对用户体验分享碎片的自动分发和动态聚合,且一切远非口碑营销那么简单。体验、分享并非消费的末尾,很大程度上正在成为消费的源头。

根据 SICAS 消费者消费行为模型的过程与特点,本着广告效果测评指标体系多目标多层次、定性与定量指标相结合的要求,我们建立包含感知效果、吸引力效果、交互-沟通效果、行动(购买)效果和分享效果 5 个层次、23 个具体指标的评价体系,具体内容如图 4-1 所示。

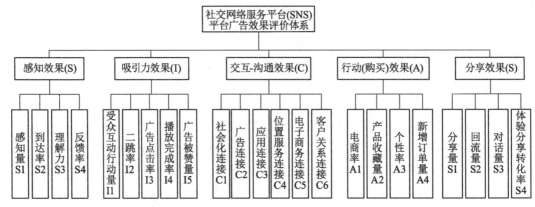

图 4-1 SNS 平台广告效果综合评价指标

2) 效果测评指标的涵义

(1) 感知效果(S):在 Sense 阶段,衡量企业感知效果的基本指标有感知量、到达率、理解力和反馈率。其中,感知量是指能够感知到广告的受众数量(根据抽样或者全数据实测原则获得);到达率是指营销活动最终到达的人口与能够感知到的人口的比例;理解力是指受众能够基于感知到的信息进行分析、理解的能力;回馈率是指具有双向回路的感知人口占所有目标感知人口的比例。

(2) 吸引力效果(I):衡量 Interest 阶段效果的主要指标有受众互动行动量、二跳率、广告点击率、播放完成率、广告被赞量等。其中,二跳率是一个衡量外部流量质量的重要指标。当网站页面展开后,用户在页面上产生的首次点击被称为"二跳",二跳的次数即为"二跳量"。二跳率就指某页面二跳量与该页面浏览量的比值。

(3) 交互-沟通效果(C):这里的交互-沟通效果主要是指基于 Open API、Ad、LBS 和 Network 的连接对话效果。衡量 Connect 阶段效果的关键指标是企业社会化连接(Social Connect)、广告连接(Ad Connect)、应用连接(App Connect)、位置服务连接(LBS Connect)、电子商务连接(EC Connect)、客户关系连接(CRM Connect)的建立程度。其中,Social Connect 指企业与主要社会化网络的品牌对话、互动连接通路建设情况;Ad Connect 是企业广告系统的数据互联、业务协同建设情况;App Connect 是指企业与消费者互动连接通路的建设情况;LBS Connect 是指企业通过位置服务为消费者匹配产品服务的建设情况;EC Connect

是消费者可以在线上直接购买到企业产品的情况,也即企业电子商务建设情况;CRM Connect 是企业将感知网络数据流汇聚到 CRM 中进行动态实时管理、对话的建设情况。

(4) 行动(购买)效果(A):衡量 Action 阶段效果的关键指标有电商率、产品收藏量、个性率及企业销售新增订单量。其中,电商率是指线上销售以及通过 O2O 带来的销售额在总销售额中的比例;个性率是指对用户个性化需求的采集、响应、定制、服务能力及其占比。值得注意的是,社交网络广告会引发四成消费者线下购物,如果只看线上的购买,就忽视了另一半由社会化媒体激发的转化。

(5) 分享效果(S):衡量 Share 阶段效果的主要指标有分享量、回流量、企业与进行体验分享活动用户之间的对话量和体验分享转化率。其中,分享量是指受众使用分享工具将页面分享到某一社会化媒体的次数;回流量是指分享到某一社会化媒体后,用户点击分享链接返回到分享页面的浏览次数;体验分享转化率是从用户体验分享环境转化到企业品牌社区、官微、官网、电商网站等营销环境的用户的比例。

4.5 网店广告的有效性评估与提升

随着互联网的迅猛发展,网络广告已成为企业宣传和推广的重要手段。对于广告主来说,了解网络广告的效果是十分关键的。另外,随着新媒体的发展,广告效果的评估又变得更加复杂,一般需要综合考虑多个指标和数据,需要不断学习和适应新的评估方法和工具,以提高广告效果评估的准确性和有效性。这一节首先讨论网店广告的综合性评估方法,然后讨论提升网店广告有效性的一些具体策略。

4.5.1 网店广告的综合性评估方法

目前,国内外对网店广告效果进行评估的方法主要有:德尔菲法、层次分析法、模糊综合评价法、综合指数法、因子分析法等方法。这一节重点介绍层次分析法和模糊综合评价法。

层次分析法(Analytic Hierarchy Process,AHP)是将与决策相关的元素分解成目标、准则、方案等层次,就每一层次的相对重要性给出定量的表示,再利用数学方法确定全部元素相对重要性次序的权系数,比较适合那些难以用定量指标进行分析的复杂问题。

模糊综合评价是以模糊数学为基础,应用模糊关系合成的原理,将一些边界不清、不易定量的因素定量化并进行综合评价的一种方法,适合各种非确定性问题的解决。

社交网络服务(Social Networking Services,SNS)平台的广告效果综合评估存在一系列模糊现象和模糊概念,并且它是一个多层次、多要素的复杂系统。所以,下面以 SNS 平台的广告效果为例,讨论如何选用层次分析法和模糊综合评价法进行综合评估。

1) 层次分析法

层次分析法是美国运筹学家、匹兹堡大学教授萨蒂于 20 世纪 70 年代初,在为美国国防部研究"根据各个工业部门对国家福利的贡献大小而进行电力分配"课题时,应用网络系统理论和多目标综合评价方法,提出的一种层次权重决策分析方法。

层次分析法的程序:通过对复杂系统进行分析,建立分层递阶结构模型;在模型的每个层次,按某一上层准则对该层各要素逐一进行比较,形成判断矩阵;计算判断矩阵的最大特征值和相应的特征向量,将特征向量标准化后作为该层次要素对该准则的权重;将各层次权重综合,计算各层次要素对总目标的组合权重,从而确定可行方案权值作为决策。

层次分析法的具体步骤如下:

(1) 建立分层递阶结构模型

利用层次分析法解决问题时,建立分层递阶结构模型是核心和关键。对于一般的系统,分层递阶结构模型一般由目标层、准则层和方案层组成。目标层有总目标和分目标,总目标是最高目标,一个系统一般只有一个;准则层表示采取的措施、方案等来实现系统总目标所涉及的中间环节,可以是方案的多层评价标准;方案层是被评价的方案或措施。

(2) 构建判断矩阵

层次分析法的内涵是人们对于每一层次中各因素的相对重要性做出判断。以上层中某元素为准则进行下层元素之间的两两对比,按 9 级评分体系评分并用矩阵形式描述,就形成了判断矩阵(如式 4-1 所示)。判断矩阵表示相对于上一层次的某一因素,本层次有关因素之间的相对重要性比较。

$$A = \begin{bmatrix} a_{11} & a_{12} & \cdots & a_{1n} \\ a_{21} & a_{22} & \cdots & a_{2n} \\ \vdots & \vdots & & \vdots \\ a_{n1} & a_{n2} & \cdots & a_{nn} \end{bmatrix} \tag{4-1}$$

构造得到的判断矩阵 $A = (a_{ij})_{n \times n}$,且 $a_{ji} = 1/a_{ij}$。a_{ij} 的确定习惯上采取九标度法,九标度法的含义如表 4-1 所示。

表 4-1 九标度法的含义

标度 a_{ij}	定义
1	i 因素与 j 因素同样重要
3	i 因素比 j 因素略重要
5	i 因素比 j 因素较重要
7	i 因素比 j 因素非常重要
9	i 因素比 j 因素绝对重要
2、4、6、8	介于上述相邻的两种重要程度之间
倒数	反比较,即 j 因素与 i 因素比较,其标度值 $a_{ji} = 1/a_{ij}$

当 $a_{ij} \times a_{jk} = a_{ik}$ 成立时,则该判断矩阵 A 为一致性矩阵,有唯一非零的最大特征根 $\lambda_{\max} = n$;反之,当 $a_{ij} \times a_{jk} = a_{ik}$ 不成立时,则该判断矩阵 A 不具有一致性条件,此时 $\lambda_{\max} > n$。这主要是由于判断矩阵是由人们两两比较得出,具有一定的主观性,因此应进行一致性检验。如不满足一致性条件,且超过一定准确度要求,须重新进行比较和确定判断矩阵。

通常,我们以一致性指标(CI)、平均随机一致性指标(RI)和随机一致性比例(CR)等指标来衡量判断矩阵的准确度。一致性指标和随机一致性比例的计算方法如下:

$$CI = \frac{\lambda_{\max} - n}{n - 1} \tag{4-2}$$

$$CR = \frac{CI}{RI} \tag{4-3}$$

当 $CR<0.1$ 时,可认为判断矩阵具有较满意的一致性,否则需要调整判断矩阵的元素取值,重新分配权系数的值。

平均随机一致性指标 RI 的值依据判断矩阵的阶次,如表 4-2 所示。

表 4-2 平均随机一致性指标 RI 的值

阶数	1	2	3	4	5	6	7	8	9
RI	0.00	0.00	0.514 9	0.893 1	1.118 5	1.249 4	1.345 0	1.420 0	1.461 6

(3) 层次单排序:层次单排序是根据判断矩阵,计算对于上一层次某元素而言,本层次与之有联系的元素重要性次序的权值。计算排序的方法实质上是求判断矩阵的最大非零特征值及其对应的特征向量,通常采用和法和方根法计算。

① 和法:先将判断矩阵的每列做标准化处理,再按行相加,得向量 W。将向量 W 标准化即为所求权重,最大特征值的计算方法如下所示:

$$\lambda_{\max} = \frac{1}{n} \sum \frac{(AW)_i}{W_i} \tag{4-4}$$

其中,

$$AW = \begin{bmatrix} a_{11} & a_{12} & \cdots & a_{1n} \\ a_{21} & a_{22} & \cdots & a_{2n} \\ \vdots & \vdots & \vdots & \vdots \\ a_{n1} & a_{n2} & \cdots & a_{nn} \end{bmatrix} \begin{bmatrix} w_1 \\ w_2 \\ \vdots \\ w_n \end{bmatrix} = \begin{bmatrix} (AW)_1 \\ (AW)_2 \\ \vdots \\ (AW)_n \end{bmatrix} \tag{4-5}$$

② 方根法:将判断矩阵每行的各元素相乘,得 M_i,$M_i = \prod a_{ij}$,再将 M_i 开 n 次方,得向量 W。将 W 标准化即为所求权重。最大特征值的计算方法如下所示:

$$\lambda_{\max} = \frac{1}{n} \sum \frac{(AW)_i}{W_i} \tag{4-6}$$

(4) 层次总排序:单排序解决了每个层次诸要素对上层次准则的权重(排序)问题,为了得到各元素对总目标的相对权重,必须进行总排序。总排序先从最上层开始算起,自上而下进行计算。总目标的权重 $W^{(1)}=1$,第二层对总目标的排序向量 $W^{(2)}$ 就是该层单排序向量。

假设 $P^{(k)} = (P_1^{(k)}, P_2^{(k)}, \cdots P_n^{(k)})^T$ 为第 k 层次元素对 $(k-1)$ 层(上一层)各准则的单排序权重向量,$W^{(k-1)}$ 为准则层总排序权重向量,则第 k 层总排序为:

$$W^{(k)} = P^{(k)} \cdot W^{(k-1)} = \begin{bmatrix} w_{11}^{(k)} & w_{12}^{(k)} & \cdots & w_{1m}^{(k)} \\ w_{21}^{(k)} & w_{22}^{(k)} & \cdots & w_{2m}^{(k)} \\ \vdots & \vdots & \vdots & \vdots \\ w_{n1}^{(k)} & w_{n2}^{(k)} & \cdots & w_{nm}^{(k)} \end{bmatrix} \cdot \begin{bmatrix} W_1^{(k-1)} \\ W_2^{(k-1)} \\ \vdots \\ W_m^{(k-1)} \end{bmatrix} \tag{4-7}$$

或

$$W^{(k)} = P^{(k)} P^{(k-1)} P^{(k-2)} \cdots P^{(2)}$$

设 $CI_n^{(k)}$,$RI_n^{(k)}$ 中的 n 为 $k-1$ 层的准则数,总排序的一致性检验按下式计算:

$$CI^{(k)} = (CI_1^{(k)}, CI_2^{(k)}, \cdots, CI_n^{(k)}) \tag{4-8}$$

$$RI^{(k)} = (RI_1^{(k)}, RI_2^{(k)}, \cdots, RI_n^{(k)}) \tag{4-9}$$

$$CR^{(k)} = \frac{CI^{(k)}}{RI^{(k)}} \tag{4-10}$$

在实际应用时,总排序的一致性检验通常可以省略。

2) 多级模糊综合评价模型

模糊综合评价的基本原理是首先确定被评价对象的指标集合为评价集,再确定各指标的权数及隶属度函数,求得模糊评判矩阵,最后对模糊评判矩阵与指标的权重进行模糊运算,并进行归一化处理,即可得到模糊综合评价的结果。具体步骤如下:

(1) 建立因素集:所谓因素集,就是影响评价对象的各种因素组成的一个普通集合,即 $U = \{u_1, u_2, \cdots, u_n\}$。这些因素通常都具有不同程度的模糊性,但也可以是非模糊的。

(2) 建立评价集:评价集是指评价者对评价对象可能作出的各种总的评价结果所组成的集合,通常表示为:$V = \{V_1, V_2, \cdots, V_m\}$。其中,$V_i(i=1, 2, \cdots, m)$ 代表对各元素 $u_j(j=1, 2, \cdots, n)$ 可能的第 i 种评语。模糊综合评价的目的,就是在综合考虑所有影响因素的基础上,从备择集中得出一最佳的评价结果。

(3) 建立权重集:在因素集中,各因素的重要程度是不一样的。为了反映各因素的重要程度,对各因素 u_i 应赋予相应的权数 $a_i(i=1, 2, \cdots, n)$。由各权数所组成的集合 $A = \{a_1, a_2, \cdots, a_n\}$ 称为因素权重集,简称权重集。通常,各权数 a_i 应满足归一性和非负性条件,即:

$$\sum_{i=1}^{n} a_i = 1 (a_i \geqslant 0) \tag{4-11}$$

各种权数一般由人们根据实际问题的需要主观地确定,没有统一的格式可以遵循。常用的方法有:分析推理法、统计实验法、层次分析法、专家评分法、熵权法等。

3) 单因素模糊评价

单独从一个因素出发进行评价,以确定评价对象对备择集元素的隶属度便称为单因素模糊评价。单因素模糊评价,即建立一个从 U 到 $F(V)$ 的模糊映射:

$$f: U \to F(V), \forall u_i \in U, u_i \to f(u_i) = \frac{r_{i1}}{v_1} + \frac{r_{i2}}{v_2} + \cdots + \frac{r_{im}}{v_m} \tag{4-12}$$

式中,$(r_{ij} - u_i)$ 属于 v_j 的隶属度。由 $f(u_i)$ 可得到单因素评价集 $R_i = \{r_{i1}, r_{i2}, \cdots, r_{im}\}$。以单因素评价集为行组成的矩阵称为单因素评价矩阵,单因素评价矩阵隶属度的确立方法有好多种,这里将其分为定性和定量两种方法并各选其中一方法加以说明。

(1) 对于定性指标:首先进行专家打分,然后统计每种评语出现的概率,再求得其对各个等级的隶属度。方法如下:参加评判的专家人数为 M 人,认为指标为很好、较好、一般、较差、很差的人数分别为 M_1、M_2、M_3、M_4、M_5,则得该指标的隶属度集合为 $(M_1/M, M_2/M, M_3/M, M_4/M, M_5/M)$;

(2) 对于定量指标:首先利用如下公式进行无量纲处理得到标准化值:

$$r(x) = \begin{cases} 1 & x \geqslant \max x \\ \dfrac{x - \min x}{\max x - \min x} & \min x < x < \max x \\ 0 & x \leqslant \min x \end{cases} \tag{4-13}$$

其中，$\max x$ 和 $\min x$ 分别为各项指标的上限和下限，x 为原始值，$r(x)$ 为指标无量纲处理后的标准值。然后采用梯度下降法来确定各单因素评价的等级模糊向量，其中 u_i 和 u_{i+1} 为相邻两级的分级标准，且 $u_i > u_{i+1}$，如下所示。

u_i 隶属函数为：

$$r(x) = \begin{cases} \dfrac{x - u_{i+1}}{u_i - u_{i+1}}, & u_{i+1} \leqslant x \leqslant u_i \\ 0, & x < u_{i+1}, x > u_i \end{cases} \quad (4\text{-}14)$$

u_{i+1} 隶属函数为：

$$r(x) = \begin{cases} \dfrac{u_i - x}{u_i - u_{i+1}}, & u_{i+1} \leqslant x \leqslant u_i \\ 0, & x < u_{i+1}, x > u_i \end{cases} \quad (4\text{-}15)$$

各指标隶属度的集合记为 R，则

$$R = \begin{bmatrix} r_{11} & r_{12} & \cdots & r_{1m} \\ r_{21} & r_{22} & \cdots & r_{2m} \\ \vdots & \vdots & \cdots & \vdots \\ r_{n1} & r_{n2} & \cdots & r_{nm} \end{bmatrix} \quad (4\text{-}16)$$

$(r_{i1}, r_{i2}, \cdots, r_{im})$ 为相对于评价指标 u_i 的单因素模糊评价，它是评价集 V 上的模糊子集；r_{ij} 为相对于第 i 个评价指标 u_i 给予评语 $V_j(j = 1, 2, \cdots, m)$ 的隶属度。

4) 模糊综合评价

由单因素评价矩阵可以看出：R 的第 i 行反映了第 i 个因素影响评价对象取备择集中各个元素的程度；R 的第 j 列则反映了所有因素影响评价对象取第 j 个备择元素的程度。如果对各因素作用予以相应的权数 a_i，便能合理地反映所有因素的综合影响。因此，模糊综合评价可以表示为：

$$B = A \cdot R = (a_1, a_2, \cdots, a_n) \cdot \begin{bmatrix} r_{11} & r_{12} & \cdots & r_{1m} \\ r_{21} & r_{22} & \cdots & r_{2m} \\ \vdots & \vdots & \cdots & \vdots \\ r_{n1} & r_{n2} & \cdots & r_{nm} \end{bmatrix} = (b_1, b_2, \cdots, b_m) \quad (4\text{-}17)$$

式中，b_j 称为模糊综合评价指标，简称评价指标。其含义为当综合考虑所有因素的影响时，评价对象对备择集中第 j 个元素的隶属度。"·"代表合成算子，权重集 A 与单因素模糊评价矩阵在合成时，可以选用下述几种评价模型之一。

(1) 模型 I：取大取小算子 $M(\vee, \wedge)$ 即 $b_j = \bigvee\limits_{i=1}^{n}(a_i \wedge r_{ij})$

式中，"$\vee$""$\wedge$"分别为取大（max）和取小（min）运算。由于取小运算使得 $r_{ij} > a_i$ 的 r_{ij} 均不考虑，a_i 成了 r_{ij} 的上限，当因素较多时，权数 a_i 很小，因此，将丢失大量的单因素评价信息。相反，当因素较少时，a_i 可能较大，取小运算使得 $a_i > r_{ij}$ 的 a_i 均不考虑，r_{ij} 成了 a_i 的上限，因此，将丢失主要因素的影响。取大运算均是在 a_i 和 r_{ij} 的小中取其最大者，这又要丢失大量信息。所以，该模型不宜用于因素太多或太少的情形。

(2) 模型 Ⅱ：乘与取大算子 $M(\cdot, \vee)$，即 $b_j = \bigvee_{i=1}^{n} (a_i \cdot r_{ij})$

其中，"·"为普通实数乘法，"∨"为取大运算。该运算只考虑调整后的隶属度最大的、起主要影响的那个因素，而忽略了其他因素的影响。由此可见，该模型是一种"主因素决定型"的综合评判，易丢失大量有用信息。

(3) 模型 Ⅲ：取小与有界算子 $M(\wedge, \oplus)$，即 $b_j = \sum_{i=1}^{n} (a_i \wedge r_{ij})$

该模型与模型 $M(\vee, \wedge)$ 一样，也是对 r_{ij} 的规定上限给以调整。不同的是，这个模型在形式上是对每一等级都同时考虑各种因素的综合评判。但在进行取小运算时，仍会丢失大量有价值的信息。

(4) 模型 Ⅳ：乘与有界算子 $M(\cdot, \oplus)$，即 $b_j = \min\left(1, \sum_{i=1}^{n} a_i \cdot r_{ij}\right)$

此模型是在模型 $M(\cdot, \vee)$ 的基础上改进而成的。该模型在决定 b_j 时，是通过对调整后的 $a_i \cdot r_{ij}$ 取上界和来代替模型 $M(\cdot, \vee)$ 中对 $a_i \cdot r_{ij}$ 取最大。

(5) 模型 Ⅴ：乘与和算子 $M(\cdot, +)$，即 $b_j = \sum_{i=1}^{n} a_i \cdot r_{ij}$，其中 $\sum_{i=1}^{n} a_i = 1$

其中，"+"为普通实数的加法。该模型考虑了所有评价因素的影响，而且保留了单因素评价的所有信息。运算中，权重 a_i 和隶属度 r_{ij} 无上限限制。

5) 对模糊综合评判结果 B 作分析处理

模糊综合评价的结果是被评事物对各等级模糊子集的隶属度，它构成一个模糊向量，而不是一个点值。在对多个事物比较并排序时，就需要进一步处理模糊综合评价结果向量，一般有以下几种方法。

(1) 最大隶属度原则：设模糊综合评价结果向量为 $B = [b_1, b_2, \cdots, b_n]$，若 $b_k = \max\{b_1, b_2, \cdots, b_n\}$，则被评事物总体上来讲隶属于第 k 等级。

(2) 加权平均原则：加权平均原则的基本内容是以等级 $a = (a_1, a_2, \cdots, a_n)$ 作为变量，n 和 a_j 通常人为确定。以模糊综合评价结果 $B = [b_1, b_2, \cdots, b_n]$（$0 < b_j < 1$，$n$ 为可能出现的评价个数）作为权数，然后用 B 中对应的分量将各等级的值加权求和，得到被评事物的相对位置。可表示为：

$$B = \frac{\sum_{j=1}^{n} (b_j^k v_j)}{\sum_{j=1}^{n} b_j^k} \tag{4-18}$$

有时，为了突出占优势等级的作用，也可以利用以各隶属度 b_j 的幂为权取加权平均的方法，即 $B = \dfrac{\sum_{j=1}^{n} (b_j^k v_j)}{\sum_{j=1}^{n} b_j^k}$。其中，指数 k 可根据具体情况确定。

(3) 模糊分布法：这种方法直接把评价指标作为评价结果；或者将评价指标归一化，用归一化的评价指标作为评价结果。归一化的模糊综合评价集 B' 为

$$B' = \left(\frac{b_1}{b}, \frac{b_2}{b}, \cdots, \frac{b_n}{b}\right) = (b'_1, b'_2, \cdots, b'_n), \text{其中}, b = \sum_{j=1}^{n} b_j, \sum_{j=1}^{n} b'_j = 1 \quad (4-19)$$

各个评价指标,具体反映了评价对象在所评价的特性方面的分布状态,使评价者对评价对象有更深入的了解,并能作各种灵活的处理。这是采用模糊分布法的一大优点。

6) 多级模糊综合评价

对评价指标权重集合 a_i 与 r_{ij} 做复合运算"·",再做归一化处理,分别得出一级模糊综合评价向量,记为 $B_1, B_2, \cdots, B_n$,然后将其与相应的权重向量做复合运算"·",再做归一化处理,可得二级模糊综合评价向量 B,其中 $B = A \cdot R$。

7) 广告有效性分析应用举例

为验证上述模型的有效性,我们选取了某主流网站,对其上的广告进行效果评估。

(1) 确定评价指标的权重:本文采用层次分析法来确定指标权重。笔者在借鉴前人研究及咨询专家的基础上,以调查数据为依据构造了各级指标的判断矩阵。具体步骤如下:

第一步:确定一级指标的权重

① 构造判断矩阵:一级指标感知效果(S)、吸引力效果(I)、交互-沟通效果(C)、行动(购买)效果(A)、分享效果(S') 相对于目标层广告效果 P 的判断矩阵为 U。

$$U = \begin{bmatrix} 1 & 1/2 & 1/3 & 1/4 & 1/3 \\ 2 & 1 & 1/2 & 1/3 & 1/2 \\ 3 & 2 & 1 & 1/2 & 1/2 \\ 4 & 3 & 2 & 1 & 2 \\ 3 & 2 & 2 & 1/2 & 1 \end{bmatrix}$$

② 计算指标权重:按前面所介绍的计算步骤计算后得到的各指标的权重如表 4-3 所示。

表 4-3 一级指标相对于目标层的判断矩阵及权重

	S	I	C	A	S'	W
S	1	0.5	0.333 3	0.25	0.333 3	0.073 2
I	2	1	0.5	0.333 3	0.5	0.120 3
C	3	2	1	0.5	0.5	0.186 7
A	4	3	2	1	2	0.373 4
S'	3	2	2	0.5	1	0.246 4

③ 对判断矩阵进行一致性检验

$$U \cdot W = \begin{bmatrix} 1 & 1/2 & 1/3 & 1/4 & 1/3 \\ 2 & 1 & 1/2 & 1/3 & 1/2 \\ 3 & 2 & 1 & 1/2 & 1/2 \\ 4 & 3 & 2 & 1 & 2 \\ 3 & 2 & 2 & 1/2 & 1 \end{bmatrix} \cdot \begin{bmatrix} 0.0732 \\ 0.1203 \\ 0.1867 \\ 0.3734 \\ 0.2464 \end{bmatrix} = \begin{bmatrix} 0.371 \\ 0.6077 \\ 0.9568 \\ 1.8933 \\ 1.2667 \end{bmatrix}, \quad U \cdot W/W_i = \begin{bmatrix} 5.069 \\ 5.051 \\ 5.125 \\ 5.07 \\ 5.141 \end{bmatrix}$$

$\gamma_{\max} = (5.069 + 5.051 + 5.125 + 5.07 + 5.141)/5 = 5.091$

所以,该判断矩阵的最大特征根 $\gamma_{\max} = 5.091$,标准化特征向量 $W = [0.073\ 2, 0.120\ 3,$

0.186 7,0.373 4,0.246 4],一致性比例 $CR=CI/RI=[(\lambda_{max}-n)/(n-1)]/RI=0.020\ 4<0.1$,该矩阵具有满意的一致性。所以一级指标的权重分别为:感知效果(S)为0.073 2、吸引力效果(I)为0.120 3、交互-沟通效果(C)为0.186 7、行动(购买)效果(A)为0.373 4、分享效果为0.246 4。

同理可得其他各级指标权重的判断矩阵和权重,具体内容如下:

表 4-4　二级指标—分享效果相对于一级指标的判断矩阵及权重

S'	S'_1	S'_2	S'_3	S'_4	W_i
S'_1	1	0.5	0.333 3	0.5	0.1213
S'_2	2	1	0.5	2	0.2685
S'_3	2	0.5	0.5	1	0.1899
S'_4	3	2	1	2	0.4203

对判断矩阵进行一致性检验:

最大特征根 $\gamma_{max}=4.070\ 9$,标准化特征向量 $W=[0.1213,0.2685,0.1899,0.4203]$

一致性比例 $CR=CI/RI=[(\lambda_{max}-n)/(n-1)]/RI=0.026\ 5<0.1$,该矩阵具有满意的一致性。

表 4-5　二级指标—交互-沟通效果相对于一级指标的判断矩阵及权重

C	C_1	C_2	C_3	C_4	C_5	C_6	W_i
C_1	1	2	0.3333	4	0.5	3	0.1602
C_2	0.5	1	0.25	3	0.3333	2	0.1009
C_3	3	4	1	6	2	5	0.3806
C_4	0.25	0.3333	0.1667	1	0.2	0.5	0.0425
C_5	2	3	0.5	5	1	4	0.2516
C_6	0.333 3	0.5	0.2	2	0.25	1	0.0643

对判断矩阵进行一致性检验:

最大特征根 $\gamma_{max}=6.122\ 3$,标准化特征向量 $W=[0.160\ 2,0.100\ 9,0.380\ 6,0.042\ 5,0.251\ 6,0.064\ 3]$

一致性比例 $CR=CI/RI=[(\lambda_{max}-n)/(n-1)]/RI=0.019\ 6<0.1$,该矩阵具有满意的一致性。

表 4-6　二级指标—感知效果相对于一级指标的判断矩阵及权重

S	S_1	S_2	S_3	S_4	W_i
S_1	1	0.5	0.3333	0.25	0.0953
S_2	2	1	0.5	0.3333	0.1603
S_3	3	2	1	0.5	0.2776
S_4	4	3	2	1	0.4668

对判断矩阵进行一致性检验:

最大特征根 $\gamma_{max}=4.031\ 0$,标准化特征向量 $W=[0.095\ 3,0.160\ 3,0.277\ 6,0.466\ 8]$

一致性比例 $CR=CI/RI=[(\lambda_{max}-n)/(n-1)]/RI=0.0116<0.1$，该矩阵具有满意的一致性。

表4-7 二级指标—吸引力效果相对于一级指标的判断矩阵及权重

I	I_1	I_2	I_3	I_4	I_5	W
I_1	1	3	3	2	2	0.3543
I_2	0.3333	1	2	0.5	0.3333	0.1115
I_3	0.3333	0.5	1	0.3333	0.3333	0.0779
I_4	0.5	2	3	1	0.5	0.1877
I_5	0.5	3	3	2	1	0.2685

对判断矩阵进行一致性检验：

最大特征根 $\gamma_{max}=5.1460$，标准化特征向量 $W=[0.3543,0.1115,0.0779,0.1877,0.2685]$

一致性比例 $CR=CI/RI=[(\lambda_{max}-n)/(n-1)]/RI=0.0326<0.1$，该矩阵具有满意的一致性。

表4-8 二级指标—行动（购买）效果相对于一级指标的判断矩阵及权重

A	A_1	A_2	A_3	A_4	W_i
A_1	1	2	1	0.3333	0.2034
A_2	0.5	1	1	0.3333	0.1438
A_3	1	1	1	0.5	0.1893
A_4	3	3	2	1	0.4636

对判断矩阵进行一致性检验：

最大特征根 $\gamma_{max}=4.0812$，标准化特征向量 $W=[0.2034,0.1438,0.1893,0.4636]$

一致性比例 $CR=CI/RI=[(\lambda_{max}-n)/(n-1)]/RI=0.0303<0.1$，该矩阵具有满意的一致性。所以各评价指标的权重如表4-9所示：

表4-9 评价指标权重

准则层	权重	指标层	权重
感知效果（S）	0.0732	感知量 S_1	0.0953
		到达率 S_2	0.1603
		理解力 S_3	0.2776
		反馈率 S_4	0.4668
吸引力效果（I）	0.1203	受众互动行动量 I_1	0.3543
		二跳率 I_2	0.1115
		广告点击率 I_3	0.0779
		播放完成率 I_4	0.1877
		广告被赞量 I_5	0.2685

(续表)

准则层	权重	指标层	权重
交互-沟通效果(C)	0.1867	企业社会化连接 C_1	0.1602
		广告连接 C_2	0.1009
		应用连接 C_3	0.3806
		位置服务连接 C_4	0.0425
		电子商务连接 C_5	0.2516
		客户关系连接 C_6	0.0643
行动(购买)效果(A)	0.3734	电商率 A_1	0.2034
		产品收藏量 A_2	0.1438
		个性率 A_3	0.1893
		销售新增订单量 A_4	0.4636
分享效果(S')	0.2464	分享量 S'_1	0.1213
		回流量 S'_2	0.2685
		对话量 S'_3	0.1899
		体验分享转化率 S'_4	0.4203

$V=(v_1,v_2,v_3,v_4,v_5)=$(很好,较好,一般,较差,很差)。第一步为便于计算,将主观评价的语义学标度进行量化,并依此赋值为 5、4、3、2、1,设计的评价定量标准如表 4-10 所示。

表 4-10 评价定量分级标准

评价值	评语	定级
$x_i > 4.5$	很好	E_1
$3.5 < x_i \leqslant 4.5$	较好	E_2
$2.5 < x_i \leqslant 3.5$	一般	E_3
$1.5 < x_i \leqslant 2.5$	较差	E_4
$x_i \leqslant 1.5$	很差	E_5

第二步:确定评价指标的权重

在确定模糊关系矩阵时,我们邀请了 10 名该领域的专家组成专家评价小组。对于定性指标(交互-沟通效果)进行模糊评判时,主要由专家打分得出。而对各定量指标(感知效果、吸引力效果、行动效果、分享效果),主要通过网站的活动代码监测和后台数据分析,并结合专家意见根据前述定量指标隶属度的计算方法求得,模糊隶属度矩阵如下:

$$R_S = \begin{bmatrix} 0.07 & 0.45 & 0.33 & 0.15 & 0 \\ 0.11 & 0.37 & 0.23 & 0.19 & 0.1 \\ 0.08 & 0.23 & 0.39 & 0.16 & 0.14 \\ 0.04 & 0.18 & 0.27 & 0.35 & 0.16 \end{bmatrix} \quad R_I = \begin{bmatrix} 0 & 0.16 & 0.23 & 0.41 & 0.2 \\ 0.06 & 0.31 & 0.39 & 0.17 & 0.07 \\ 0.12 & 0.34 & 0.36 & 0.1 & 0.08 \\ 0.02 & 0.22 & 0.31 & 0.36 & 0.09 \\ 0 & 0.18 & 0.27 & 0.38 & 0.17 \end{bmatrix}$$

$$R_C = \begin{bmatrix} 0.15 & 0.32 & 0.24 & 0.18 & 0.11 \\ 0.13 & 0.16 & 0.33 & 0.23 & 0.15 \\ 0.14 & 0.26 & 0.35 & 0.18 & 0.07 \\ 0.18 & 0.21 & 0.27 & 0.31 & 0.04 \\ 0.33 & 0.41 & 0.21 & 0.05 & 0 \\ 0.1 & 0.17 & 0.24 & 0.36 & 0.13 \end{bmatrix} \quad R_A = \begin{bmatrix} 0.17 & 0.34 & 0.29 & 0.15 & 0.05 \\ 0.31 & 0.27 & 0.18 & 0.16 & 0.08 \\ 0.09 & 0.12 & 0.37 & 0.25 & 0.17 \\ 0.09 & 0.16 & 0.38 & 0.22 & 0.15 \end{bmatrix}$$

$$R_{S'} = \begin{bmatrix} 0.31 & 0.33 & 0.2 & 0.12 & 0.04 \\ 0.09 & 0.14 & 0.31 & 0.27 & 0.19 \\ 0.06 & 0.15 & 0.29 & 0.33 & 0.17 \\ 0.04 & 0.15 & 0.3 & 0.39 & 0.12 \end{bmatrix}$$

对 W_{ij} 和 R_i 做复合运算"·",可得一级模糊综合评价向量:

$$B_S = [0.095\,3,\ 0.160\,3,\ 0.277\,6,\ 0.466\,8] \cdot \begin{bmatrix} 0.07 & 0.45 & 0.33 & 0.15 & 0 \\ 0.11 & 0.37 & 0.23 & 0.19 & 0.1 \\ 0.08 & 0.23 & 0.39 & 0.16 & 0.14 \\ 0.04 & 0.18 & 0.27 & 0.35 & 0.16 \end{bmatrix}$$

$$= (0.065,\ 0.25,\ 0.303,\ 0.253,\ 0.13)$$

$$B_I = [0.354\,3,\ 0.111\,5,\ 0.077\,9,\ 0.187\,7,\ 0.268\,5] \cdot \begin{bmatrix} 0 & 0.16 & 0.23 & 0.41 & 0.2 \\ 0.06 & 0.31 & 0.39 & 0.17 & 0.07 \\ 0.12 & 0.34 & 0.36 & 0.1 & 0.08 \\ 0.02 & 0.22 & 0.31 & 0.36 & 0.09 \\ 0 & 0.18 & 0.27 & 0.38 & 0.17 \end{bmatrix}$$

$$= (0.02,\ 0.207,\ 0.284,\ 0.342,\ 0.147)$$

$$B_C = [0.160\,2,\ 0.100\,9,\ 0.380\,6,\ 0.042\,5,\ 0.251\,6,\ 0.064\,3] \cdot \begin{bmatrix} 0.15 & 0.32 & 0.24 & 0.18 & 0.11 \\ 0.13 & 0.16 & 0.33 & 0.23 & 0.15 \\ 0.14 & 0.26 & 0.35 & 0.18 & 0.07 \\ 0.18 & 0.21 & 0.27 & 0.31 & 0.04 \\ 0.33 & 0.41 & 0.21 & 0.05 & 0 \\ 0.1 & 0.17 & 0.24 & 0.36 & 0.13 \end{bmatrix}$$

$$= (0.187,\ 0.29,\ 0.285,\ 0.169,\ 0.069)$$

$$B_A = [0.203\,4,\ 0.143\,8,\ 0.189\,3,\ 0.463\,6] \cdot \begin{bmatrix} 0.17 & 0.34 & 0.29 & 0.15 & 0.05 \\ 0.31 & 0.27 & 0.18 & 0.16 & 0.08 \\ 0.09 & 0.12 & 0.37 & 0.25 & 0.17 \\ 0.09 & 0.16 & 0.38 & 0.22 & 0.15 \end{bmatrix}$$

$$= (0.138,\ 0.205,\ 0.331,\ 0.203,\ 0.123)$$

$$B_{S'} = [0.121\,3,\ 0.268\,5,\ 0.189\,9,\ 0.420\,3] \cdot \begin{bmatrix} 0.31 & 0.33 & 0.2 & 0.12 & 0.04 \\ 0.09 & 0.14 & 0.31 & 0.27 & 0.19 \\ 0.06 & 0.15 & 0.29 & 0.33 & 0.17 \\ 0.04 & 0.15 & 0.3 & 0.39 & 0.12 \end{bmatrix}$$

$$= (0.09,\ 0.169,\ 0.289,\ 0.314,\ 0.139)$$

由一级模糊综合可得：

$$R = (B_S, B_I, B_C, B_A, B_{S'})^{\mathrm{T}} = \begin{bmatrix} 0.065 & 0.25 & 0.303 & 0.253 & 0.13 \\ 0.02 & 0.207 & 0.284 & 0.342 & 0.147 \\ 0.187 & 0.29 & 0.285 & 0.169 & 0.069 \\ 0.138 & 0.205 & 0.331 & 0.203 & 0.123 \\ 0.09 & 0.169 & 0.289 & 0.314 & 0.139 \end{bmatrix}$$

一级指标权重的原值为：[0.073 2,0.120 3,0.186 7,0.373 4,0.246 4]，所以精准营销展示广告的权重应为[0.219 6,0.360 9,0.186 7,0.746 8,0.246 4]。

再将其进行归一化处理可得 $W = [0.124\ 7, 0.205, 0.106, 0.424, 0.14]$，再根据 $B_i = W_i \cdot R$ 可得二级模糊综合评价：

$$B = [0.124\ 7, 0.205, 0.106, 0.424, 0.14] \cdot \begin{bmatrix} 0.065 & 0.25 & 0.303 & 0.253 & 0.13 \\ 0.02 & 0.207 & 0.284 & 0.342 & 0.147 \\ 0.187 & 0.29 & 0.285 & 0.169 & 0.069 \\ 0.138 & 0.205 & 0.331 & 0.203 & 0.123 \\ 0.09 & 0.169 & 0.289 & 0.314 & 0.139 \end{bmatrix}$$

$$= (0.103\ 1, 0.214\ 9, 0.307, 0.249\ 6, 0.125\ 3)$$

所以，该广告的最终得分为：

$$P = 0.103\ 1 \times 5 + 0.214\ 9 \times 4 + 0.307 \times 3 + 0.249\ 6 \times 2 + 0.125\ 3 \times 1 = 2.921$$

对照定量评价标准可得，该SNS平台总体广告效果为"一般"，处于 E_3 级别。

4.5.2　网店广告的有效性提升策略

在网络平台上进行广告投放，是吸引潜在客户和促进销售的重要手段。然而，如何确保广告效果的最大化、吸引更多的用户点击和购买，是每位网店经营者都面临的挑战。下面介绍的一些提升网店广告有效性的策略和方法，可以帮助网店经营者优化广告投放效果。

1) 明确广告投放目标，精确广告定位和目标受众

首先，要明确广告投放的具体目标。这些目标，可以是增加销售额、提高品牌知名度、吸引新客户等等。只有确定了广告投放目标，才能制定正确的广告策略和方案。

在广告投放之前，了解目标受众是至关重要的。通过仔细研究目标用户的特征，如年龄、性别、地理位置、兴趣爱好等，可以帮助您更好地定向投放广告。对广告投放的定向选项，可以根据目标受众的特征进行设置，以确保广告投放给最相关的用户群体。

2) 制定正确的广告策略，设定可执行的广告预算

制定正确的广告策略是广告投放的关键。

(1) 做好市场定位和目标客户分析，根据不同客户的需求制定不同的广告策略。

(2) 利用大数据和精准营销，根据客户的兴趣和行为，制定更加精准的广告策略。

(3) 利用不同的时间节点和促销活动，提高广告的曝光率和点击率。

(4) 及时调整广告策略，根据广告效果不断进行优化和调整。

广告预算的设定直接关系到广告投放的效果。首先，根据销售目标和预期收益，合理确定

广告预算。其次,针对电商平台提供的不同的广告投放方式,如按照点击付费、展示付费等,根据自身需求进行选择。最后,根据广告效果的实际情况,灵活地调整和分配广告预算,确保投入产出的平衡。

3) 增加广告创意和吸引力,制作诱人的广告内容

增加广告创意和吸引力可以更好地吸引消费者的眼球。

(1) 制作有趣的广告内容,引起消费者的共鸣和兴趣。

(2) 利用视觉冲击力强的图片或视频进行广告宣传,提高视觉效果。

(3) 利用互动式营销,与消费者进行互动,增强用户体验和黏性。

(4) 结合社交媒体等其他渠道,进行联合营销,扩大品牌影响力。

广告内容的吸引力对于提高广告效果起着决定性的作用。首先,确保广告文字简洁明了,突出产品或服务的特点和优势。其次,选择高质量的图片或视频来展示产品,引起用户的兴趣和注意。最后,可以考虑添加促销信息、进行折扣、发放优惠券等营销手段,以刺激用户的购买欲望。

4) 利用数据分析做出决策,选择合适的广告形式

数据分析是提高广告效果的重要工具。通过收集和分析用户数据,企业可以深入了解目标受众的兴趣和行为特征,从而对广告策略进行调整和优化。此外,企业可以利用竞品分析来了解竞争对手的广告投放情况,借鉴其成功的经验,优化自己的广告活动。

网络平台提供了多种广告形式,例如横幅广告、搜索广告、推荐广告等。企业可以根据自己的需求和预算选择适合自己的广告形式。同时,选择一个可靠的广告投放平台也是非常重要的,可以最大化地提高广告效果。

5) 定期监测广告活动,评估广告效果并不断优化

广告投放仅仅是第一步,定期监测和优化广告活动至关重要。企业可以利用电商平台提供的广告报告和分析工具,对广告的关键指标进行分析和评估,如点击次数、转化率等。通过了解广告的表现,企业可以及时调整广告策略,优化关键词选择、投放时间和位置等因素,提高广告的点击率和转化率。

监控广告效果并不断优化是广告投放持续发展的关键。

(1) 定期分析广告数据,了解广告效果和客户反馈,及时调整和优化广告策略。

(2) 与投放平台保持良好沟通,及时获取投放效果反馈和建议。

(3) 不断尝试新的广告形式和平台,拓展广告投放渠道,提高投放效果。

(4) 培养老客户,定期推出会员营销等个性化服务,提高客户满意度和忠诚度。

总之,电商平台广告投放需要掌握一定的技巧和策略。通过明确广告投放目标、选择合适的广告形式和平台、制定合理的广告策略、增加广告创意和吸引力以及监控广告效果并不断优化等措施,可以让广告投放更具针对性和效果,提高品牌知名度和销售额。

网店广告的投放与优化是提高广告效果的关键所在。通过明确广告投放目标,精确广告定位和目标受众;制定正确的广告策略,设定可执行的广告预算;增加广告创意和吸引力,制作诱人的广告内容;利用数据分析做出决策,选择合适的广告形式;定期监测广告活动,评估广告效果并不断优化,有助于提高广告的点击率和转化率,最终达到使网店提升销售业绩的目标。

思考与练习

1. 如何理解网店推广?网店推广的常用方法有哪几种?

2. 如何理解网络广告?网络广告一般可以分成哪几类?

3. 网店广告有效性分析的必要性可从哪几个方面理解?
4. 影响网店广告效果的因素有很多,一般有哪些因素?
5. 网店广告有效性的评价一般需要遵循哪些基本原则?
6. 网店广告有效性评价的基本方法一般可分成哪几种?
7. 网络广告效果评测中常用的主要指标一般有哪几种?
8. AIDA、AIDMA、AISAS和SICAS模式间有何差异?
9. 目前国内外对网络广告效果评估的方法主要有哪些?

5 网店销售与订单有效性分析

【内容概要】

本章首先介绍网店销售和订单有效性的相关概念,讨论网店订单有效性分析的必要性以及网店订单有效性的主要影响因素,其次讨论网店订单有效性评价和管理中的相关问题,最后介绍网店订单管理常用的分析指标以及网店订单有效性的提升策略。

【学习目标】

(1) 掌握网店销售以及订单有效性的概念。
(2) 掌握网店对订单有效性分析的必要性。
(3) 了解影响网店订单有效性的主要因素。
(4) 了解网店对订单有效性的评价与管理。
(5) 了解网店订单有效性提升的具体策略。

【基本概念】

网店销售,网店订单,订单有效性。

5.1 网店销售与订单有效性的概念

很多网店的主要目的就是销售商品或服务,订单是销售的凭证。但是,网店订单有时不一定是有效的,有效的订单才是网店销售绩效的保证。很显然,确保订单的有效性是网店运营的重要工作。下面,我们先重点讨论网店销售与订单有效性的概念。

5.1.1 网店销售与订单

1) 网店与网店销售

网店,作为电子商务应用的一种形式,是一种能够让人们在浏览的同时进行在线购买,并且通过各种在线支付手段进行支付以完成交易全过程的网站。网店从一开始单一的网上展示产品演变而来,变成一种不仅仅可以展示产品,还可以让浏览者进行实际购买的网站。如今,在淘宝、京东等平台开网店、经营一家店铺,已是一件非常普通的事情。

网店店主,是网上店铺的主人,他们通过电子商务平台,让人们在浏览网页后进行购买,并且通过有效支付手段进行支付,完成交易的全过程。网店不像实体店,需要一个用于经营的店铺。网店理论上可以实现 24 小时在线服务。

人们开网店的主要目的就是销售商品或服务。所谓网店销售,就是商家通过网络店铺向客户销售商品或服务。销售的商品,可以是实体的商品,也可以是虚拟的商品;销售的服务,可以是线下的服务,也可以是线上的服务。

网店的销售,形式上与门店类似。网店对实体商品的销售,除了与门店类似的营销外,还需要通过线下物流将商品配送给买家。通常,买家按照订单完成支付后,卖家即按照订单为买家发货,物流公司按照订单中的地址信息将商品配送给买家。

网店销售一般需要做很多相关工作,如:网店引流、网店营销、客户服务和线下配送等。在销售中,网店大多通过秒杀、抢购、赠品和各种价格优惠进行促销,如图5-1所示。另外,也有网店采用会员制或订购制服务的方式,以维护比较长期的客户关系。如:京东推出的PLUS会员制,会员购物通常可以享受折扣和免费服务;亚马逊推出的"订购省",可以设置自动配送,客户可以不用担心喜爱的商品会售光。通过设定"订购省",客户一般可以获得更优惠的折扣价。

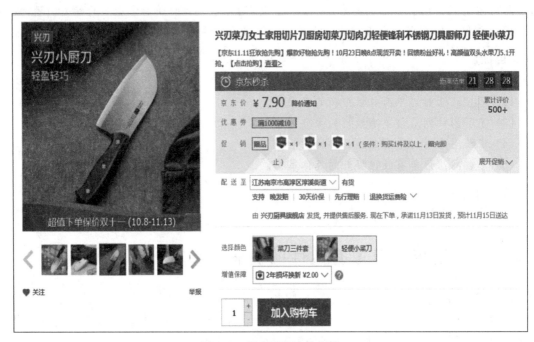

图5-1 网店销售中的促销

网店的销售还必须遵守《中华人民共和国电子商务法》的第十三条规定,销售的商品或者提供的服务应当符合保障人身、财产安全的要求和环境保护要求,不得销售或者提供法律、行政法规禁止交易的商品或者服务。

很多人认为,网店的优势是不需要门面房,运营成本低。其实,网店的运营成本是有条件的。基于大的网络平台开店,也许可以有助于降低开店成本。但是,网店的运营成本和营销成本一般要比门店高很多。网店的最大优势,也许是可以突破物理空间的限制,卖家可向海量客户销售很多种商品,甚至是平时门店销售不动的冷门商品。

如果商家有门店同时又有网店,那么网店可以看作销售业务的一个渠道。网店与门店两个销售渠道之间可能会存在冲突,如价格、供货等。如果作为制造商的一个直销渠道,直销网店还可能产生与下游分销商门店或网店之间的冲突。这时候,网店销售就需要解决比较复杂的销售渠道协同问题。

2) 网店销售中的订单

订单是网店销售中的一个重要概念。从概念上说,订单就是买家购买商品或服务的凭证。

网店销售一般都离不开订单,这一点与门店销售似乎稍有一点差异。在门店销售中,客户看中一种商品,往往可以一手交钱一手交货。在网店销售中,客户一般都需要先下订单,再按订单支付和交付。订单是网店运营的中心,引流和推广是为了获得客户订单。一旦有了客户订单,网店的运营就是按照订单要求向客户提供商品或服务。

客户订单的内容往往涉及卖家和买家以及商品的信息和相关业务要求,不同的商家所提供订单的形式和内容也可能有所不同。在接受订货业务的过程中,按交易形态的不同,可以有很多种订单。而不同的订单在处理方式上又可能不太一样。通常,我们可以把商家和客户间的订单分成如下几种类型:

（1）一般订单:正常情况下,一般订单是指在接单后就按正常的作业程序进行拣货、出货、配送和收款结账的订单。对一般订单,接单后,将订单信息输入订单处理系统,按正常的订单处理程序处理,数据处理完后进行拣货、出货、配送和收款结账等作业。

（2）现销式订单:与客户当场交易,直接给货的订单。如业务员到客户处巡货、访销所取得的订单或客户直接到物流中心取货的订单。订单资料输入后,由于物品已经交付给客户,所以不需再进行拣货、出货、配送等作业,只需记录交易资料,以便收取应收款项或现场将货款结清。此种方式对出入库货品的检查、核对非常重要。

（3）间接订单:客户从物流中心订货,但由供货商直接配送给客户的订单。接单后,将客户的出货资料传给供应商,由供应商负责按订单出货。其中,需要注意的是,客户的送货单是自行制作或委托供应商制作的,物流管理信息系统要记录所有相关单据的信息,以便保证市场预测时所依据的数据的准确性。

（4）合约式订单:与客户签订配送契约而产生的订单。例如：在一定时期内定时配送某种物品。到约定的送货日时,将该笔业务的资料输入系统以便出货配送;或在最初便输入合约内容的订货资料,并设定各批次的送货时间,以便在约定日期,系统自动产生需要送货的订单资料。

（5）寄存式订单:客户因促销和降价等市场因素,预先订购某种物品,然后视需要再决定出货时下的订单。当客户要求配送寄存物品时,系统应核实客户是否有此项物品寄存,若有,则进行此项物品的出库作业,并且相应地扣除该物品的寄存量。而物品的交易价格是依据客户当初订购时所定的单价来计算的。

（6）兑换券订单:客户用兑换券所兑换商品的配送出货时所产生的订单。将客户用兑换券所兑换的商品配送给客户时,系统应核查客户是否确实有此兑换券回收资料。若有,系统应依据兑换券兑换的商品及兑换条件予以出货,并应扣除客户的兑换券回收资料。

3）订单的处理流程

所谓订单处理,就是订单管理部门对客户订单的需求信息进行及时的处理,是从客户下订单开始到客户收到货物为止的所有单据处理活动。如图5-2所示,这是通常商品销售中订单处理的一个简化的流程。

对于网店销售而言,订单处理的流程一般都会包括如下六个环节：

（1）客户下单:客户下单环节,是指客户浏览网店网站进行商品的挑选并提交订单。通常,网店有一个自动的订单接收系统,它能将客户下单的信息实时传输到后台系统,这样可以避免人工干预导致的错误和延误。在一定的时间范围内,即在客户订单提交至后台且管理员还未对订单进行确认操作的这段时间内,网店系统允许会员进行自行修改、取消自己的订单等订单管理相关操作。

(2) 确认订单：订单提交到网店系统后，网店系统管理员对订单的数据信息进行确认。确认的内容主要包括客户填写的商品信息、数量、价格以及收货地址是否真实有效、商品配送地址是否完整等。如果订单信息有误，商家需要及时联系客户进行修改。系统管理员对订单进行有效与无效的确认操作处理，对于无效的订单，管理员可以直接取消。如果已经进行确认，订单将不能再进行修改。

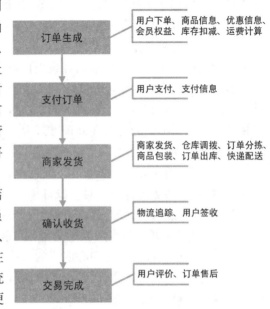

图 5-2 订单处理的简化流程

(3) 分配订单：订单进行有效确认后，网店系统管理员将订单分配给物流配送部门或人员进行备货、出货的处理。这个过程中有父订单、子订单、发货单、仓库出库单等各种单据，还存在拆单。订单的配送是通过线下进行的。网店系统根据线下的配送情况应及时更新订单状态，以便客户能够及时了解订单的状态。订单状态反映订单的当前状况，有待审核、待支付、备货中、待移仓、移仓在途、待出库、已出库、配送中、已收货、已退货、客户作废、系统自动作废等状态。

(4) 订单收款：订单的收款主要是根据货到付款、款到发货两种类型进行处理。收款的情况一般是通过财务人员对确认有效的订单进行货款情况确认来确定。如果是货到付款的订单，财务人员将根据配送人员的反馈修改订单的收款状态；如果是款到发货的订单，财务人员可以通过邮局的汇款情况、银行账号到账情况确认订单的收款状态。订单收款环节在整个订单处理流程中是一个独立的环节，它不依赖于其他任何环节。只要是确认有效的订单，财务人员即可对其收款情况进行跟踪处理。

(5) 订单发货：订单发货就是为客户订单安排发货。通常情况下，网店将快递送到快递站，或者联系快递公司进行拣货、发货等，并将商品运送到买家所在地。网店系统应及时进行网上订单出货情况的标识修改。订单已发货，可以理解为物品已经交给快递人员了。每个订单包裹都有快递单号，之后可按快递单号查询订单包裹的物流服务信息。

(6) 订单评价：订单评价是客户对订单进行评价的步骤。网店需要及时收集客户的评价，并根据客户的反馈进行改进和优化。网店还需要对订单评价进行分析，以便更好地了解客户的需求和喜好。

上述是比较典型的网店订单处理流程。实际的网店订单处理可能会出现比较复杂的情况，例如：客户从购物车下单的时候，可能会同时选择多个商家的商品一起下单，这时候可以一起支付。对于支付完成后的订单跟踪，一般一个店铺一张订单。所以，当客户从购物车选中多件商品下单的时候，需要对订单进行拆分。

订单拆分是指将一个大订单分成多个小订单，通常是按照商品、数量、收货地址等条件进行拆分。拆分后的小订单会分别进行处理和配送，消费者可以通过单独的订单编号进行查询和追踪。订单拆分的目的在于更好地满足消费者的需求，提供更方便、快捷的服务。具体来说，订单拆分有四个方面的优势：

(1) 提高客户体验感和满意度。消费者可以更方便地管理和追踪每个订单的状态，同时也可以更容易地掌控订单的配送时间和地点。

(2) 优化库存和配送流程。拆分订单可以更好地管理库存和配送流程,优化配送效率和准确性。

(3) 提高订单处理效率。将大订单拆分成多个小订单,可以提高订单处理效率,确保订单能够快速地被处理和配送。

(4) 减少冲突和误解。订单拆分可以避免在处理大订单时出现的一些冲突和误解,保证订单信息的准确性和及时性。

总之,订单拆分是网店为了更好地满足消费者需求和提高业绩而采取的一种重要策略。

除了上述的订单拆分,有时候也会有订单的合并。订单的合并比较简单,也比较好理解,一般只是发货单的合并,而不是改变用户实际订单。合并的目的是节省平台的发货成本。客户订单拆分与合并的流程,如图5-3所示。

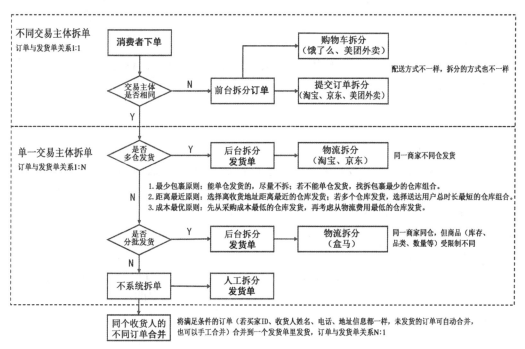

图5-3 订单的拆分与合并

5.1.2 网店订单的有效性

1) 订单处理中的订单有效性

网店客户下单后,并不是所有订单都是有效的,有的订单可能是无效订单。所谓网店订单的有效性,是指网店客户所下订单的有效可执行性。订单有效性一般体现在如下三个方面:信息正确、合法合规和可执行性。通常情况下,可执行的订单才是正常订单,不可执行的订单就是问题订单。对于问题订单,需要修改后再分析其有效性,如图5-4所示。

在图5-4中,有效订单可按照正常的出入库快速高效地完成作业任务;问题订单须及时上报给主管,主管做出处理意见后,与客户进行沟通,再按客户要求进行下一步作业。通

常,问题订单可能存在如下几种类型的问题:

(1) 订单难以被执行的问题

① 配送中心没有订单所需货物,通知客户无此货物,更换货物或延迟配送,等待该货物入库后发货。

② 订单金额错误,通知客户修改金额并重新下订单或确认后代为修改。

③ 订单所需货物数量大于库存量,通知客户,客户可以选择本次作业不予配送该货物,下次一并配送;或者先按库存最大量配送,剩余数量下次配送补齐。

(2) 订单与客户相关的问题

① 订单发出后发现客户信誉度太低,需告知客户,提出有效提高信誉度的方案后,执行该订单。

② 订单客户未付款,通知客户,货款到账后再执行该订单。

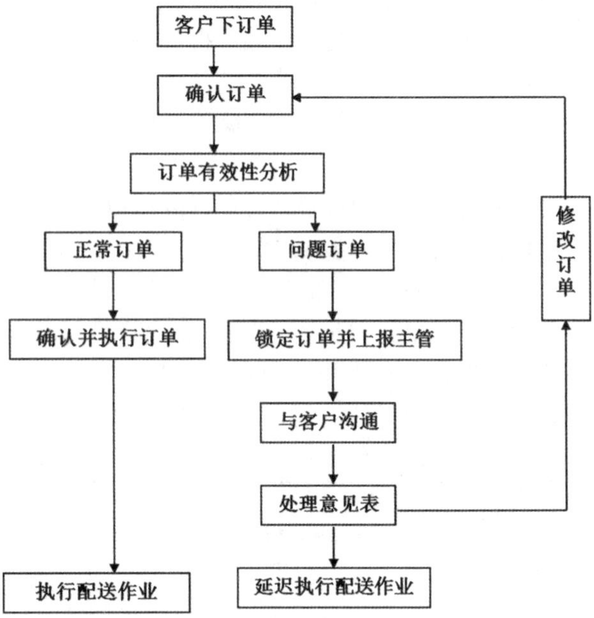

③ (需客户签字的)订单客户未签字,通知客户在退回的原订单上签字后,再重新下订单。

(3) 订单其他易出错的问题

① 订单联系方式错误,通知客户修改联系方式后重新下订单或沟通后代为修改。

② 订单日期错误,通知客户修改订单日期后重新下订单或沟通后代为修改。

③ 订单送货地点错误,通知客户修改订单送货地点后重新下订单或沟通后代为修改。

一个订单,一旦成为问题订单,在不做改变的情况下,就是无效的。对订单的有效性分析,就是基于问题订单判定标准确认哪些订单是无效的,需要做哪些改变或沟通。无效订单一般不会被执行下去。

2) 订单执行中的订单有效性

上述是对订单处理中订单有效性概念的理解。另外,还有一个比较狭义的订单有效性的概念,就是从销售有效性理解订单有效性,也就是认为,有效订单是带来有效销售的订单。按照这个狭义的订单有效性概念,有效订单不包括销售不成功的订单,如退货订单。

有效订单,不仅有效可执行,而且是成功将商品或服务销售出去的订单。当然,我们也可把有效订单理解成:不仅有效可执行,而且能成功带来销售收益的订单。从这个意义上理解的有效订单,不包括亏本促销的订单。没有确认收货就退货退款的、确认收货后申请了售后进行退款的订单,都应该属于无效订单。另外,一些违规销售以及一些不良客户的欺诈行为带来的订单,如违规刷单、重复下单、虚假订单等,应该也不算有效订单。

按照上面的讨论,我们可以把订单有效性分成:订单处理中的订单有效性和订单执行中的订单有效性。这一章,我们对订单有效性的讨论,如不做特别说明,是指一般意义的订单有效性,即订单的有效可执行性。

图 5-4 订单处理中的订单有效性分析

5.2 网店订单有效性分析的必要性

上一节对网店销售与订单有效性的概念做了比较深入的讨论。如前所述,网店销售中经常会遇到一些被认为是无效的订单,也就是问题订单。一旦遇到问题订单,如果对订单不做修改,问题订单一般很难被有效执行。网店订单的有效性,就是指网店客户所下订单的有效可执行性。订单有效性分析,即根据订单无效的判断标准,对订单是否有效进行分析。接下来,我们讨论网店订单有效性分析的必要性。

在销售中,为获取客户订单,网店一般都做很多促销推广,活动期间往往会有很多客户下订单。对网店来说,只有有效的订单才是网店销售真正需要的。订单有效,网店才能继续为客户提供订购的商品或服务。所以,网店订单有效性分析是网店运营中非常必要的工作。网店订单有效性分析的必要性一般体现在如下三个方面:

1) 信息正确的订单是网店可向客户提供商品或服务的基础

订单是客户购买网店商品或服务的凭证。订单中的信息,包括商品数量、规格、价格、支付方式、交付日期、配送地址等,是否正确无误非常重要。验证订单的准确性,可以避免因信息错误而导致的交付延误、商品差错或其他问题。订单是网店运营的中心,信息不正确的订单,显然可能导致网店难以向客户提供正确的商品或服务,如:送货困难、客户拒收和退货等,从而让网店增加许多不必要的运营成本。

订单的信息不正确,有可能是网店出错,如标错商品的价格或库存数量,也可能是客户写出的收货地址或下单数量出错。网店应该对订单信息做认真审核,并提醒客户核对可能出错的信息。如对重复购买的图书,网店应该提醒客户已经购买过同样的图书。对重复购买的商品,客户一般会要求退货和退款,这不仅会增加网店的运营成本,也会影响客户的购物体验。

2) 合法合规的订单是网店销售商品或服务有效可行的前提

订单的合法合规性是指订单是否符合法律法规、合同约定和商业伦理等方面的要求。验证订单的合法性,有助于避免非法交易和违规行为的发生。国家市场监督管理总局2021年发布的《网络交易监督管理办法》第十一条明确规定:网络交易经营者销售的商品或者提供的服务应当符合保障人身、财产安全的要求和环境保护要求,不得销售或者提供法律、行政法规禁止交易,损害国家利益和社会公共利益,违背公序良俗的商品或者服务。

在当今商业环境中,业务合规和合法性规范是企业不可或缺的重要组成部分。遵守国家法律法规以及相关政策标准是网店销售经营有效可行的前提。如果涉及非法交易和违规行为,网店不仅可能会受到政府执法、市场监管和行业监管部门的处罚,也会给网店带来信誉和声誉方面的负面影响。

3) 可执行的订单是网店能够向客户销售商品或服务的前提

当我们在网上购物或者在商店购买商品时,会生成一个订单。订单执行就是指商家根据这个订单,按照约定的时间和地点,将商品送到买家手中。订单执行非常重要,因为它保证了买家能够收到自己购买的商品,同时也保证了商家能够获得应有的收入。我们在下订单的时候,一定要仔细核对商品的信息和地址,以确保订单能够顺利执行。通常情况下,缺货的订单、非货到付款而未付款的订单都是不可执行的。

在销售中,网店如果通过直播带货进行大力度的促销,可能会有很多客户下单。但是,如果网店对货源把控不好,供应链的供货能力不足,就可能导致产生大量不可执行的订单。订单的不可执行,除了网店方面的一些因素外,也可能是由于客户主动取消了订单。尤其是在网店采用直播带货促销时,客户有可能出现冲动消费,下单后又反悔,从而要求取消订单。

从上面的分析中,我们可以看到,网店订单有效性分析是网店运营管理不可缺少的环节。只有确保订单信息准确、合法合规和可执行,订单才是有效的,这时候,网店的销售才是可行的。通常情况下,网店接到订单之后,首先需要对订单进行有效性分析。只有订单有效,才能按照正常的出入库程序进行作业。而问题订单,应在订单有效性分析的基础上及时做相应的处理。无效订单的情况分很多种,没有确认收货就退货退款的、确认收货后申请了售后进行退款的订单,都属于无效订单。事实上,只有真正有效的订单,才能给网店带来销售收益。

5.3 网店订单有效与否的影响因素

从上面的讨论中,我们已经知道,网店销售中的订单有效性分析是非常必要的。分析网店订单有效性,就需要进一步讨论网店订单有效与否的主要影响因素。一般意义的网店订单有效性包括三个方面:信息正确、合法合规和可执行性。下面,我们就分别从信息正确、合法合规和可执行性三个方面讨论网店订单有效与否的影响因素。

1)网店订单有效与否在信息正确方面的影响因素

网店订单信息正确与否是网店订单有效与否的重要方面。信息不完整、缺乏关键信息的订单,一般被视为无效订单或者问题订单。网店订单的形式和内容可能有所不同,但判断一个网店订单有效与否,一般都考虑如下一些影响因素:

(1)订单金额是否正确:网店订单是买卖双方交易的基础。如果订单金额不正确或缺失,会影响到订单的正确支付。而没有正确支付的非货到付款订单,一般是不可执行的,属于问题订单。拼多多网站上有很多"先用后付"订单,客户确认收货后自动付款(一般有明确付款金额)。《中华人民共和国电子商务法》第四十九条规定:电子商务经营者发布的商品或者服务信息符合要约条件的,用户选择该商品或者服务并提交订单成功,合同成立。如果网店将商品价格标错,客户已经完成支付,这时应该认为合同成立。所以,网店在修改商品价格时,一定要仔细核对,尽量避免出现商品价格出错的情况。

(2)订单日期是否正确:订单日期是订单中明确的配送和售后服务日期,如果日期不正确,会影响订单的执行。一般可根据发货时间来判断订单是否有效。如果订单发货时间超过规定的时限,就可以认为该订单是有问题的。有时也根据订单的收货情况来判断订单是否有效。如果客户订单的收货时间超过规定的时限,就可以认为该订单是有问题的。确定订单的收货时间时,一定要考虑到商品供货以及配送过程中可能出现的情况,一旦不能在规定时间内完成配送,一定要尽早与客户沟通,告知其订单延迟的原因,防止出现客户拒收订单情况。

(3)订单联系方式是否正确:订单联系方式不正确会影响订单执行中与客户进行的必要的联系和沟通。没有联系方式的订单一般不会被执行;联系方式不正确的订单,一般会因联系不到客户而导致订单执行的中断。订单联系方式一般是由客户提供的,对于客户的新的联系方式,一定要让客户做二次确认,尽量避免出现订单联系方式不正确的情况。

(4)订单收货地址是否正确:订单的收货地址不正确,会影响订单执行中的商品配送,会导致买家收不到货,也会导致订单执行的中断。有时候,订单中可能有多个收货地址。若同时向多个地点配送,客户要将每个地址与配送商品及其数量的对应关系讲清楚。订单收货地址一般是由客户提供的。对于客户新增的收货地址,尤其是客户更改的收货地址,一定要让客户做二次确认,尽量避免出现订单收货地址不正确的情况。

2) 网店订单有效与否在合法合规方面的影响因素

(1) 商品或服务销售是否合法合规:商品或服务销售应符合《中华人民共和国电子商务法》等法律和其他行业或市场监管行政法规的要求,否则就是违法违规销售。

(2) 订单执行的程序是否合法合规:订单执行的程序应该符合跨境进出口等行业或市场监管行政法规规定的要求,按照规范的方式完成订单执行过程。

3) 网店订单有效与否在可执行性方面的影响因素

(1) 订单金额是否大于可用授信额度:如订单金额大于可用授信额度,就会直接影响正常的信用支付。客户累计应付账款超过授信额度,其订单就要视为无效订单。订单金额超出银行限额就是说用户所支付的这笔订单的金额比较高,已经超过银行卡单日可用额度。银行卡每日会有一个限额,或者是每年有一个累计限额,超过则无法使用银行卡交易。所以,网店在为客户提供支付方式或支付工具时,一定要了解客户可用的授信额度,并对可能出现的超授信情况做预案,如提供其他备用的支付方式,或者在出现不能支付时,能够及时与客户联系,提供其他支付方式。

(2) 订单数量是否大于现有库存数量:如订单数量大于现有库存数量,会影响正常的按订单数量发货。通常,在仓库存货数量不足时,如果不能及时补充库存或者做延期发货安排,对应的订单则为问题订单。所以,如果现有库存数量不能满足下单要求,可以采用预售的方式,减轻订单数量大带来的供货压力。当然,更重要的是要优化供应链,要合理安排生产和进货计划,尽量避免商品供不应求的情况。

(3) 非货到付款订单是否完成付款:货到付款订单,一般是客户收到货以后再付款的订单。对于非货到付款订单,如未完成付款,一般不会发货。可根据订单的付款情况来判断订单是否有效。如果订单的付款时间超过规定的时限,就可以认为该订单是无效的。客户没有及时付款,有可能是忘记了,网店系统或者客服人员应该及时提醒客户为订单支付款项。

(4) 客户是否因某原因主动取消订单:在订单发货前,有客户可能会因为商品品牌或质量等方面的某种原因而放弃购买,要求取消订单。一般情况下,即使订单已完成支付,只要没有发货,网店也应该同意取消订单,中断执行订单发货。如果网店不同意取消订单,客户有可能会拒收或要求退货退款。由于退货物流的成本相对比较高,不取消客户主动放弃的订单,会增加网店订单管理和订单履行的成本。

(5) 客户对订单的评价是正面的还是负面的:在订单处理中,也有根据客户对订单的评价来判断订单是否有效的。如果客户对订单的评价低,就可以认为该订单是无效的。一些商品出现严重的质量问题,导致客户拒收商品或商家主动退款而中断订单执行。所以,网店订单有效与否的影响因素,不仅是订单处理过程中的因素,商品质量和服务体验也是有可能会影响客户订单的重要因素。

上面所分析讨论的网店订单有效与否的主要影响因素,是针对一般网店而言的。对于一个具体网店,基于其商品种类和所属行业的特点,可能还会有一些特殊的影响因素需要考虑。网店可以参照线下门店订单处理中的一些做法,思考在网络环境下应该如何更好地对订单有效性进行评价和管理。

5.4 网店订单有效性的评价与管理

前面讨论的是网店订单有效与否的影响因素,接下来,我们继续讨论网店订单有效性的评价以及相关指标。网店经过引流或广告促销后,一般就会有客户下订单。如前所述,在网店销售中,只有有效的订单,才是可执行的。所以,对订单有效性进行评价分析,就是网店销售订单处理中十分重要的工作。

根据上述网店订单有效与否的影响因素,考虑基于商品种类和行业特点的一些特殊影响因素,可以制定明确的问题订单判别标准,用于网店订单有效与否的分析。按照图 5-4 中的订单有效性分析流程,如果是正常订单,则确认并执行;如果是问题订单,一般应锁定订单并上报主管,按照主管意见与客户沟通并形成处理意见,修改订单后,再确认订单是否有效。可见,对问题订单,可以有一个动态调整的过程,以最终形成有效订单或者中止订单执行。网店订单处理系统一般可以自动实现图 5-4 中的订单有效性分析流程,为网店提供网络环境下基于多人互动的智能订单管理决策支持系统。

网店订单有效性的评价与管理一般包括如下六个方面的工作:

1) 明确订单有效性判断法则

明确判断订单有效的标准,这些判断法则或标准是订单有效性分析的基础,应该建立在广泛调查研究工作的基础之上。有效订单要求在规定时间内完成购买、支付和发货等交易环节,如果订单超时未支付或未发货,则不属于有效订单。被取消、退款、关闭的订单均不属于有效订单。有效订单中的商品必须符合平台要求,不能存在假货、不良品、质量不达标等问题。有效订单必须遵守平台规则,不得存在刷单、刷好评、刷销量等非法手段,否则订单将被平台认定为无效订单。

2) 获取完整的客户订单信息

为了对订单有效性进行比较准确的判断,必须首先获取完整的订单信息。订单信息一般包括客户姓名、联系电话、收货地址、商品名称、价格、数量等,完整且准确的订单信息是有效订单的基本要求。为了准确识别订单执行情况,还必须知道订单的"待审核""待支付""备货中""待移仓""移仓在途""待出库""已出库""配送中""已收货""已退货""客户作废""系统自动作废"等状态信息。这些状态信息可以帮助评判订单是否为有效订单,如图 5-5 所示。另外,通过客户行为分析,可以识别出潜在的违规行为和欺诈行为。

3) 基于法则分析订单有效性

在明确订单有效性判断法则后,可以基于法则自动分析和判断相关订单的有效性。执行有效订单评判标准时,需要考虑以下方面:可以利用技术手段对订单进行自动化处理,例如使用机器学习算法对用户行为进行分析,自动识别潜在的欺诈行为;除了自动化处理外,还需要进行人工审核,人工审核可以通过客服团队来完成,他们可以根据标准对订单进行仔细审查;在执行有效订单评判标准时,可能会遇到一些异常情况,例如用户支付后取消订单、退款等。网店应该制定相应的异常情况处理流程,并确保执行过程中能够及时发现和解决这些异常情况。

4) 通过沟通核实或修改订单

客服核实是评判订单是否有效的重要环节。店铺应该明确客服核实的流程和标准,例如电话确认、邮件确认等。对于被认为是无效的问题订单,应及时与客户沟通,修改或调整订单

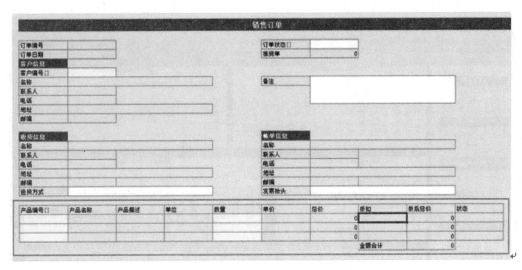

图 5-5 销售客户订单表

相关内容,然后基于法则分析订单的有效性。

5) 多客户优先权分析与分配

当多个客户对某一货物的要货量大于该货物库存量时,应对客户进行优先等级划分以确定各自的分配量,并在此基础上判别相关订单是否会因缺货而无效,或者判别如何制定生产计划或供货计划,或者判别如何通过预购方式解决商品供不应求带来的订单有效性问题。

6) 确认订单有效性评价结果

通过基于法则的订单有效性分析以及基于客户沟通的订单修改,网店可以最后确认订单有效性评价结果。为了确保有效订单评判标准的有效性,网店需要进行定期的效果评估。可以通过统计数据来评估有效订单评判标准的效果,例如统计有效订单的比例、欺诈订单的比例等。可以通过用户反馈来评估有效订单评判标准的效果。用户反馈可以帮助网店发现一些潜在的问题,并及时进行改进。根据效果评估的结果,网店应该及时进行持续改进。

上述网店订单有效性的评价与管理过程可以在网店销售订单管理系统中自动实现。制定明确的标准、执行自动化处理和人工审核、处理异常情况以及定期进行效果评估,可以帮助网店提高订单有效性评价的准确性,并提升网店客户的购物体验。

5.5 网店订单的管理与有效性提升

5.5.1 网店订单的分析与管理

1) 网店订单的数据分析

对网店订单进行分析,是网店订单管理的核心内容。在网店订单管理中,除了对订单的有效性进行分析,也有从其他视角进行的对订单数据的分析,如:订单数量、订单金额、订单客户、订单满足率、订单响应时长、订单发货及时率、订单发货准确率、订单退货率等。上述前三个订单指标容易理解,一般可以对其进行统计分析或对比分析,如图5-6所示。

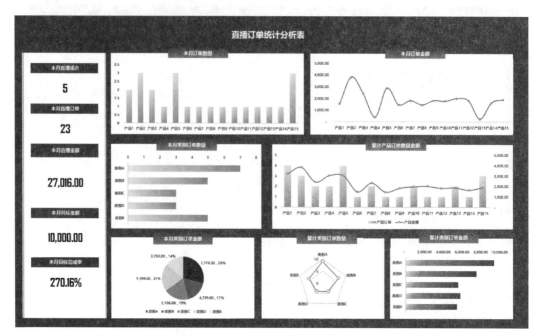

图5-6 某网店直播订单统计分析

订单数量是衡量店铺经营情况的重要指标之一。对店铺订单数量的分析可以更有效地支持店铺运营决策。在分析订单数量时,应该重点关注以下两个方面:

(1)订单数量的趋势变化:对不同时间段的订单量进行比较,可以了解店铺订单数量的趋势变化。

(2)订单数量的来源:对不同渠道的订单数量进行比较,可以了解店铺不同渠道的销售情况。

订单金额是衡量店铺经营效益的重要指标之一。在分析订单金额时,应该重点关注以下两个方面:

(1)订单金额的趋势变化:对不同时间段的订单金额进行比较,可以了解店铺订单金额的趋势变化。

(2)订单金额的结构:对不同商品的订单金额进行比较,可以了解店铺不同产品的销售情况。

订单客户分析可以帮助商家了解不同客户群体的购买行为和消费习惯。通过对新老客户的订单进行分析,网店可以了解哪些商品更受新客户欢迎,哪些商品更受老客户欢迎,从而制定不同的促销策略。例如,针对新客户的促销策略可以是优惠券、首单立减等,针对老客户的促销策略可以是积分兑换、回馈优惠等。

下面重点讨论一下后面五个订单数据分析指标。

(1)订单满足率:指现有库存满足订单的概率。公式:订单满足率=能够供应的订单商品数量之和/订单商品数量总和。订单满足率反映了仓库的缺货状态以及供应商的供货状态。订单满足率为100%是最理想的状态,但是一般很难达到,即订单中的所有商品都有存货,但是这会导致库存积压的问题。所以,仓库的库存数刚好满足订单的需求量是最理想的状态。

若由供应商直接供货到门店,供应商要保证所需商品不断货、缺货,该情景主要发生在比较大的节假日之前。

(2) 订单响应时长:指从订单确认到发货的时间。从生成订单到接单对象接单的过程中,客户会有一个等待时长,也就是接单对象的响应时长。目前,该响应时长主要是通过历史数据进行预测。很多情况下,预测结果并不准确。影响订单处理时间的因素包括:订单处理的先后顺序、并行处理与顺序处理、订单履行的准确度、订单的批量处理等。一般情况下,订单响应时长越短,客户满意度越高。

(3) 订单发货及时率:指在客户要求的交货时间内,及时、按时将货品发出的比例。公式:发货及时率=及时发货量/总发货量。发货及时率的影响因素包括库存是否充足、商品是否按时生产出来、发货作业的效率等等。在物流运输过程中,及时性涉及多个环节,包括货物的收集、分拣、装车、运输以及最终的交付。每个环节都需要按时完成,以确保货物能够按时到达目的地。同时,物流公司还需要根据客户的要求提供准确的配送时间,以便客户能够合理安排接收货物的时间。一般情况下,如果订单发货及时率在20%以下,说明内部各部门之间从来没有有效沟通,资金周转存在严重问题;如果在20%~50%之间,说明企业生产部内部有协调沟通,但是没有与外部进行追踪协调,资金周转存在问题;如果在50%~75%之间,说明企业内部有沟通协调,但是效率较低,且没有合理安排优先级;如果在75%以上,一些受影响的相关条件一直没有有效解决。

(4) 订单发货准确率:指准确无误地将货品、数量发出的比例。这个指标体现了仓库作业的准确性。公式:发货准确率=(总订单量-错误发货订单量)/总订单量。仓库纯人工管理下,所发的物料规格、品名、数量出现错误是很常见的。尤其是电子行业,元器件的规格、种类很多,肉眼难以区分,再加上有各种包装,不容易清点,出库发货时特别容易出错。为了保证准确性,物流公司需要建立健全的货物管理系统,对每一件货物都进行标记和记录,以便跟踪货物的状态和位置。此外,物流公司还需要与供应商和收货方进行有效的沟通,确保收发货信息的准确传递,避免出现误解或错误。

(5) 订单退货率:指某个时间段内退货商品数量与销售商品数量的比例,通常以百分比的形式表示。退货率是衡量一家商店售后服务质量的重要指标之一,高的退货率可能意味着该商店的商品质量、售后服务或配送等方面存在问题,需要及时改进;而较低的退货率则表明商品质量良好、客户满意度高。因此,商家通常会密切关注退货率,并采取相应的措施。订单退货率是衡量店铺服务质量的重要指标之一。通过订单退货率分析,商家可以了解自己店铺的服务质量是否达到了消费者的要求。

通过上述客户订单数据的分析,商家可以发现订单处理中存在的问题和瓶颈,进一步改进和优化订单处理流程,从而提高订单处理效率和客户满意度。

2) 网店客户订单管理

客户订单管理就是对客户所下订单的整个处理过程,包括对订单、库存、出货记录、运输等进行管理,以便更好地满足客户需求,提高作业效率和降低成本。客户订单管理是客户关系管理的一部分,能更好地把个性化、差异化服务有机地融入客户管理中去,能推动经济效益和客户满意度的提升。

目前,已有不少可用于客户订单数据分析的软件产品。客户订单管理软件系统是一种用于管理和优化客户订单流程的软件系统,是用于维护和管理订单整个生命周期的系统,包括订单创建、订单修改、订单查询、订单管理、订单发货等一系列流程,可以帮助企业提高订单处理效率和准确性,降低错误率,并提升客户满意度。

一些平台网站也常给入驻网店提供一些订单管理工具,如淘宝订单工具是帮助淘宝卖家管理订单的软件工具,通过它,淘宝卖家可以方便地查看订单信息、处理订单、安排发货等。实用的淘宝订单管理工具包括:

(1) 阿里旺旺:淘宝官方推出的一款聊天工具,也是淘宝卖家的必备工具之一。在阿里旺旺中,卖家可以直接查看订单信息、处理退款、修改订单状态等,非常方便实用。

(2) 快递100:一款快递查询工具,通过它可以查询各种快递的物流信息,包括订单的物流信息。卖家可以在快递100中输入订单号,查询订单的物流信息。

(3) 速卖通ERP:一款针对速卖通卖家的订单管理软件,可帮助卖家管理订单、发货、退款等。它具有自动跟踪物流、自动同步订单等功能,让卖家省心省力。

(4) 订单管家:一款淘宝订单管理软件,可以帮助卖家管理订单、处理退款、发货等。它具有订单智能提醒、批量发货、自定义标签等功能,让卖家更加高效地管理订单。

淘宝订单管理工具有很多种,卖家可以根据自己的需求选择适合自己的工具。以上推荐的几款淘宝订单管理工具都是实用的,可以帮助卖家更好地管理订单,提高工作效率。随着电商行业的发展,越来越多的人开始在淘宝上开店,淘宝订单管理也成了卖家们必不可少的一项工作。然而,手动处理订单不仅费时费力,而且容易出现错误。因此,使用淘宝订单工具来管理订单已经成为很多卖家的选择。

① 淘掌柜:阿里巴巴旗下的一款淘宝订单管理工具,它可以帮助卖家快速处理订单、查看库存、管理客户等。淘掌柜的界面简洁易懂、操作简单,可以帮助卖家快速上手。同时,淘掌柜还提供了一些实用的功能,如自动评价,可以帮助卖家提高工作效率。

② 鱼卡:一款专业的淘宝订单管理工具,它可以帮助卖家快速处理订单、管理客户、查看销售数据等。鱼卡的界面美观大方、操作简单,可以帮助卖家快速上手。与淘掌柜相比,鱼卡提供的功能更加丰富,如自动留言、自动评价,可以帮助卖家更好地管理订单。

③ 速卖通:阿里巴巴旗下的一款跨境电商平台,它可以帮助卖家扩大销售范围,增加海外客户。速卖通提供了一些实用的功能,如自动翻译,可以帮助卖家更好地管理订单。与淘掌柜、鱼卡相比,速卖通的界面更加简洁,操作更加简单。

对于许多网店来说,选择一款适合自身需求的客户订单管理软件是一项艰巨的任务。实用的订单管理软件,要具备基础的订单管理功能,包含订单新建、订单编辑、订单删除、订单查询和订单统计,还要包含单次订单和批量订单以及订单状态(包括取消、付款、发货等多种状态)管理。除此外,还要具备仓库管理、销售渠道管理和预算费用管理功能。市场上的产品种类繁多,功能各异,价格也不尽相同。

3) 常用的客户订单管理软件

下面,我们再重点介绍几款市场上常见的客户订单管理软件,希望对网店了解和选择客户订单管理系统有所帮助。

(1) 纷享销客:于2011年成立,研发能力强大,是行业排名前列的国产CRM厂商。先后获得IDG资本、北极光创投、高瓴资本等多家优秀机构的投资,在全国13个城市设立了省直营分公司,在50多个城市建立了营销服务中心。

纷享销客的客户订单管理软件是一个帮助企业跟踪订单、库存、销售及流程的平台工具,可以方便企业更容易地管理订单、库存、退货等。该系统可以自动触发下一个流程,帮助企业更迅速地完成订单,还可以监控库存、物流、退货状态等,以避免缺货、延期交货、退款延迟等问题的出现,提高处理效率,提升用户体验。其详细的产品功能介绍可参见官网:https://fs80.cn/m8w6yx,如图5-7所示。

图5-7 纷享销客(https://fs80.cn/m8w6yx)

(2)才望云:1997年成立于日本,由日本协同办公市场的实力厂商,为消费者提供适应当地需求的产品和服务,提供企业级应用开发和定制服务,通过零代码开发的可扩展性等特点,帮助用户自定义各种业务应用和工作流程。订单管理是才望云销售管理系统的一部分功能。

才望云订单管理系统的功能主要包括:报价履历清晰可追溯,审批和沟通与报价一起完成。系统报价可一键生成固定格式的报价单或订单,方便高效。从接单到发货各节点全程可把控,各节点和流程可简单定制。其详细的产品功能介绍可参见官网:https://www.kintone.cn/,如图5-8所示。

图5-8 才望云(https://www.kintone.cn/)

（3）管家婆：成都任我行软件股份有限公司旗下品牌。管家婆软件根据中小企业信息化需求的变化和IT技术的更新不断创新和改善。在发展通用软件的同时，管家婆还深入IT、通信、医药、服装、食品、五金建材、汽配汽修等行业，针对不同细分行业的经营管理特性，推出了专业的行业软件产品和完整的业务解决方案，满足不同行业企业的信息化需求。

管家婆产品的功能：订单管理系统可以实时同步多平台、多店铺的订单信息，实现智能审单，能识别异常订单并自动进行拆单、合单，实现订单自动分配到就近仓库，减少物流成本；系统可以实现多仓库、多平台、多店铺的库存同步，对库存上下限进行预警管理；防止缺货、超卖现象发生，并能按订单地址及仓库库存状况进行智能拆单并自动分配到就近仓库，减少物流成本；报表管理系统可以生成各类报表，助力企业进行经营决策。其详细的产品功能介绍可参见官网：http://www.wsgjp.com.cn/，如图5-9所示。

图5-9　管家婆（http://www.wsgjp.com.cn/）

（4）泛微：成立于2001年，总部设立于上海，是专注于协同管理办公自动化（OA，Office Automation）软件领域的老牌系统供应商，可以帮助组织构建统一的数字化办公平台。

泛微产品的功能：订单信息自动录入，构建电子订单信息库；订单发货情况自动汇总、跟踪；生成电子订单回款记录；报价功能，可以轻松地根据客户提供的询价单，从产品目录中选择相应的产品；订单功能，可以将订单信息快速地录入系统，并自动与销售合同、发货、收款等环节进行关联；合同管理功能，可快速创建合同、审批合同、管理合同及执行合同。其详细的产品功能介绍可参见官网：https://www.weaver.com.cn/，如图5-10所示。

（5）百数：长沙百数科技有限公司旗下品牌。长沙百数科技有限公司成立于2016年，前身是2012年成立的长沙简单软件科技有限公司，拥有强大的技术团队，涉足过编程语言编译器开发、服务器集群、数据库集群、WEB前端后端技术、系统集成开发等领域。

百数产品的功能：数据分析可以多维度展现销售数据，为商品生产数量、仓储比例等提供数据支撑；三方订单管理平台对接，对接外部的订单管理平台，方便企业在百数也能充分利用其他平台的原始订单数据，实现业务订单管理闭环；可视化设计器支持审批流程、工作流程以

图 5-10　泛微（https://www.weaver.com.cn/）

及其他各种业务流程的构建和管理；通过低代码的方式，将数据可视化呈现，业务人员能够直观地理解和掌握数据，同时也能够方便地进行数据分析和监控。其详细的产品功能介绍可参见官网：https://www.baishuyun.com/，如图 5-11 所示。

图 5-11　百数（https://www.baishuyun.com/）

（6）万里牛：湖畔网络旗下的一款产品，以 ERP 为核心，形成包括 WMS（Warehouse Management System，仓库管理系统）、跨境 ERP、BI（Business Intelligence，商务智能）、门店零售、云订货和跨境 B2B 独立站等在内的产品矩阵。万里牛订单管理比较轻量级，订单处理逻辑清晰。除了订单管理外，万里牛还有仓储管理、采购协同、分销管理、库存管理、售后工单、商品刊登、业财一体、数据分析的功能，可以一站式满足商家在各平台铺货、仓储、库存、分销的需求，满足订单、财务和数据分析的需求。

万里牛产品的功能主要包括：订单实时同步，零漏单；超百种自动策略高效处理订单；物流跟踪预警有效预防虚假发货;停发、退款异常自动拦截。其详细的产品功能介绍可参见官网:https://www.hupun.com/,如图 5-12 所示。

图 5-12　万里牛(https://www.hupun.com/)

(7) 海鼎 OMS(订单管理系统):成立于 1992 年,是一家商业流通、电子商务和现代物流解决方案的提供商,致力于用科技与创新促进商业发展,通过专业的管理咨询服务与软件研发能力,构建高效、迅捷的数字化现代零售世界。海鼎 OMS 致力于为便利店、商超、生鲜、母婴、折扣、美妆、快时尚、潮玩、宠物、文娱、购物中心等多业态商业企业提供全方位、全链路数智化解决方案。

海鼎 OMS 的主要功能:海鼎订单管理系统的核心功能有六个,分别是线上订单聚合同步、线上订单履约、聚合物流配送、经营管理、商品资料管理、商品价格和库存管理。其详细的产品功能介绍可参见官网:https://www.hd123.com/,如图 5-13 所示。

图 5-13　海鼎 OMS(https://www.hd123.com/)

(8) Microsoft Dynamics 365：由微软推出，Dynamics 365 背靠国际大厂，研发实力雄厚，集成能力强大，尤其是和微软系的各类软件融合得非常好。

Dynamics 365 产品的主要功能在于为订单管理流程中的会计集成、客户数据库、库存管理、销售渠道和销售支持五大领域提供支持。其详细的产品功能介绍可参见官网：https://dynamics.microsoft.com/zh-cn/，如图 5-14 所示。

图 5-14　Microsoft Dynamics 365（https://dynamics.microsoft.com/zh-cn/）

4）客户订单管理系统的重要性

订单管理指的是捕获、跟踪和履行客户订单的流程。订单管理流程从客户下订单开始，到客户收到包裹后结束。客户订单管理系统很重要，是客户关系管理系统的一部分。集订单处理、销售管理、库存管理和财务管理于一体，可以帮助网店提高订单处理的速度和准确性、提高管理效率和客户满意度、降低成本并提高盈利能力。对客户下达的订单进行管理及跟踪，可以动态掌握订单的进展和完成情况，提升物流作业效率，从而节省运作时间和作业成本。客户订单管理系统的重要性体现在以下几个方面：

（1）提高生产效率：通过快速处理和跟踪订单，系统能够优化生产流程，减少人工干预和错误，从而提高生产效率。

（2）提高客户满意度：系统能够提供准确的订单信息和及时的交货期，从而提高客户满意度和忠诚度。

（3）提升企业形象：使用客户订单管理系统可以提高企业的现代化形象，增强客户对企业的信任和认可。

（4）提高企业的盈利能力：通过客户订单管理系统，企业可以大幅度减少冲突因素，以减少补偿或返工等成本。

（5）提高订单处理的水平：客户订单管理系统可以跟踪订单的整个流程，可以从订单生成到订单关闭的整个过程中都进行透明化管理，从而提高订单处理的速度和准确性。

（6）优化客户关系管理：客户订单管理系统可以采用自动化流程，并实时地更新订单状态,使得客户关系管理更加有效和高效。

综上所述,客户订单管理系统是一种可自动执行整个订单管理流程的软件应用,可以自动执行订单处理、发货、开票、付款托收等流程。客户订单管理系统在提高企业的生产效率、提高客户满意度、提升企业形象、提高企业盈利能力、提高企业订单处理水平和优化客户关系管理等方面都具有重要的应用价值。在选择客户订单管理系统时,网店需要结合自身的业务需求、规模以及预算等因素进行全面考虑,并从系统的稳定性、易用性、灵活性和可扩展性等方面进行评估和选择。

5.5.2 订单有效性的提升策略

在网店运营中,如果订单有效性不高,会直接影响到网店销售的运营效率。所以,有必要采取相关措施,努力提升网店客户订单的有效性。网店销售运营管理,一般可以从如下几个方面提升网店订单有效性。

1)建立客户订单自动查验机制

在客户下单过程中,针对订单的关键信息,网店应利用技术手段,提醒客户保证信息的全面、完整和正确。订单系统要有减少客户下单时关键信息遗漏的功能设计,客户不能提交缺乏关键信息的订单。订单系统要能自动管理订单地址信息和历史交易信息等,能够查验客户订单的相关数据信息。引入自动化订单处理系统,可以将订单处理流程自动化,减少人工干预,提高订单处理效率。

2)建立订单信息修改确认机制

允许客户在下单后,对订单中的一些重要信息,如收货人、收货时间、收货地址等,进行修改。客户下单时,有可能会出现信息录入出错的情况和产生信息修改的需求。订单系统应该在一定时间内,允许客户修改一些信息数据,并与客户互动,确认修改信息正确。如果不能修改订单,客户有可能会取消订单。

3)建立库存数据实时更新机制

在销售过程中,网店要及时对商品的库存数据进行实时更新。库存管理系统与销售管理系统间要有自动数据更新机制。要保证客户下单时看到的库存数据是真实有效的,避免在客户下单后,由于缺货问题出现无效订单。

4)自动统计客户订单信息数据

订单数据分析是订单管理的重要环节。加强订单数据分析,可以更好地了解订单情况,提高订单处理效率。可以引入订单数据分析系统,对订单数据进行分析,及时发现订单问题。在订单管理中,订单系统可以对客户订单信息数据自动进行统计分析和分类管理,可以为客户订单管理提供相应的智能化信息决策支持工具,在订单生成阶段及时提供必要的客户服务。

5)系统自动审核客户订单数据

在订单管理中,可以运用有效的订单数据智能分析工具,对客户订单数据进行自动审核,如发现潜在的问题订单,及时提交订单审核人员做进一步的审核;对问题订单,及时通知客户,并让网店客服人员与客户进行必要的沟通,提出订单修改建议。

6)系统自动跟踪订单状态信息

订单跟踪管理是订单管理的重要环节。只有及时了解订单状态,才能及时处理订单问题,提高订单处理效率。订单系统应该引入订单跟踪功能,实时监控订单状态,及时处理订单问题,提高订单自动化处理的能力。

7) 预测客户订单的需求和变化

网店可以通过对客户订单信息数据进行统计分析,了解和预测客户在购买需求和服务要求方面的变化,及时对变化的客户需求和市场做出快速反应,提高网店服务客户的业务能力。

8) 提升供应链和物流服务能力

为提升客户订单的有效性,网店还应该重视供应链和物流服务能力的提升。只有这样,才能避免在销售中由于大力促销出现供货困难问题,从而导致网店的大量预售订单被取消。

9) 重视网店的品牌和商品质量

网店品牌和商品质量,也是影响客户订单有效性的一个重要因素。品牌和质量对客户的购物决策会产生比较大的影响。有时候,可能由于网店商品的低价促销宣传,客户下单了,但是没过多久,客户又反悔了,做出取消(预售)订单或者要求退货退款的决定。

综上所述,在网店运营中,要充分运用数字智能技术,优化订单管理系统,建立自动的查验机制、确认机制、更新机制、跟踪机制,提高订单处理系统的自动化水平。同时,重视网店的品牌和质量管理以及提升供应链物流能力,从根本上改进客户的购物体验,最大限度地提升网店订单的有效性。

思考与练习

1. 如何理解网店销售?网店销售与门店销售有何不同?
2. 通常应该如何处理网店与门店两者之间的渠道冲突?
3. 如何理解网店订单?网店订单一般可以分成哪几类?
4. 可从哪几个方面理解网店订单有效性分析的必要性?
5. 影响网店有效订单的因素有很多,一般有哪些因素?
6. 网店订单有效性的评价与管理包括几个方面的工作?
7. 在网店订单管理中,可以对订单做哪些方面的分析?
8. 网店中产生无效订单或问题订单的原因主要有哪些?
9. 网店销售运营一般可从哪几个方面提升订单有效性?

6 网店选品与商品退货率分析

【内容概要】

本章首先介绍网店选品和商品退货率的相关概念,讨论网店商品退货率分析的必要性以及分析网店商品退货的主要影响因素,其次讨论网店商品退货管理决策所要考虑的各个方面的因素,最后讨论网店的退货博弈分析以及网店控制商品退货率的具体策略。

【学习目标】

(1) 掌握网店选品以及商品退货率的概念。
(2) 掌握网店对商品退货率分析的必要性。
(3) 了解影响网店商品退货率的主要因素。
(4) 了解网店对商品退货管理的决策分析。
(5) 了解网店控制商品退货率的具体策略。

【基本概念】

网店选品,商品退货,退货率。

6.1 网店选品与商品退货率的概念

网店选品是网店运营中的重要工作。在销售中,网店经常会遇到商品退货的情况。商品退货率是网店运营普遍关注的问题。这一节重点讨论网店选品与商品退货率的概念,后面再讨论商品退货率的相关问题。

6.1.1 网店选品与选品决策

1) 网店运营中的选品

大多网店是来销售商品的。有一些网店主要销售自家生产的商品,如苹果、海尔等,这些制造商开设的网络销售平台主要是作为直接面向客户的一个销售渠道。很多网店,不是销售自家商品,而是作为制造商在互联网上的一个分销渠道。大部分网店应该属于后者,选择什么商品,直接影响网店的销售和经营效益。

在网店经营圈子有句俗话:七分靠选品,三分靠运营。选品是网店运营中一个非常重要的工作。何谓网店选品?顾名思义,就是决定一个网店卖什么东西。从概念上说,网店选品就是网店确定经营商品的范围和品类以及具体进货决策的行为。

随着网络市场的不断发展,客户的购物需求也在不断改变。网店在选择销售商品时,一定要对市场做认真的调查研究,了解客户真实的需求,这样才会更好地确定网店经营的商品范围和品类,才会促进网店业务的持续发展。

2）网店选品的核心要素

网店选品一般要考虑如下三大核心要素：商品的品质、商品的价格、商品的特点。

（1）商品的品质：所谓品质，即商品的质量，也就是商品的好坏优劣。客户在选购商品的时候，肯定希望能购买到质量好的商品。即便对质量要求不高的客户，也不希望到手的商品质量很差。在相同类目的同样价位下，如果某商品的品相和材质能更具备优势，那么它的销量肯定会更好。

（2）商品的价格：一般，网上销售的商品相对于实体市场的商品来说，都会便宜一些。如果网售商品的价格很高，客户群体相对就会少很多。一般来说，低价的商品比较有竞争优势；高价的商品前期投入成本过高，不利于回本。可以选择一些中端又符合大众刚需的商品，这样既能符合市场的一般消费水平，商家也不用承担过多的风险。

（3）商品的特点：网店在选择商品时，很重要的参考因素，就是商品是否有特点、有卖点。客户购买的不仅是单纯的价格优势，客户最终购买的是商品和服务。网店在保持价格优势的同时，还要保证商品的质量以及商品的卖点。商品有特点，才有辨识度，才能够给客户留下印象。

3）网店热销的几类商品

目前，在淘宝和京东等网络平台上比较热销的商品主要有以下几类：

（1）服装类：按最受欢迎度来分的话，最受欢迎的肯定是服装类，毕竟衣食住行，衣是第一位。在电商平台，服装肯定也是最受欢迎的。而且淘宝电商平台上的大多数服装相比实体店铺的服装便宜很多，而且款式也比较多，客户更多地偏向于在网上购买服装，方便快捷，选择性多，便宜实惠。

（2）饰品：在淘宝、京东等电商平台上比较受欢迎的商品就是饰品，比如眼镜、耳环、耳钉、发夹等小饰品，它们虽然是非常小的东西，但是这种商品购买量非常高，而且发货也非常快捷方便。这种商品相对较小巧、成本也低，而利润却很高，如果销售量大的话，这个利润是非常可观的。电商平台女性客户比男性客户多，而且女性对这类商品也是非常喜欢的。如果商品好，其销量肯定不会低。

（3）化妆品：对于淘宝，很多人都会说，马云赚得更多的是女人的钱，这话不错。所以，做女人的商品肯定受欢迎，化妆品如彩妆、护肤品等的销量肯定也会不错。现在化妆、做护肤的女人越来越多，化妆品市场的发展空间非常大。一款非常好的化妆品，肯定比较畅销。

（4）婴幼儿产品：随着社会的发展，人们的生活水平提高了，更重视对婴幼儿的养育，所以母婴用品非常热销，比如婴幼儿的衣服、玩具、奶粉、日常用具等，还有孕妇用的产品，这些销量都比较高、比较受欢迎。

（5）食品：衣食住行，衣过后就是食，俗话说"民以食为天"。人们的日常生活离不开食品，可见人们对电商平台上食品的需求度肯定也不低。食品类主要是日常生活需求的产品，如零食、特产、水果、干货等。各地的特产通过网络销售。现在交通也很方便，快递也非常方便快捷，很多客户通过网络购买其他地方的特产。

4）网店中的爆品

当下，市面上的所有商品，基本上都会分为两种：普通商品和爆品。一般来说，普通产品都会被爆品打败。爆品本质上源于对需求和人性的洞察。爆品其实就是在消费者中引起强烈反响的商品。爆品可能是一个单品，也可能是一个系列的商品。想要成为爆品，必须具备三个要素：极致的商品、完美的体验以及极好的口碑。

5）网店的选品决策

当要从海量商品中挑选合适的商品进行销售时，网店选品成为一个非常重要的环节。网店在做具体选品决策时，一般必须重视如下几个方面：

(1) **了解市场需求是选品决策的基础**：网店可以通过市场调研和数据分析，掌握客户的需求趋势和热门商品。可以关注社交媒体、行业论坛、电商平台的热门排行榜等，了解客户的兴趣和购买偏好。同时，也可以利用一些专业工具，如关键词搜索工具和竞品分析工具，发现热门搜索关键词和竞品销售情况，以便更好地选品。

(2) **找准目标用户是选品决策的关键**：了解目标用户的年龄、性别、兴趣爱好、购买习惯等特征，有助于网店筛选出更符合客户需求的商品。例如，如果目标用户是年轻人，他们可能对时尚潮流、科技含量高或者个性化定制的商品感兴趣。因此，网店可以根据目标用户的特点选择相应的商品进行推广和销售。

(3) **选品决策需要考虑品质和性价比**：网店无论是自己生产还是代理销售，选择质量可靠、符合相关标准的商品是至关重要的。同时要确定商品的竞争力和售价策略。关注竞争对手的定价情况，权衡商品的质量和价格，确保商品的性价比具有竞争力。

(4) **选品决策要重视供货和售后服务**：网店要确保能够稳定获得优质的商品供应，以及及时和有效地解决售后问题，提高客户满意度和忠诚度。

(5) **选品决策要关注和分析市场动态**：网络市场和行业竞争激烈，市场需求和客户偏好也时刻在变化。因此，网店要紧跟市场的发展趋势，通过数据分析和反馈收集，了解商品的销售情况、用户反馈和市场反应，及时调整选品方向和策略。

近年来，网店的兴起给很多人带来了创业的机会。然而，在选择商品时，很多人往往感到迷茫。市场上有太多的选择，如何从中选出适合自己的商品？选择合适的商品是网店开设成功的关键之一。一般来说，进行网店创业的商家可以通过挖掘个人兴趣和专长、研究市场趋势和需求、与竞争对手差异定位、测试市场和客户反馈、观察口碑和评价等，找到具有潜力且适合网店经营的商品。

(1) **挖掘个人兴趣和专长**：卖家可以从个人兴趣和专长出发，选择熟悉和了解的商品。做自己感兴趣的商品，才能对店铺充满信心。如果对某个领域非常感兴趣，懂得其中的市场需求和客户心理，那么就会更容易在这个领域找到具有竞争力的商品，同时也更容易与客户建立起共鸣和信任。尤其是中小卖家，通常都是自己既做店主，又做客服。这时候，对于我们熟悉的商品，我们能够更好地给客户解答和处理问题。

(2) **研究市场趋势和需求**：研究市场趋势和需求也是选择商品的重要方法。通过观察市场、了解客户的需求和喜好，我们可以发现一些潜在的选品机会。如果想做高销量商品的话，那我们选择的产品类目就要以热门类目和单品为主。这类产品的优点是紧跟潮流，可以快速打爆，同时也可以迅速成为热门单品；缺点是，通常高销量商品的利润会因为产品市场的走向和市场竞争而受到影响，利润相对较低。如果是做长期稳定利润款产品的店铺，那就可以多关注一些冷门类目的产品。因为这一类商品的竞争相对较小。同类商品里，只要商品优化够好、质量够高，那其在这类类目中可以占有一席之地。很多销售小类目商品或做专卖店的店铺销量虽不是特别高，但也很有利润。通常是20%的引流商品，20%的高利润商品，其他是常态商品，互相配合。

(3) **与竞争对手差异定位**：在淘宝、天猫等竞争激烈的平台上，与竞争对手的差异化是至关重要的。当你选择商品时，要仔细分析竞争对手，了解他们的选品定位和优势，以免市场饱和。在选择商品时,可以考虑一些独特的个性或创新的设计,以吸引更多的客户。目前,淘宝已经做到了千人千面。与此同时,对于店铺的要求更倾向于小而美。因为淘宝中的商品太多了,想要迅速脱颖而出,就需要在商品选品上以独具特色和创新的小而美产品为主。这也就是为什么淘宝会大力扶持小而美店铺的原因了。

(4)测试市场和客户反馈:在选择商品时,建议先进行小规模的市场测试。网店可以通过代购或批发的方式购买一些样品,并在网店中进行试销。通过观察销量和客户反馈,网店可以得到一些有关商品潜力和市场需求的信息。如果反馈正向,并且销量不错,那么就可以考虑继续推广这个商品。

(5)观察商品口碑和评价:网店的核心在于口碑,良好的口碑可以带来更多的客户和持续的销售。在选择商品时,网店可以通过其他卖家的评价和客户的反馈,了解商品的质量和客户的满意度。选择一款质量好、口碑好的商品,能够更好地保证店铺的声誉。

6)搜索引擎支持选品决策

另外,在选品决策中,网店可以运用搜索引擎来支持选品决策。由于商品本身需要通过搜索引擎展示,搜索引擎的推荐也是通过客户的喜好来决定的。因此,选品主要不是选择客户喜欢的,而是搜索引擎喜欢的。怎样的商品才是搜索引擎喜欢的呢?我们可以用人工筛选的方法来寻找。例如,我们在淘宝的搜索引擎中输入"女士T恤",搜索引擎会同时推荐多款产品出来,如图6-1所示。

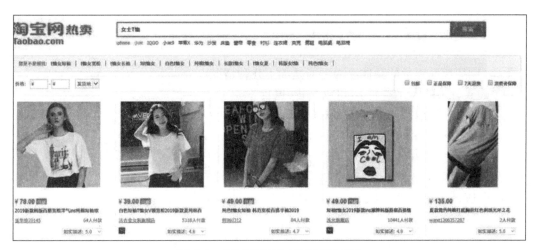

图6-1 搜索引擎同时推荐多款产品

T恤有不同的材质、长袖短袖的款式之分,这时候我们搜索出来的T恤看起来都是无顺序的,其实并非如此。搜索引擎通常会优先推荐最受欢迎的商品,也就是在同一关键词下点击最多的产品。根据这个原理,我们选择前十页的产品,将每款产品的产品参数数据复制粘贴到Word中来进行归纳和统计,筛选出核心关键词出现的次数。具体的操作方法为选择Word中的"查找替换",输入我们想要查的关键词。假设我们想要查询"半袖"这个词语的出现次数,就输入"半袖",然后选择"替换",再输入另外可替代的临时关键词,选择"全部替换",这时候我们就可以查找出该词语的数量。然后通过这些属性,我们可以确定搜索引擎推荐得最多的商品,从而进行选品。其他相关商品也可以通过相同的方式进行款式和品类的筛选。

6.1.2 商品退货与退货率

1) 退货问题

随着全球网购爆发式增长,"网购潮"伴随着"退货潮",如何高效处理退件成为线上商家头疼的问题。退货(Sales Return)是指买方将不满意的商品退还给商家的过程。一般来说,退货是商家向客户承诺的,允许客户在购买产品后的一定期限及相关条件下可以全额或折价退回所购买的商品。2018年,全国工商和市场监管部门加强消费维权,在监督经营者全面落实网购七日无理由退货制度的同时,推进线下无理由退货工作。

退货物流属于逆向物流(Reverse Logistics),退货商品会占据一部分库存,是影响库存的六大因素之一,而且是很容易被忽视的。但退货品不等于报废品。通过返工、修理、挑选、检验等一系列退货处理流程,一部分原材料或成品还是可以继续使用或者出售的。对于无法使用的部分,最后的处置方式才是报废。退货的成本相对比较高,大多数商家都希望商品销售中的退货越少越好。

2) 商品退货的原因

常见的商品退货主要有如下四个方面的原因:

(1) 商品质量问题:商品有明显的色差、严重的质量问题等。

(2) 不喜欢/不合适:购买的商品不是自己想要的或者不合适。

(3) 个人原因:不是因为质量问题或者不喜欢/不合适,而是因为个人原因不想要了。

(4) 其他原因:商品破损、商品变质等。

通常,网店商品退货的具体原因可能是如下几种情况:

(1) 购买方买的太大或太小,可以换货、退货。

(2) 购买方买回来的货有问题、破损,可以换货或退货。

(3) 购买方买回来的货与拍的不一致,可以换货或退货。

(4) 购买方多买,可以退货。

(5) 购买方拍下货但卖家迟迟不发货,可以退货。

(6) 七天无理由退货,购买方买回来货又不太喜欢,可以退换货。

(7) 图片与实物不符,购买方可以退换货。

但是,也不是所有网购商品都支持"七天无理由退货"。依据《中华人民共和国消费者权益保护法》第二十五条"经营者采用网络、电视、电话、邮购等方式销售商品,消费者有权自收到商品之日起七日内退货,且无需说明理由,但下列商品除外"的第一款规定,定制商品不适用于七日无理由退货。无论是线上还是线下定制商品,双方应对定制商品的交付标准进行明确、具体的约定,如数量、规格尺寸、材质、图案、工艺、交付时间、运费承担、违约责任等,并将约定内容以文字的形式注明作为验收商品的依据。只有这样,买家才能有凭有据要求商家履约,有效维护合法权益。否则,如果事先约定不明或缺少证据证明约定内容,一旦发生争议,双方容易各执一词,市场监管部门在调解工作中难以支持客户提出的退换货要求。

3) 网购退货中可能的诈骗

通过网络平台购物的客户越来越多,但有不法分子以退货退款名义实施诈骗活动。在网络购物的退货退款中,一些不法分子事先通过非法渠道获取客户的购物信息,谎称是电商或物流客服,利用"商品有质量问题""快递丢失""会员充值出现问题"等话术谎称进行超额赔付,激发受害人"趋利避险"的心理,然后再诱导客户离开官方平台,下载虚假App或加入微信群进行赔付,从而进一步套取客户银行卡号、手机号、验证码等信息,最后将客户的钱款转走。也有不法分子以"激活退款通道""缴纳退款保证金"等各种理由要求受害人转账汇款,称会将钱连同赔偿一并返还给受害人。当受害人将钱转至不法分子提供的账户之后,不法分子又会以其他借口诱导受害人继续进行转账,连续诈骗。

客户在退货退款时,要了解购物平台流程。正规网购平台的退款、赔付款都是从顾客支付账户原路返回,没有所谓的"退款链接",也无须下载其他App。要求另行下载App或扫码入群等的,大概率是骗子。如果快递丢失,物流公司一般会将等额货款赔给卖家(寄件人),再由卖家重新发货,不会主动联系收件人进行退款,更不可能提供"退款链接"。凡是接到自称"商家"或"客服"的电话,声称商品需要退款或重新付款时,我们一定要通过正规流程办理,并第一时间登录官方平台核实真伪。

4)商品退货率的概念与计算

网购领域的退货率通常较高。很多时候,客户只能凭图片和描述购买商品,更有可能因商品不符合期望而退货。美国零售联合会报告称,2021年电商总体退货率从2020年的10.6%跃升至16.6%。据Statista统计,2021年主要产品类别的网购退货率在8%~88%不等。其中服装的退货率最高,其次是鞋和电子产品。商家不得不接受的是,退货率上升已成为网购时代的新常态,是无法完全避免的。

商品退货是指仓库按订单或合同将货物发出后,由于某种原因,客户将商品退回仓库。退货率,是指某个时间段内退货商品数量与销售商品数量的比例,通常以百分比的形式表示。例如,某家商店在一个月内售出了1 000件商品,其中有20件商品被退货,则该商店的商品退货率为2%。

商品退货率是衡量商家所售商品与服务质量的重要指标之一。较高的退货率可能意味着该商店的商品在质量、售后服务或配送等方面存在问题,需要及时改进;而较低的退货率则表明商品质量良好、客户满意度高。因此,商家通常会密切关注退货率,并采取相应的措施。

商品退货率一般有两种计算方法:

(1)退货率=退货批次/出货总批次×100%。

(2)退货率=退货总数量/出货总数量×100%。

商品退货一直是一个令人头疼的问题。如果商品退货率过高,会导致商品利润空间下降,更甚是造成商家无法获得利润,甚至有可能会破产。

6.2 网店商品退货率分析的必要性

网购已成为大多数人的购物方式之一。然而,随着网购的普及,网购退货率也逐渐升高,成了不可忽视的问题。对网购退货率数据进行分析,可以帮助商家和平台了解退货的原因和趋势,从而采取有效措施降低退货率,提升用户满意度。所以,在网店运营中,商品退货率分析是非常重要的工作。下面,我们重点从三个方面讨论网店商品退货率分析的必要性。

1)商品退货率分析有助于了解并解决退货问题

数据分析是解决问题的有力工具。通过对退货数据进行分类和整理,商家可以了解退货的原因,例如尺码不合适、商品质量问题、错发漏发等。进一步探究退货数据的趋势,商家可以发现商品的退货高峰期和低谷期,从而合理安排库存和订单处理流程。此外,数据分析还可以帮助商家和平台发现退货问题的地域分布,针对特定地域的问题制定相应的解决方案。

退货也已经不再仅仅是耗费企业成本的一个环节。合理有效地规划和处理退货问题让企业不但可以获得更多的收益,同时也可以在残酷的市场竞争中占得先机。退货问题处理得当,可以使商店提高整体的运作效率,因为退货过程产生的相关统计数据,可以为商品质量的改善提供很好的依据,增强商品的竞争实力。退货问题处理得当才能充分调动人们网购的积极性,才能营造出良好的网络购物环境,从而带动整个电子商务应用的发展和成长。

2) 商品退货率分析有助于降低网购商品退货率

如何降低退货率成了商家和平台需要解决的重要问题。首先,提高商品的描述准确性,包括尺码标准、颜色明确等,在购物页面尽量展示商品的真实细节,避免因信息不清晰导致退货。其次,改进物流配送服务,提高商品送达的准确性和配送时间的可靠性。再次,可以通过提升售前咨询和售后服务,及时解答用户的问题,降低退货的可能性。最后,完善商品的质量管理体系,确保商品的质量达到用户的期望值,减少因质量问题而产生的退货。

退货流程越来越受到人们的重视。实体商品流通过程中的信息流、货币流、货物流的完整运作流程是一个包含正向与逆向循环的流程。研究流程中逆向环节的退货问题,有助于商家和平台根据商品的种类来设置不同的退货政策;有助于对客户退货的原因进行分析,针对客户的问题进行改进,对症下药,减少退货的次数,从而降低网购商品退货率。

3) 商品退货率分析有助于提升网店客户满意度

通过数据分析,商家可以了解用户对不同商品的满意度和购物体验,找到用户满意度较低的原因,从而有针对性地改进商品和服务。商家可以建立健全的客户反馈机制,主动收集用户的意见和建议,及时处理用户的投诉,保持与用户的良好沟通和关系。此外,商家还可参考竞争对手的做法以及考虑用户的需求和喜好,不断推出创新的商品和服务,提升客户的购物体验和忠诚度。

数据显示,宽松退货制度下,客户对商品质量的评价高于无退货制度下的评价。客户需要从商家得到一定信号来减少不确定性,而宽松的退货条件则可以作为信号来增加客户对商场的信任度。客户往往认为商家实行退货制度的成本是昂贵的,只有提供高质量产品的商家才有能力作出退货的保证。客户会把宽松的退货制度视为优质商品的"信号"。同时,随着客户对商品质量信任度的提高,他们会进一步缩短决策时间并提高购物倾向。

事实上,发达国家的消费繁荣在很大程度上得益于良好的消费环境。美国是世界第一消费大国。在美国,很多商家实行无理由退货制度,退货期限从一个月至一年不等,有的甚至无期限。"中国制造"在美国取得瞩目成绩与美国的退货制度密不可分。这一事实说明了良好的消费环境及宽松的退货制度对消费倾向有着重要的影响。

有效的退货模式能够提高客户满意度,增强商家竞争能力。在当今的商业环境下,客户满意度与企业利润、成长之间存在正相关关系,客户价值是决定企业生存和发展的关键因素。越来越多的商家认识到退货管理对维持客户关系、提升品牌忠诚度和增加净收益的重要性。有效的退货管理可留住更多的客户,使企业的信誉提高,也就进一步提高了企业的销售和利润。

6.3 网店商品退货与否的影响因素

网上购物已经成为大家的一种习惯,不仅物美价廉,还能节省很多时间。然而,网上购物的弊端也很明显。由于不能看到实物,购买到的商品可能会和描述有所偏差;由于订购和配送与客户分离,运输过程中,商品可能会损坏,所以极易发生很多退货问题,包括商品运输不合理引起的退货、订单处理疏忽造成产品错误导致的退货以及客户不满意引起的退货等,这样就会导致退货率逐渐上升。退货服务是电子商务应用的一个特殊环节,也是商家增加客户满意度和进一步建立客户信任的一个重要的服务项目。

由于国内现行的规定、制度无法保证退货的真实性,因此当客户对收到的不满意商品进行退货时,通常需要经过三个环节,如图6-2所示。

图6-2 网店商品退货的三个环节

(1) 客户通过电话或在线工具同卖家联系并申请退货,确定商品是否符合退货要求。客户需要咨询相关的退货政策,并向卖家陈述商品出现的状况及退货理由。

(2) 客户按照卖方的要求将商品连同原包装盒(袋)、说明书等寄回商家指定的地点,等待商家反馈处理结果。

(3) 卖方通知客户商品的处理结果:符合退货规定,卖方按照退货政策收货及退还客户一定比例的货款;不符合退货规定,卖方寄还被退商品。

国内现行的退货服务流程存在几个问题:第一,整个退货处理的周期较长;第二,在处理的过程中,顾客几乎不能及时了解所退商品在退货处理过程中所处的状态,如在途、检验中或者已退还;第三,商品退货过程中需要耗费时间和费用。

网店商品退货与否的影响因素一般包括如下四个方面:

1) 商品本身对商品退货与否的影响

商品本身的特性是影响退货决策的一个重要因素。商品存在质量问题、商品与描述不符、商品颜色尺寸与描述不一致等都会导致客户的退货。商品质量对客户的购买行为有很大的影响。如果商品质量差或存在明显的质量问题,客户就不会愿意进行再次购买或使用。此外,商品的尺寸颜色等与描述不符也会导致客户的退货,因为这会严重影响商品的使用效果和外观。对于生活用品、食品等商品,商品本身的保质期、口感等也是影响客户退货的因素。

与传统商务模式相比,网上购物的顾客往往看不到直观的商品,只能通过网上图片来分析辨认所购买的商品。由于图片和真实商品存在着一定的差异性,导致一些顾客认为其购买的商品与图片不符。据一项关于客户网上购物不愉快经历的调查结果,有近80%的客户对当前的网上购物满意,而剩余20%不满意的客户当中,有近7%的客户因购买商品与网上图片不符而不满。很多购买到不满意商品的客户就会提出相应的退货要求。商家要注重商品的描述和规格介绍,尤其是对于尺寸、颜色等规格的描述和介绍,要准确、明确。此外,商家要保证产品质量,以提升客户的消费体验和满意度。

2) 客户偏好对商品退货与否的影响

客户偏好也是影响退货行为的因素之一。与性格、购买习惯、经济状况等个人因素有关的退货率较高。例如,个性鲜明的人,常常会因为商品与自己的风格不符而退货;有一定经济压力的人,可能会因为商品价格过高而放弃购买或退货。同时,购物习惯也影响退货率。偏爱在淘宝、京东等网购平台上购物的人,习惯于寻找更可靠的产品和更佳购物体验,对商品的要求更高,更容易退货。

随着网上交易竞争的日趋激烈,为了在市场竞争中占有一席之地,商家逐渐开始推行更有利于客户的退货政策。客户在市场中的地位不断提升,一些客户开始有了新的退货习惯,即不管所购货物是否有质量问题,都可能要求退货。这也导致网购退货率的大幅度攀升。商家要了解和掌握客户的个人因素,并根据个人喜好为客户提供个性化的购物体验。同时,合理定价,给予客户合理的购物选择。

3) 供货服务对商品退货与否的影响

供货服务是影响退货率的另一个因素。与供货服务相关的问题,如商品损坏、物流延误以及物流信息不准确等,都会导致客户的疑虑和不满。特别是在网络购物时,客户无法亲自查看商家的顾客服务质量,更容易受到配送服务问题的影响,改变退货决策。

由于信息不对称或操作失误导致的供应链或配送延迟,影响到了商品的最终交货期,客户就会因为商家推迟交货而要求退货。另外,商品在配送过程中由于包装或运输的原因被损坏、同一订单错误地重复送货等,都会造成退货。商家要优化自身的供应链和配送服务,及时更新物流信息,同时加强对物品操作、保护、运输等各个环节的控制和管理,大大减少商品配送损失和物流延误问题。

4) 品牌信誉对商品退货与否的影响

品牌信誉是客户的关注重点之一。对于对网上购物陌生的客户来说,品牌信誉非常重要。品牌的声誉和口碑,可以提高客户对商品的信任和满意度,从而减少客户退货的决心。对于一些大型零售商,由于其拥有良好的口碑和声誉,其商品的退货率相对较低。

建立良好的品牌信誉,加强与客户之间的沟通和交流,可以有效地降低商品退货率,并提升客户在网上购物中的满意度和安全感。商家要注重品牌的塑造和维护,打造一个良好的品牌形象和品牌口碑,让客户在消费过程中更加关注品牌本身的信誉度和口碑,从而增强客户对该品牌商品的信任度和购买意愿。

6.4 网店商品退货管理的决策分析

网店商品的退货管理决策比较复杂,一般需要考虑很多相关因素。这一节重点从网店、客户、社会等不同层面讨论退货管理决策需要考虑的相关因素。

6.4.1 网店层面的分析

退货管理决策在网店层面的分析包括:成本因素与商品因素。

1) 成本因素

成本因素主要包括退货物流成本、退货管理成本、客服成本、信息管理成本这几方面。

(1) 退货物流成本:对于网络购物来说,退货物流成本主要指的是网店在退货流程中所进行的物流活动所消耗的物化劳动和活劳动的货币体现,具体表现为退货物流环节中所支出的人力、物力、财力的总和。当然,网店选择的逆向物流模式不同,其所消耗的退货物流成本也不尽相同。例如,对于自营物流的网店而言,其退货物流成本主要指其维持整个退货物流体系所需要的成本;而对于采取第三方物流的网店而言,其退货物流成本则指的是聘请第三方物流所需的费用。另外,两种模式的退货物流成本计算,则更加复杂和不好衡量。

网店退货整个流程实现的最关键的环节之一就是物流环节。当一件商品被确认要被退回或更换时,网店的物流服务满足客户需求的速度和服务质量决定着客户的满意度。理想状态下,每一个网店都希望能够提供最完美、最快捷的物流配送服务。但是,高质量的配送服务会带来相应更高的物流成本,而且退货本身并不能获得很显性的利益和收入,并且会影响到企业的整体利润水平。很多网店限于自身的实力和运作,必须把物流成本控制在能够接受的范围之内。所以,一个网店所能够提供的退货服务,将受到综合因素的影响。

(2) 退货管理成本:为完成退货流程,网店需要投入大量专门的人力、物力、财力。比如,由于商品的价格、销售量、退货量会不断地变化,所以退货政策需要不断修正与改进;对退货商品要进行科学的分类管理;对退货流程的每个环节,要根据公司退货的绩效水平进行严格的控制等。

(3) 客服成本:在退货量不断增加的情况下,网店必须具备相应的客服来对客户提出的退货需求提供咨询帮助。一般客服主要包括电话客服和网络客服,电话客服的成本显然远远高于网络客服。当然,如果网络客服能给客户提供很好的帮助的话,电话客服成本则可以相应地降低。比如国外运营比较成熟的亚马逊平台,就能提供比较全面和人性化的网络客服,从而为其节约了大量的电话客服成本。

(4) 信息管理成本:网店退货的实现还受信息化成本的影响。网店必须加强网络建设,使用先进的管理软件,以减少退货过程中各个业务流程部门的协调、监督和控制成本,从而从整体上减少退货成本。无论是网店、商品供应商,还是配送中心,都面临着地理位置选择的问题。地理信息系统(GIS)是企业自身、供应商、配送中心、维修中心的地理分布的信息数据库,在退货管理中可以发挥网络分析、长途通信、制造公司(以及配送中心、维修中心)的选址、运输路线选择等作用。同时,企业还可以利用管理决策支持系统(DSS)优化退货物流网络的结构。

如果将DSS应用于网店的管理决策,可以发挥其物流网络设计、存货配置及管理、销售与营销区域划分、物流配送管理、车辆计划、生产地点选址、设施布置、提前期报单、生产计划和人力资源计划等功能。如果没有先进的管理软件的支持,要协调好供应商、配送中心、顾客、银行、维修中心的关系,进行大量信息沟通,随时做出优化决策,显然是不可能的。网店的成本与服务质量是和管理软件的质量密切相关的。网店的退货管理水平在很大程度上体现在管理软件的水平上。

2) 商品因素

由于网店经营的产品种类趋于全面,不同类别产品之间的特征、价格以及所产生的利润有着非常大的差别。

(1) 商品特征因素:商品特征因素主要指的是商品之间区别于彼此的一些特点,在这里,主要是指商品的质量和形状。商品质量是任何市场销售形式的基础,强调网上商品质量的重要性,是由于网络的虚拟性和超时空性使客户完全无法重复在传统销售方式中已经习惯的购买过程,无法产生直接接触商品所得到的感受。而如果商品一旦存在质量问题,即便商品可退换也可维修,但对客户而言,需要支付的总成本就会增加,同时也难免出现其他一些连带麻烦。所以,商品的质量,将决定着网店对于产品退货条件的制定。商品的形状则会一定程度上决定着商品退货过程中所采用的运输、包装、仓储的方式。例如,家具形状不规则而且体积巨大,运输非常困难,这时网店就要综合考虑退货成本和商品利润并采取不同的退货策略。

(2) 商品价格:商品价格主要是指网店对于商品的定价,商品价格=商品成本+其他成本+收益。所以,商品价格将直接决定着企业的收益大小。通常,对于网店和商品供应商而言,商品价格是批发价格;对于网店和客户而言,商品价格则是零售价格。但是,由于网店运营是以互联网作为平台开展商务活动的,所以商品的价格对于客户而言,几近透明化。网店定价在考虑收益的同时,也要更多地注意市场竞争因素和客户偏好因素。

(3) 商品的耐用性:根据是否耐用,商品可分为耐用品、非耐用品。耐用品是指在正常情况下能多次使用的有形物品。非耐用品是指在正常情况下使用一次或几次就被消费掉的有形物品。通常来说,耐用品在退货时,其所剩余的商品残值要远高于非耐用品。所以,商品的耐用性对于网店制定退货策略有着非常大的影响。

6.4.2 客户层面的分析

退货管理决策在客户层面的分析包括:退款因素、退货服务质量因素、客户退货成本因素和客户心理因素。

1) 退款因素

退货款和前面提到的商品价格一样,对于客户和企业之间形成的供应链来说,指的是当退货发生时,网店所支付给客户的金额。但在网店和商品供应商之间,则指的是网店退货给供应商时所支付的金额。退款一定是小于或等于商品的价格的。一般情况下,网店允许买家在一定的时间和条件内无条件退货,此时的退款将等于商品的价格;当超出一定的时间和条件发生退货时,退款则会低于商品价格,具体价格则取决于商品的类型以及供应商和网店的政策。退款接近商品价格,显然是客户更愿意看到的,这也对网店提出更高的要求。

2) 退货服务质量因素

退货服务的质量通常一方面体现在处理退货的快捷性上,另一方面则体现在退货的接受时间和接受条件方面。显然,退货服务的质量越高,就会吸引越多的客户,并会大大提高客户对于网店的忠诚度。对于客户而言,换货的期限越长,则客户的综合效用越大。

3) 客户退货成本因素

在网络购物条件下,客户的退货成本:客户退货成本=时间及精力成本+退货实际费用。网店投入更高的退货成本、提供更优质的退货服务,客户则可以节省时间及精力成本。所以说,网店的退货成本一定程度上影响着客户的退货成本。

(1) 时间及精力成本:客户在网上购物时所花费的时间会影响客户的退货成本,包括退货交易时间以及跟踪等待退货的时间。网购商品的退货交易时间由两部分构成,即商流和现金流的完成时间。与在线进行商品购买一样,客户决定退货时,也需要到网店网站首先确定退货的商品及还款的方式。当商品的归属权按照事先确定的方式落入了网店手中之后,客户才能从网店得到商品的退款。当然,如果客户选择商家上门退货的话,则商流和现金流可以同时完成,从而退货交易时间就会大为缩短。而跟踪等待退货的时间,是客户退回商品之后,对商品是否已汇到网店、何时进行退款进行查询所花费的时间。如果物流运输系统的运输能力和效率都比较低,就增加了客户跟踪等待的时间。总体上,客户花费的时间越少,说明网店提供的退货服务成本越高,客户的退货成本就越低,同时客户的收益也就最大。

(2) 退货实际费用:通常包含客户退货中的邮寄费用以及通信咨询费用等。

4) 客户心理因素

客户的心理,如性格、态度、爱好和情绪等精神和意识都直接影响着人们的购物行为。影响价格的消费心理因素,主要表现为价格预期心理、价格求廉心理、价格攀比心理、价格偏好心理、价格价值判断心理等。如在价格预期心理的作用下,涨价预期会使客户抢购和囤积,跌价预期则会使客户观望；在价格求廉心理作用下，客户只要看见商家以较大的折扣或低价出售商品，就会产生强烈的购买欲望；在价格价值判断心理的作用下，由于信息不对称，客户常常以价格的高低来判断商品的内在价值，认为价格高的商品价值就高，便宜则没好货等。对于一些客户而言，他们更加关注退货处理的效率和时间，更在意服务的质量，而另外一些客户则更在意退货的价格，这些都是商店在制定退货策略时应该考虑的。

6.4.3 社会层面的分析

退货管理决策在社会层面的分析包括：市场竞争因素、观念转化因素、供应商因素、网络发展因素和法律因素。

1）市场竞争因素

当今，网络购物已经进入了高速发展的阶段，网店数量飞速地增长，该领域的竞争越来越趋于白热化。由于商品销售的利润潜力以及相对优势的改变，各个企业之间的界限越来越模糊，所以退货方面的竞争就成了网店之间竞争的一个非常重要的、崭新的领域。对于一个网店而言，若想在竞争中取得优势，则必须对竞争者的退货策略进行研究和比较，同时制定出一套适合于自己企业的、能很好地满足客户的退货管理政策。

从客户的角度看，网上购物虽然有许多好处，然而一般客户特别关注的问题之一，是网上购物的退货问题，即退货条例、退货过程、退货渠道等。研究发现，尽管越来越多的网店提供一些退货的选择，但还是传统的零售商让人们感到更可靠些。清晰、优惠的退货条例将会成为最有力的商业竞争武器。退货制度已普遍存在于电子商务中，因此，退货服务质量的优劣已经成为销售竞争的关键。客户通常会选择可以退货的商家进行消费，而退货的容易程度也是客户考虑是否购买该商品的因素之一。

另外，由于网络购物的兴起，网上销售领域竞争者的数量迅速膨胀，市场竞争加剧。这直接影响到客户对商店商品需求量的多少，同时也使客户对网店商品和退货服务提出了更高的要求。优惠的退货条例既可以增加网店的收入，又可能增加经营成本。

2）观念转化因素

人们对待退货的观念在不断地发生着变化。在越来越认同网上购物的同时，客户对退货的态度和认识也发生着很大的变化。客户对于网上购物提出了更多的要求，对在网上购买的商品更加地挑剔，希望厂商能够提供更多的退换货服务。

一项调查结果显示：90%的客户称，网站方便的退货政策和退货程序对于他们做出购买决定起着重要作用；85%的客户认为，如果退货不方便的话，他们可能不会到该店购物；而81%的客户表示，当他们选择购物商店的时候，都会把退货方便与否纳入考虑因素中。

3）供应商因素

因为商品真正来源于供应商，所以商品被更换或退回时将受到供应商的很大影响。供应商的产品退货政策对网店退货策略的制定将有决定性的影响，因此，如果网店能够与供应商建立良好关系、进行良好合作的话，将有利于网店制定更好的退货政策。

从供货商的利益看，退货既有好的一面，也有不利的一面，这就形成一个利益权衡问题。一方面，优惠的退货条例是被证明了的可以增加客户满意度和忠诚度的有力武器，能促使更多的客户来购买其商品，从而增加网络供货商的收入。另一方面，优惠的退货条例必然会增加退货量和经营成本，减少网络供货商的收入。

2006年,美国的斯比格尔集团公司(Spiegel Group)从斯比格尔(Spiegel)当地运回了15亿美元的退货。爱得·保尔(Eddie Bauer)公司网上退货款高达3亿美元。回退商品中断了正常的物流,出现了反向物流,对供应链每个成员来说,都是一个问题。并且处理占总销售量2%～50%的退货,确实是一个令人头疼的商业问题。2009年,仅美国网上退货的价值已超过331亿美元,直接经济损失25亿～82亿美元。

4) 网络发展因素

(1) 积极因素:在2004年的《中国互联网络热点调查报告》中,在被问及未来是否会网络购物时,有过网络购物经历的被访者选择会的比例超过了90%,而没有网络购物经验的网民也有超过60%表示打算尝试,明确表示不会的比例均低于10%。有网络购物经历的网民未来的网络购买意愿要强于无网络购买经历的网民,说明尝试过网上购物的网民对网上购物的优点具有更强的认同感,会更习惯网上购物的消费方式,这往往容易让网民形成网上购物的习惯。因此,如何让客户转化观念并迈出尝试网络购物的第一步很重要。这也正是目前购物网站需要解决的首要问题之一,毕竟没有购物经历的网民占大多数,他们是巨大的市场潜力。

(2) 消极因素:商品交易通过互联网传输信息,使彼此达成对交易条件的共识。这虽然使得交易更方便,但同时面临的风险也更多了。由于退货是游离于正常交易之外的交易,所以其安全问题更加成为客户关注的问题。安全因素包括网站的安全、客户信息的安全以及网上支付的安全三个方面。这些安全问题主要是由于两种原因所导致的:一是计算机病毒,二是网络犯罪。

【知识拓展】

网络环境下的安全问题

(1) 网站安全:网站每天的信息吞吐量都非常大,访问者相当多,这就使网站较容易感染病毒。如果没有良好的防毒系统,网站就会遭到破坏,这将会严重影响网站的正常交易和企业形象。还有一些网络黑客对网站进行攻击,扰乱网站系统,使网站不能正常运转,或者盗窃企业机密,以直接获取非法经济利益,而且金额往往较大。

(2) 客户信息安全:目前,在国内上网购物,客户对在线支付最大的担心是个人信息的安全,如客户姓名、信用卡卡号与密码、个人家庭住址、身份证号码和电话号码等许多私密信息是否会被泄漏。泄漏的途径主要有两条:一方面是网络黑客侵入系统,盗取顾客信息,或者删除客户信息库,对网店造成巨大损失;另一方面就是网店内部管理不善,造成非授权存取,致使客户信息泄露。

(3) 网上支付安全:网上支付方式具备快捷便利、费用低等优势。但目前,许多客户因为担心付款过程中的安全性,也就是支付的款项能否安全到达商家处,而不愿通网上支付货款。这就无形间增加了交易成本。

5) 法律因素

开放性、全球性、低成本、高效率这些特征使电子商务在一定程度上改变了传统的贸易形态,但也产生了一些传统的贸易形态所不可能出现的法律问题。网络购物环境下的退货环节由于涉及的不确定和不规范因素更多,则更需要与之相匹配的电子商务法规。电子商务的交易过程涉及商家、金融、电信、公证和客户等方面,其中任何一个环节出现问题,都可能引发纠纷。为了使电子商务得到法律的规范和保障,必须有新的法律规定与之相适应。

电子商务相关法律的建立,可以有效地减少交易纠纷,建立与增强全社会的信任与信心,使电子商务定价具有安全性、合理性、规范性。狭义的电子商务法律主要用于规范电子商务活动中双方的权利义务、合同以及相关的程序要件,可以包括《电子签名法》《电子合同法》等。广义的电子商务法律范围则要广得多,除电子签名、电子合同外,还包括对电子商务基础环境、安全认证、客户保护、信息发布、市场准入、责任承担等多个环节的规范和调整。

我国电子商务立法所涉及的内容主要有电子商务法的适用范围、电子合同的形式和效力问题、电子支付及金融管理、税收与保险、网络管理与信息安全保护问题、电子证据与电子签名的法律认定、政府的强制性措施及审查机制、市场准入规则、知识产权保护、客户合法权益的保护、司法的国际管辖和国际协助等。电子商务立法是推动电子商务发展的前提和保障。拥有良好的电子商务法律环境,会使得电子商务交易更为安全可靠,增强参与各方的信任感,使网上销售定价机制更为完善。

6.5 网店控制退货率的博弈与策略

6.5.1 网店商品退货决策的博弈模型

网络购物领域的市场竞争异常激烈,商品价格和退货价格趋于透明化和趋同化,可操作的空间相对小一些。同时,从当前实际情况来看,国内网店几乎还没有制定对于退货价格的差异化策略,给普通客户提供的都是全额退货。从现实角度来讲,一个网店退货策略的制定,往往由其退货成本的多少所决定。所以,从退货成本角度出发,能够更好地对网店的退货问题进行分析。接下来,我们要利用价格和退货成本作为变量来建立博弈模型。

1) 需求函数的建立

现在假设以下一个过程,网店每与客户发生一笔交易,商品价格为 p,显然价格 p 与企业的销售量成相反的增长关系。同时,当发生一笔退货交易时,网店所消耗的退货成本为 c。网店投入的退货成本越高,说明网店对于退货服务的投入越高,客户可以获得更多的退货收益,从而刺激客户对网店商品的购买欲望。所以 c 越大,需求也就越大。这里提到的退货成本不包括商品本身的价值。另外要说明的一点是,对于网络、法律、观念等宏观因素,此处将不做考虑。需求函数 D 可以看作 p,c 的函数,可表示为:

$$D = f(p,c) \tag{6-1}$$

$$\frac{\partial D}{\partial p} < 0, \quad \frac{\partial D}{\partial c} > 0 \tag{6-2}$$

$$D = T - \alpha p + \beta c \tag{6-3}$$

$T > 0$:表示基本的需求量,它不受成本的影响。$\alpha > 0$:表示需求 D 对于商品价格 p 的灵敏度系数,随着 p 的升高,D 会以 αp 的量减少。$\beta > 0$:表示需求 D 对于企业退货成本 c 的灵敏度数,与对 p 的影响相反,随着 c 的增大,D 会以 βc 的量增加。

2) 退货函数的建立

在此模型中,同样是在允许顾客退货的条件下,网店需要支付的退货成本为 c。当 c 增大时,会刺激市场的需求量,带动 D 的增长。此时,从客户的角度考虑,当 c 增加时,企业投入退货的成本上升,客户从而得到了更好的退货服务,显然他们会增加更多的退货。当然,与基于利润最大化中的函数一样,市场竞争的因素同样会引起客户购买其他网店的商品从而增加退货,因为这里的竞争因素和第一个模型中竞争因素影响情况一样,这里将不再做重复的分析。因此,客户的退货函数 R 可表示为:

$$R = R(c) \tag{6-4}$$

即 $R = k + \varepsilon c$,同时

$$\frac{\partial R}{\partial c} > 0 \tag{6-5}$$

$k > 0$:表示基本的退货量,它不依赖于 B2C 电子商务企业执行什么样的退货策略,只是受商品本身一些固有因素的影响。$\varepsilon > 0$:表示退货量 R 对于退货成本 c 的敏感系数,即单位退货交易的退货成本为 c 时,市场将增加 εc 的退货。

3)利润函数

这时要建立基于考虑退货成本和价格的利润函数,此时不考虑商品的成本和残值因素。企业利润函数如下:

$$\bar{\omega} = pD(p, c) + cR(c) \tag{6-6}$$

将式(6-1)、式(6-3)、式(6-4)、式(6-5)代入得

$$\bar{\omega} = p(T - \alpha p + \beta c) - c(k + \varepsilon c) \tag{6-7}$$

4)利润函数最优解的求解

用海森矩阵来验证此时利润函数的极值问题,成本函数的海森矩阵 $\begin{pmatrix} -2\alpha & \beta \\ \beta & -2\varepsilon \end{pmatrix}$,它的顺序主子式 $H_1 = -2\alpha, H_2 = 4\alpha\varepsilon - \beta^2$。由海森定理可知:当 $H_1 < 0$ 且 $H_2 > 0$ 时,海森矩阵为正定,成本函数对决策变量 p, c 为凸函数,且有唯一的最大值。因为 $\alpha > 0$,所以 $H_1 < 0$,因此只要 $4\alpha\varepsilon - \beta^2 > 0$ 即可。

让利润函数 $\bar{\omega}$ 分别对 p 和 c 求一阶偏导并让等式为零有:

$$\frac{\partial \bar{\omega}}{\partial p} = T - 2\alpha p + \beta c = 0 \tag{6-8}$$

$$\frac{\partial \bar{\omega}}{\partial c} = -k + \beta p - 2\varepsilon c = 0 \tag{6-9}$$

此时,可以求出在 $4\alpha\varepsilon - \beta^2 > 0$ 的条件下,B2C 电子商务企业实现最优成本时的策略为:

$$p^* = \frac{-k\beta + 2\varepsilon T}{4\varepsilon\alpha - \beta^2} \tag{6-10}$$

$$c^* = \frac{\beta T - 2\alpha k}{4\varepsilon\alpha - \beta^2} \tag{6-11}$$

5)灵敏度分析

在这个部分,我们将会分析灵敏度系数的任何变化对于决策变量的影响,这部分研究的目的就是要产生一个数量的界限用于进行退货策略的参考。因为没有加入其他过多干扰的宏观外生参数,所以我们可以利用图像来分析灵敏度系数的变化。在给定的外生市场参数的基础

上,我们利用 MATLAB 软件进行数学实验来阐述市场参数变化对最优策略的影响和呈现出价格水平和退货成本水平对网店收益的影响。

将利润函数 $\bar{\omega}$,最优退货成本 c^*,商品价格 p^*,需求量 D,退货量 R 分别对参数 α,β,ε 进行求导,求导的符号,如表 6-1 所示。

表 6-1 参数变化表

	α	β_1	ε
利润	−	+	−
市场需求量	−	+	−
退货量	−−	+	−
最优退货成本		+	
最优价格	−	+	−

表中"+"表示变量随参数的增大而增大,"−"表示变量随参数的增大而减小。

(1) α 的变化:从求导的结果可以看出,当灵敏度系数 α 变小时,也就是当客户的价格敏感度变小时,网店需要定更高的价格来获得更高的最优利润。此时,随着价格的增加,投入的退货成本也会提高。反之,当客户对于价格敏感时,网店则需要降低价格,收缩投入的退货成本来获得最优的利润。

(2) β 的变化:接下来研究当反映客户需求对退款的灵敏度系数 β 变化时对价格以及退货成本的影响。求导结果反映出,当 β 不断变大时,即客户对网店退货成本越来越敏感时,网店需要提高退货成本并定更高的价格以得到更多利润。反之,当 β 变小时,即客户对退货成本趋于不敏感时,网店应该减少退货成本并降低价格来获得最优成本。

(3) ε 的变化:从求导的结果看出,当客户退货需求对于网店付出的退货成本的灵敏度系数 ε 不断变化时,网店需要紧缩投入的退货成本,同时降低商品价格才能得到最优利润。反之,当 ε 变小时,网店可以提高商品价格并投入更多的退货成本获得更高的利润。

6.5.2 网店商品退货服务的博弈分析

在客户不易接触到商品实物的交易活动中,为了避免风险,退货服务逐渐成为影响客户购买的重要因素。本节将在此基础上,运用非合作博弈的分析方法,从一个新的角度分析退货服务中退货政策、退货成本及商家对未来收益的预期等因素对客户购买决策的影响。

1) 博弈分析相关假设

(1) 买卖双方博弈假设

① 买卖双方是理性参与者:参与博弈的主体是网络交易中的卖方和买方。为了更全面地结合网络环境下购物决策的实际情况,买方是指分散在各地的普通客户,卖方是指对客户进行直接销售的企业和个人商家。同时,买卖双方交易的商品特指终端消费品,不需要进行再加工。买卖双方都为理性参与者,即他们以追求最大收益为目的进行决策,选择自己的行动。

② 买卖双方具有共同知识:买卖双方都只有两种行动可选择,卖方的行动为:接受退货,不接受退货;客户的行动为:购买商品,不购买商品。

③ 买卖双方博弈时点：卖方选择提供退货服务时，不知道买方是否已购买其产品。卖方售出商品后，不知道买方是否需要退货。但是买方在购买时会考虑，如果对商品不满意，卖方是否会提供退货政策弥补自己的损失。买方可以根据卖家的综合评价对退货收益进行预期，根据预期决定自己的决策。需要强调的是，客户的确是在因为各种原因造成商品无法满足客户购买的预期时要求退货，并非无理由要求退货。

(2) 博弈分析基本参数

① 商品价格(P)：根据需求定律，商品的价格越高，顾客对商品的需求就会越小。同时，因为商品的价格不同，卖家也会给予不同的退货政策。博弈中，客户需要根据退货收益即退货服务中的收益来决定自己的决策。客户是假设自己购买到了不满意的商品，因此，商品的价格在博弈分析中将考虑为沉淀成本。

② 退货价格折扣比例(a)：电子商务的卖方为了消除客户购物的心理顾虑，用退货政策来降低顾客的购物风险，吸引更多的客户。本文卖方所提供的退货政策的优惠程度，是指买方退货时，卖方付给买方的资金补偿与商品售价的比例。因此，客户退货后得到的补偿为aP。显然，$0 \leqslant a \leqslant 1$，$a=0$ 表示卖方不提供退货服务，$a=1$ 表示卖方提供全额退款的退货服务；a 越大表示卖方提供的退货政策越优惠，对客户的补偿比例越高。

③ 退货费用(C)：虽然国家对退货有专门的原则性规定，但各卖家经营产品不同、配送物流模式不同，导致退货费用在卖家和客户之间的分担策略就各不相同。因此，退货费用也成为网上购物者关注的焦点之一，也是卖家进行退货管理的要素之一。大多数客户因为不愿支付退货所需的费用而选择留下自己不满意的商品；而大多数的卖家虽然接受退货，但都希望客户能支付退货费用，因此造成客户对卖家的评价下降。在线卖家不论是公司、企业还是个人，都不能不考虑退货费用对客户购买决策造成的影响。所以，我们将退货费用作为博弈中影响客户决策和退货决策的因素。

④ 卖方因为提供良好的退货服务而得到的潜在收益预期(R)：客户在购买商品的时候，对同质、同价格的商品，会选择在综合信誉评价更好的商家购买。而且在电子商务环境下，客户购后行为的影响半径越来越大。服务好的商家能得到客户的充分肯定，这会对其他客户的购买决策产生影响，进而影响商家未来的潜在收益。因此，在博弈中，若卖方提供退货服务就可得到未来收益，若不提供退货服务其未来收益为0。

⑤ 买方因购买商品获得效用而得到的收益(W)(下文中简称客户购买商品的收益)：这是指客户购买并使用商品所得到的收益，来自客户对商品的主观评价。因此，不同客户对购买同一个商品的收益可能不同。而且商品的收益可能大于、小于或者等于购买商品的成本，即商品价格。进一步假设，如果买方对购买的商品要求退货，说明买方认为该商品已经不具有使用价值，此时如果卖方接受退货，买方购买商品的收益为0；如果卖方不接受退货，那么买方购买商品的收益为$-W$。

2) 博弈模型建立与分析

在网络交易中，当顾客对所购商品不满意时，可以要求退货。现在，不同的网站针对不同的退货原因，对客户退货费用的分担规定是不同的。本文将分别对客户承担退货费用和卖方承担退货费用的情况进行博弈分析。

(1) 客户承担退货费用的博弈分析：在客户承担退货成本的条件下，卖方若提供退货服务，即会支付给客户一定的补偿aP，同时卖方因为提供退货服务赢得未来的潜在收益。客户退货后会得到退货收益，付出退货成本。支付矩阵如表6-2所示：

表 6-2 客户承担退货费用情况下博弈支付矩阵

		客户	
		购买	不购买
卖方	提供	$-aP+R, aP-C$	$R, 0$
	不提供	$0, -W$	$0, 0$

若 $aP-C<0$,卖方提供的退货政策不够优惠,不足以弥补买方因为退货而付出的费用,则买方的最优行动为不购买。卖方知道买方是理性的,那么卖方可以正确地预测到买方会选择"不买",给定这个预测,那么卖方的最优选择是"提供"。

若 $aP-C>0$,当卖方选择接受退货时,买方选择买;当卖方选择不接受退货时,买方选择不买。因此,此时博弈均衡为混合战略均衡。

需要进一步假设,卖方提供退货服务的概率为 Y,则不提供退货服务的概率为 $(1-Y)$;买方购买商品的概率为 X,则不购买的概率为 $(1-X)$。给定卖方提供退货服务的概率,计算买方购买和不购买商品的预期收益分别为:

$$U_{C1}=Y(aP-C)+(1-Y)(-W) \tag{6-12}$$

$$U_{C2}=0 \tag{6-13}$$

解 $U_{C1}=U_{C2}$,可以得到 $Y^*=\dfrac{W}{W+aP-C}$。即:当卖方提供的概率 $Y>Y^*$ 时,买方会选择购买商品;当 $Y<Y^*$ 时,买方选择不购买;当 $Y=Y^*$,买方随机选择买或不买。

给定买方购买的概率,计算卖方提供和不提供退货服务的预期收益分别为:

$$U_{S1}=X(-aP+R)+(1-X)R \tag{6-14}$$

$$U_{S2}=0 \tag{6-15}$$

解 $U_{S1}=U_{S2}$,可以得到 $X^*=\dfrac{R}{aP}$。即:当买方购买的概率 $X>X^*$ 时,卖方会提供退货服务;当 $X<X^*$ 时,卖方不会提供;当 $X=X^*$,卖方随机选择是否提供。

此时博弈的混合战略均衡为:$Y^*=\dfrac{W}{W+aP-C}, X^*=\dfrac{R}{aP}$,卖方以 Y^* 概率提供退货服务,买方以 X^* 概率选择购买。

(2) 卖方承担退货费用的博弈分析:在卖方承担退货费用的条件下,当客户提出退货要求时,卖家不但要支付客户的退货补偿 aP,同时还要承担退货的成本 C。支付矩阵如表 6-3 所示:

表 6-3 卖方承担退货费用情况下博弈支付矩阵

		客户	
		购买	不购买
卖方	提供	$-aP-C+R, aP$	$R, 0$
	不提供	$0, -W$	$0, 0$

若 $-aP-C+R>0$，卖方对提供退货服务带来的未来收益非常重视，"提供退货服务"是卖方的占优战略。同时，客户会愿意去买此前看中的商品。这种情况在实际生活中也经常发生。

若 $-aP-C+R<0$，卖方因退货服务所预期的未来收益不足以弥补本次退货的损失，此时卖方在客户选择购买时不提供退货，在客户选择不购买时提供退货。客户会在卖方提供退货时选择买，不提供时选择不买。因此，此时博弈均衡为混合战略均衡。

因此，需要进一步假设，卖方提供退货服务的概率为 Y，则不提供的概率为 $(1-Y)$；买方购买商品的概率为 X，则不购买的概率为 $(1-X)$。给定卖方提供退货服务的概率，计算买方购买和不购买商品的预期收益分别为：

$$U_{C3}=Y(aP)+(1-Y)(-R) \tag{6-16}$$

$$U_{C4}=0 \tag{6-17}$$

解 $U_{C3}=U_{C4}$，可以得到 $Y^{**}=\dfrac{W}{W+aP}$。即：当卖方提供退货服务的概率 $Y>Y^{**}$ 时，买方会选择购买商品；当 $Y<Y^{**}$ 时，买方选择不购买；当 $Y=Y^{**}$，买方随机选择买或不买。

给定买方购买的概率，计算卖方提供和不提供退货服务的预期收益分别为：

$$U_{S3}=X(-aP-C+R)+(1-X)R \tag{6-18}$$

$$U_{S4}=0 \tag{6-19}$$

解 $U_{S3}=U_{S4}$，可以得到 $X^{**}=\dfrac{R}{aP+C}$。即：当买方购买的概率 $X>X^{**}$ 时，卖方会提供退货服务；当 $X<X^{**}$ 时，卖方不会提供；当 $X=X^{**}$ 时，卖方随机选择是否提供。

此时博弈的混合战略均衡为：$Y^{**}=\dfrac{W}{W+aP}$，$X^{**}=\dfrac{R}{aP+C}$，卖方以 Y^{**} 概率提供退货服务，买方以 X^{**} 概率选择购买。

3）博弈影响因素的分析与启示

（1）对退货价格折扣比例的分析

① 买方承担退货费用

若 $C<aP<R$，则 $X^*>1$，无法取得合理的 X^*。若 $aP\geqslant R$，则 $a\geqslant\dfrac{R}{P}$，且保证 $a>\dfrac{C}{P}$ 时，$0<X^*<1$。如果卖方对潜在收益足够重视，但买方购买的概率足够小，此时 $U_{S3}>U_{S4}$，卖方会提供较高的退货价格比例吸引客户。在实际的网络交易中，这种现象常发生在新进入网络交易的商家身上：新卖家要赢得顾客，通常会提供良好的服务承诺来吸引客户。若客户购买概率并不是足够小，即卖家会有部分常有客户，此时，卖方是否提供退货服务取决于卖方对提供退货服务得到的未来收益的预期。若预期大，如卖方的目标为百年老店，卖方会提供退货服务；若卖方有信心通过其他方式吸引顾客，则不必提供退货服务。

② 卖方承担退货费用

若 $aP+C<R$，此时 $U_{S3}>U_{S4}$，商家会提供退货服务。但 $X^{**}>1$，无法取得合理的 X^{**}。若 $aP+C\geqslant R$，即 $a\geqslant\dfrac{R-C}{P}$ 且 $R-C>0$，$0<X^*\leqslant 1$。此时，卖方对潜在收益的预

期以及客户购买概率足够大,即 $U_{S3}>U_{S4}$,卖方提供退货服务。此时,卖方对未来收益非常重视,且通过提供非常高的退货价格折扣比例可以赢得更多的未来收益。这种商家通常会提供高质量的商品以降低客户退货需求,同时赢得的未来收益足以弥补个别客户的退货要求。

从上面的分析中我们可以看出,退货价格折扣比例既要满足客户的要求,同时也要满足卖方的利润要求。对于不同类别的产品,可以制定不同的退货政策。如果规定卖方承担退货费用,为了降低退货需求,卖方会提高商品质量。同时,对于品质好的商品,卖方可以提供优厚的退货价格折扣比例,并大力宣传退货政策对顾客权益的保障,一方面可以吸引更多的客户,另一方面也可以赢得潜在客户的良好印象。

(2) 对退货费用的分析

① 由求解的 X^*,X^{**},Y^*,Y^{**} 我们可以看出,退货费用分担政策的不同的确影响买方和卖方的购买决策和提供退货服务的决策。

② 当买方承担退货费用时,由 Y^* 可知,随着退货费用增加,卖方更愿意提供退货服务。此时退货费用的上升,会降低买方的退货需求,特别是对于低价商品,买方往往放弃退货。同时,卖方因为提供退货服务赢得好声誉和未来收益。但如果卖方提供的退货补偿不够弥补买方退货的费用,此时买方会因为有退货风险直接选择不购买商品。

③ 当卖方承担退货费用时,由 X^{**} 可知,退货费用上升并不能增大客户购买的概率。此时,客户会因为过高的退货费用对退货承诺产生怀疑。若不能退货,买方收益将为"$-W$"。特别是对价格相对偏高的商品,若退货费用过高,客户通常会因为退货风险选择放弃购买。

在网络交易中,退货费用高是因为退货源头分散,无法形成相应的规模效应。因此,要降低退货费用,可以寻求第三方物流帮助完成或者多家合作形成退货联盟,建立集中的退货渠道和退货服务点,同时尽量使退货流程标准化,提高处理效率,达到降低退货费用的目的。

(3) 对卖方因提供退货服务的潜在收益预期的分析

当 $R>aP$ 时,若买方承担退货费用,卖方会选择提供退货服务。此时,买方会根据卖方的退货价格折扣比例选择是否购买。若退货收益小于退货费用,客户选择放弃购买。当 $aP<R<aP+C$ 时,若买方承担退货费用,即 $U_{S3}>U_{S4}$,卖方会提供退货服务。若卖方承担退货费用,卖将根据客户的购买情况 X^{**} 选择是否提供退货服务。当 $R>aP+C$ 时,不论是否承担退货费用,卖方都会提供退货服务,买方在卖方承担退货费用时会选择购买商品。

在现实的网络交易中,客户都会趋向于在综合评价较好的商家购买商品。商家因为提供高质量的产品或者良好的服务等,获得了潜在的客户,并因此获取更多的利润。在上面的分析中,我们也可以看出,不论是客户还是卖方,都会因为对未来收益的预期的变化而改变自己的决策。同时,网店可考虑将退货服务列入综合评价范围,以增加客户购买的信心。

(4) 对客户购买商品的收益的分析

由 Y^*,Y^{**} 分别对 W 求导,

$$Y^*=\frac{W}{W+aP-C}, \quad Y^{**}=\frac{W}{W+aP} \tag{6-20}$$

$$\frac{\mathrm{d}Y^*}{\mathrm{d}W}=\frac{aP-C}{(W+aP-C)^2}>0, \quad \frac{\mathrm{d}Y^{**}}{\mathrm{d}W}=\frac{aP}{(W+aP)^2}>0 \tag{6-21}$$

从以上导数可知：Y 随着 W 增大而增大。这进一步说明，对于客户购买的收益越大的商品，卖方提供退货的概率越大。在实际的交易中，热销的高质量商品往往拥有良好的退货服务，可建立良好的口碑和客户忠诚，赢得未来收益。同时，由 U_{c1} 和 U_{c2} 可以看出，对于购买收益越小的商品，客户的购买决策受退货价格折扣比例和退货费用的影响越大。

对于网络交易中退货服务对客户购买决策影响的研究不是很多，但这种影响是的确存在的，并且随着网络交易的发展，这种影响将会越来越明显。

从博弈论的角度对这一问题进行初步研究，从中可以看出退货价格折扣比例、退货费用的承担、商家潜在的收益预期等因素与客户购买决策之间的相互影响。退货成本单个因素的增大，对卖方和买方都有很大的不利影响。同时，退货价格折扣比例并不是设置得越高越好，需要针对不同类别的商品设置。因此，要达到卖方提供退货、买方购买商品的最佳战略组合，可以降低退货成本，强化商家对未来收益的预期，设置合理的退货价格折扣比例，从根本上提高产品质量并增加客户满意程度。只有这样，才能真正意义上提高卖方的竞争力，增加买方的购买热情。

6.5.3 网店对商品退货率的控制策略

从上面对商品退货原因和退货博弈的分析，我们可以知道，网店商品的退货管理决策比较复杂，一般需要考虑很多相关因素。由于网络交易的特殊性，随着网购的普及，网购退货率也逐渐升高，这是网店运营必须面对的问题。一方面，商品退货增加会给网店带来比较高的退货物流成本，因此要尽可能降低商品退货率；另一方面，网店应调整和改进商品退货的政策和服务，这有利于提升网店商品销售运营的收益。

网店运营，应从以下六个方面努力控制商品的退货率、提升客户网购的满意度：

1）加强选品的质量管控

（1）采购环节：确保从可靠的供应商采购高质量的商品。在采购过程中，要明确质量标准和预期，并在合同中规定质量责任。

（2）验收入库：对所有入库商品进行严格的质量检查，包括外观、功能、安全性等方面。对于不合格的商品，及时与供应商协商退换货。

（3）库存管理：保持库存商品的适当存储条件，避免因环境因素导致商品质量下降。定期对库存商品进行质量检查，确保无过期或损坏的商品。

2）优化退货政策和流程

（1）明确退货条件：在退货政策中明确规定退货的条件，如商品必须保持原状、不能有损坏、配件齐全等。同时，要设定一个合理的退货期限。

（2）优化退款政策：根据网店的实际情况，可选择全额退款、部分退款等退款政策。要确保政策公平合理，以保护消费者权益。

（3）优化退货流程：制定清晰的退货流程，包括如何申请退货、退回商品物流信息的查询、退款的时间等，并确保客户在退货过程中得到及时准确的指导。

3）提升客户退货的体验

（1）简化退货流程：提升体验的核心，是让客户能够轻松提交退货请求，跟踪退货进度，并向商家进行问询和反馈。

（2）响应退货请求：及时响应退货请求，积极倾听客户退货的理由和要求，则客户在此过程中会感受到便利和关怀,将更有机会成为忠实的客户。

4) 建立沟通与反馈渠道

(1) 沟通渠道:建立有效的在线沟通渠道,及时回复咨询和投诉。对于客户的疑问和不满,要积极解决并给予满意的答复。

(2) 反馈收集:通过调查问卷、在线评价等方式收集客户的反馈意见。分析客户对商品的满意度以及退货的原因,以便改进商品和服务。

5) 强化员工培训与责任

(1) 员工培训:对员工进行定期的培训,提高员工的服务意识和技能水平。培训内容包括客户服务技巧、产品知识、退货处理流程等。

(2) 明确责任:明确员工在退货处理中的职责和责任。建立有效的考核机制和奖惩制度,激励员工积极参与退货处理工作,提高工作效率和质量。

(3) 客户导向:强化员工以客户为中心的服务理念。在处理退货过程中,要充分考虑客户的需求和感受,提供优质的服务和解决方案。

6) 重视数据分析与改进

(1) 数据收集:收集并整理网店商品的退货数据,包括退货率、退货原因、退货时间等信息。

(2) 数据分析:运用数据分析工具,对收集到的数据进行深入分析。找出退货的主要原因,如产品质量问题、物流问题、消费者误解等。

(3) 改进措施:根据数据分析结果,制定相应的改进措施。例如,针对商品质量问题,可以加强采购质量控制;针对物流问题,可以优化物流渠道或选择更可靠的物流公司;针对消费者误解,可以加强商品宣传和客户沟通,提高消费者对商品的认知和理解。

上述六个方面的控制策略,可以有效降低网店商品的退货率。同时,网店需要不断关注市场动态和消费者需求的变化,灵活调整策略,以保持竞争优势并满足消费者的期望。

思考与练习

1. 如何理解网店选品?网店与门店在选品上有何不同?
2. 网店选品考虑哪几大核心要素?创业网店如何选品?
3. 网店在做选品决策时,一般需要从哪几个方面考虑?
4. 如何理解退货?常见的退货主要有哪几方面的原因?
5. 网店商品退货的具体原因一般可能包括哪几种情况?
6. 如何理解退货率?为什么要分析网店的商品退货率?
7. 网店商品退货与否的主要影响因素包括哪几个方面?
8. 一般是从哪几个层面讨论退货管理决策的相关因素?
9. 根据网店与客户间的退货博弈分析,可有哪些结论?
10. 网店运营,一般可从哪几个方面控制商品的退货率?

7 网店经营与商品营利性分析

【内容概要】
本章首先介绍网店经营和商品营利性的相关概念,讨论网店经营和商品营利性分析的必要性以及分析网店商品盈利与否的主要影响因素,其次讨论网店的经营与商品营利性评估问题,最后介绍网店的经营策略以及商品营利性的改善措施。

【学习目标】
(1) 掌握网店经营和商品营利性的概念。
(2) 掌握网店商品营利性分析的必要性。
(3) 了解网店商品盈利的主要影响因素。
(4) 了解网店经营与商品营利性的评估。
(5) 了解网店的经营策略与营利性改善。

【基本概念】
网店经营,经营决策,商品营利性。

7.1 网店经营与商品营利性的概念

网店是电子商务的一种重要应用,人们通过网店可以在线销售商品或提供服务并获得收益。网店经营好坏,直接影响网店商品销售的盈利能力。这一章重点讨论网店经营与商品营利性的相关概念,后面再讨论商品营利性的相关问题。

7.1.1 网店经营与运营管理

1) 对网店经营的理解

开网店比较容易,与开门店的逻辑也比较类似。相对于开门店而言,开网店的成本比较低一些。但是,相对于门店经营,网店经营似乎要复杂一些。一家网店,如果没有好的经营思路和运营管理,不见得会有好的盈利。

从概念上说,网店经营就是在网店开展相关业务的经营活动。相关业务可以是商品或服务的销售,包括提供在线服务。网店经营的商品或服务,可以是自己的,如一些制造商开网店销售自己的商品;也可以不是自己的,如一些零售商开网店销售其他制造商或分销商提供的商品。经营含有筹划、谋划、计划、规划、组织、治理、管理等含义。网店经营就是对如何用网店开展相关业务进行谋划和运作。无论是大的网络销售平台,还是小的个体网络销售店铺,都要考虑网店经营层面的决策和管理,尤其是网店经营的业务方向、目标定位和竞争战略等,这对网店经营活动非常重要。

另外，网店经营的内容和活动，必须符合《中华人民共和国电子商务法》和国家市场监督管理总局发布的《网络交易监督管理办法》以及其他法律法规的有关规定。也就是说，网店经营必须是合法合规的。与传统的经营业务一样，合法合规是第一位的。网店经营如果做不到合法合规，不仅会影响网络交易市场的健康发展，网店也会受到各级监管部门的处罚。显然，违法经营不应该是网店的选择。

2）网店的运营和管理

通常，网店经营的内容更加宏观，更多关注总体性业务方向和发展计划。运营就是执行经营计划的过程，会对执行过程进行深入分析，以保证活动的有效性，完成整体目标。网店的运营与管理，就是网店为实现网店经营目标所开展的具体运营与管理活动。

网店运营，不管在什么网络平台，是在拼多多还是淘宝和京东，甚至是抖音和小红书，其逻辑都大同小异，一般都包括如下几个方面：

（1）基础操作：注册店铺、后台入口相关操作等。
（2）日常运营：选品、测款、内功优化、数据统计、客户服务等。
（3）引流推广：平台网站、广告推广、自媒体、搜索引擎、营销活动等。
（4）数据分析：行业动向、平台趋势、淡旺季节点、市场调研、竞品分析、活动分析、客户行为等。
（5）运营管理：年度规划、季度计划、月度执行、团队架构及培训、KPI绩效设计、投入回报评估、利润核算等。

7.1.2 商品的销售与营利性

1）网店商品与销售

大部分网店是在线销售商品。网店为商品的推广和销售提供了更为便捷、高效的渠道。在网络平台上，商品竞争越来越激烈，商品推广和销售是网店运营中最为重视的问题。网店的商品推广和销售，需要制定有效的商品运营策略，不断优化用户体验，进行数据分析和采用多种营销推广手段。网店重视这些方面，才能获得比较好的销售成绩。

2）商品决策与营利性

对网店来说，经营活动追求的一般都是使销售的商品获得最大的利润，也就是商品要具有一定的盈利水平。网店商品的盈利水平是衡量商品经营业绩的重要指标，而追求利润最大化则是商品经营的基本目标。不同商品的销售，给网店带来的盈利有差异，所以网店的选品决策非常重要。

营利性包括盈利水平及盈利的稳定、持久性两方面内容。如何让网店获得稳定、持久的高利润，是网店的商家一直要思考的。商品的营利性是指商品获得利润的能力。商品的营利性与商品的流动性、风险性是并存的，它们之间有着协调、统一、矛盾的关系。任何商品都不是孤立存在的，都是建立在网站平台的基础之上的。

网店商品的营利性与网站之间有着相关性。一个好的平台网站往往会从下游注册用户获得盈利，主要来自网店商品的销售。通过网络交易平台，商品或服务由商家（企业、组织或个人）传达给特定的客户。客户如果想在这个商家处买到需要的商品，首先需要在网站注册账号，通过这个账号下单购买，选择一定的付款和送货方式，最终完成交易。商家销售商品的主要收入就是来自于此。网店商品的前期投资相对于实体店商品比较少，而且受时间、场地等影响较小。

好的网店商品销售方式一般都非常简单,能让客户一眼看清。多样化的网店商品销售方式无疑有巨大的优势,但往往也意味着不够清晰。和商品的核心价值一样,如何把商品销售最关键的环节做好,才是网店盈利成功的关键。

网店销售的商品,不同于实体店商品。在商品的营利性上,它们有着不同的特征。

(1) 网店销售商品是通过网站平台进行的,而且这种销售模式不受时间、空间和地域的制约,只要可以上网,就可以浏览网店的商品。同时,商品需求也是一种普遍性的需求。因此,网店销售的商品具有一定的广泛性特点。

(2) 网店提供的商品或服务具有时效性强、边际收益递增和网络效应等特征。

(3) 对网店来说,如果商品的信誉度较稳定,那么商品的收入也是相对稳定的。但是网店可以经常对价格进行调整,每隔一段时间的促销活动会使商品的收益有大的变动。在一些时间段(如"双十一"、假期),商品会有较大的销量,这会促进盈利提高。随着时间的变化、商品经营能力的提升,商品的信誉度会增加,所获得的利润也将会有大的提高。

3) 网店的盈利手段

网店经营商品的最终目标是盈利。一般来说,实现盈利的要素主要有成本(费用)、销售额、毛利率。所以,单个网店实现盈利主要有如下手段:

(1) 商品的差异性:网店商品不能一味地模仿超市、大卖场的商品,应该发掘自有品牌。例如,罗森便利每年自开发 1 908 种商品,商品更新率高达 70%。

(2) 有品质的价格:这里强调价格不是指价格战,而是指在保证商品品质的前提下,使价格低于市场上的最好品牌。例如,罗森便利不出售康师傅的妙芙,因为他们有一种自产蛋糕,其味道比妙芙好,而且价格比妙芙低。

(3) 新商品的导入:让客户能享受到更多新商品,从而提高回头率,培育忠诚度。例如,日本罗森便利,他们某家门店是在从事电子专业的商业区,他们就可以在该门店导入很多电子类杂志;同样,在有很多职业女性的区域,门店则可以导入很多生活类杂志。

商品带来经济效益才是最实际的。实体店铺有许多的成功模式可供参考,如何保证盈利也是最受关注的。对于网络交易平台,诚信是最为重要的,其次是商品价格、商品宣传、商品的市场需求量等等。这几个方面是影响销售和盈利的主要因素。

7.2 网店商品营利性分析的必要性

对任何方式的商品销售而言,没有利润就没有润滑剂。同样,一个网店要发展,就必须要有盈利。如果出售的商品不能盈利,或者说其盈利的能力不能不断提升,那么这种商品的市场竞争能力就会十分弱小。为了持续经营,网店必须通过各种方式去获得利润。

不同的网店因为经营的方式不同、决策的方式不同,获得的利润也不同,即盈利水平高低不同。有的网店为了获取高额的利润,就会不择手段,通过欺骗客户来牟取暴利。像这样的黑心网店,市场上有很多。在实际中,商品盈利能力的强弱,不能仅以获取利润总额的高低来衡量。虽然利润总额揭示当前商品的盈利总规模和水平,但是它不能表明这一利润是怎样形成的,也不能反映商品的盈利能力是否能按照现有的水平维持或者按照一定的速度增长下去,无法揭示这一盈利的内在品质。

网店不能够唯利是图,在努力获得利润的基础上,也更应该把握商品盈利的稳定性,因为稳定、持久的盈利对一种商品的发展更为重要。不仅如此，网店要发展，就应该树立自己的品牌效应，既盈利又注重品牌效应，有责任意识，这样才能让一种商品经久不衰地经营下去。而这样的反例则有很多。如某网上化妆品店因为没有合适的海外订货渠道，改销国内普通化妆品，且定价较低。但是一段时间后，客户发现商品有造假的嫌疑，卖家因此逐渐失去客户源，最终造成店铺关门。纵观一些成功网店的发展史，他们都结合自身情况分析盈利特点来为商品制定发展战略。所以，盈利的特点对于一种商品的发展至关重要。

从上面的分析，我们可以发现，网店商品营利性分析一般需要从网络销售面临的挑战、优势与劣势三个方面来入手。正确把握这三个方面对商品能否盈利的影响，具有重要意义。相同的商品，在实体店与网店中，可能存在着不同的销售策略，利润可能也不相同。所以，在网店经营和运营管理中，对商品营利性进行分析是非常有必要的。网店商品营利性分析的必要性一般可体现在如下三个方面。

1）从商品销售面临的挑战看营利性分析的必要性

（1）消费能力及消费习惯差异：中国互联网络信息中心研究报告显示，中国网民结构总体呈现年纪轻、学历高、收入低三大特点。目前，二十五岁以下的网民占据了总网民人数的半壁江山，特别是十八岁至二十四岁的网民占据最大比例。随着年龄段提高，对应的网民数量则呈明显下降趋势。

在中国网民中，大专及以上学历的网民超过四成，这些网民中又有一半是本科及本科以上学历。从历史变化来看，中国网民的学历结构正呈现新变化，即高学历网民比例逐步下降，学历较低网民逐步增多，这意味着互联网在未来将逐渐成为普通民众了解世界的平台。

就收入而言，中国网民总体收入偏低，2020年底月收入超过3 000元的网民占到总网民的48.9％。这主要是学生在网民总数中比重较高的原因。

图7-1显示了2023年上半年中国网民规模与互联网普及率，图7-2显示了2023年上半年中国网民年龄结构。

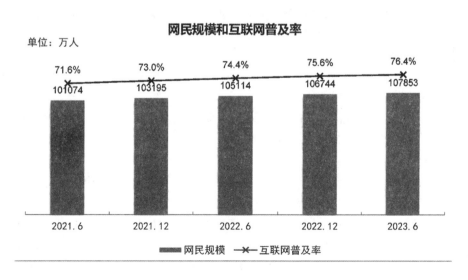

数据来源：CNNIC中国互联网络发展状况统计调查

图7-1　中国网民规模与互联网普及率

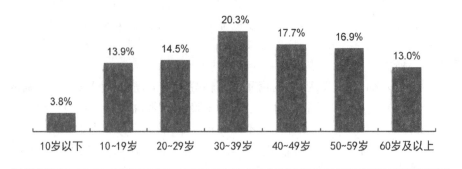

数据来源：CNNIC 中国互联网络发展状况统计调查

图 7-2　中国网民年龄结构

（2）经营者素质的高低差异：不同的经营者，有不同的经营目的和行为，他们对于网上店铺的发展抱有不同的态度。同时，他们学习能力的不同，也决定着网上店铺发展、转型的不同。这些对于网店经营活动来说，可能会产生巨大的影响。

在网上进行商品销售的经营者一般出于盈利和体验两种目的，而选择在商品交易平台上开设店铺主要是为了利用平台的技术、人气和服务。以盈利为目的是这类经营者的店铺发展和转型的前提条件。虽然体验型经营者也有可能经营出不错的店铺，但是没有必然性和可预测性。盈利型经营者又可以按经营品格分为诚信经营型、急功近利型、坑蒙拐骗型。只有诚实经营的店主，其店铺才能长久发展，做大做强。反之，急功近利、不注意售后服务和商品质量的店铺将无法长久发展。而那些以次充好、以诈骗钱财为目的的经营者，将在法律法规日益健全的情况下得到应有的惩罚。

另外，经营者自身的能力也是影响网上店铺是不是能得到良好发展的重要因素。只有具备一定的经营管理能力和销售能力的人，才能将网络店铺经营好。对于店铺发展，经营者的学习能力和创新能力起到了决定性的作用。

可见，只有那些以盈利为目的、诚实守信、具备足够的经营能力和学习能力的经营者，才能让自己的店铺持续健康地发展。

（3）第三方交易平台的制约和技术发展的不确定性：目前，网上店铺所赖以依托的交易平台，大多数由第三方经营，其交易平台的技术水平、服务水平、知名度、管理水平直接影响了网上店铺的经营发展。

在第三方搭建的交易平台上，网上店铺要接受平台提供的统一的店铺形象和功能，同时在商品展示、商品名称等方面受到平台诸多限制，因此要想让自己的店铺与众不同、在客户心中树立独特的品牌就会比较困难。同时，平台为了加强经营者对平台的依赖，越来越倾向于抹杀店铺品牌，那么这就意味着还没有建立品牌的店铺只能纯粹地进行价格竞争，这很不利于店铺发展和自身利益的最大化。随着商品分类越来越细、描述越来越标准化，比价将更为方便，商家的利润空间将不断地缩小。

第三方交易平台，就如同实际环境中的一个大市场经营者。在大市场中，分布着众多的小商铺，如果这个市场的经营环境营造水平欠佳，如没有足够的客户停车位，电梯经常停运，卫生状况糟糕,小偷肆虐,那谁愿意去这样的环境购物呢?平台的网上店铺在"大房子"下以墙为隔,分而经营,在其中经营的小商铺全依赖于这个"大房子"经营者的管理才能生存得健康。这所"大房子"是不是经常更新、推广,是不是有着安全的支付保障是一个不断跟进的过程,对于网上店铺的经营者来说是具有不确定性的。

2) 从网上商品销售优势看营利性分析的必要性

(1) 便利经营与消费

① 送货上门:你可以一边坐在沙发上,一边手点着鼠标购买你想买的商品。买完商品后,你可以随时更改送货时间,指定送货时间。完全按客户的时间灵活确定送货时间,这在时间上的节省是任何传统模式不能替代和模仿的。相比传统企业需要客户上门购买,电子商务企业普遍采取了送货上门的配送模式,使客户能足不出户选购商品、足不出户拿到商品,大大方便了客户。配送和销售相分离减少了网站的工作量,使企业能把工作重点放在服务、商品上。同时,日益改进的配送服务也使货物的安全、准时配送得到保证。可以说,这是商品和物流双方一个共赢的结果。

② 价格便宜:价格始终是电子商务网站最核心的竞争优势,无论何时,这都将成为,也必须成为电子商务网站的撒手锏。价格便宜是电子商务网站自诞生就具有的,因为省去了实体店的各种开销,这些都为网站商品降低价格提供了先天的优势。一家品牌服装店最少需要20万元的店面费用,如不算人员工资,加到一起一年最少也要30万元左右。而这30万元不可能由厂家自掏腰包,终究会反映到商品上,也就使客户无法买到质优价廉的商品。在淘宝网上免费开店,同样的服装商品,就算价格再低,利润仍然可以得到保障。

③ 流量有保证:电子商务企业要想发展就需要有固定的客户群,它不像传统的实体店铺,靠人流带动消费额的上升。一般来说,网民如果习惯了在哪个网上店铺购买商品,基本就会一直在这儿购买,也许这个网上店铺的某些商品价格比其他的稍贵一些。这就是客户的"购买习惯性"。

④ 购买到本地没有的商品:虽然现在我们的物质极大丰富,在本地就可以见到各地的商品,但是商品的多样性仍然不能满足客户的需求。因此,网络购物就给这部分客户带来了福音。人们不必再去托人托关系,只需在网上轻点鼠标,就可以获得本地没有的商品。这让人们省去了人情、时间、地域这些麻烦,实实在在地把购物当成一种享受。

(2) 覆盖面广易聚集:网络虚拟平台为具有相似经历的人提供了聚集的机会,并且不受时间和空间的限制。聚集起来的个人以及企业,可能会产生一种交流需求。信息交流可以将沟通演变为交易,激发人们的需求。在互联网上,人们极易掌握丰富信息,并且速度快、成本低、挑选极为方便。

不管是传统的零售商还是网购平台,其商业模式的本质都是以庞大的用户行为数据库为核心纽带吸引更多的合作伙伴。比如供货的商家或者是网上店铺,两者要做的都是一个商业平台,由于这个平台的主要特点就是低价,所以客户对之能够产生忠诚度与依赖度,并由此形成了需求规模,产生聚集效应。

(3) 经营成本比较低:网上开店之所以成为越来越多人创业的新选择,究其原因,主要包括两大方面:

① 网店投入相对较低:不少卖家在网上开店的原因之一即是"花费比较少",还有的卖家是出售闲置商品。开网店在资金方面的投入相对其他创业来说是比较低的。

② 网店可带来可观收入:不少卖家认为网店花费少,是一个赚钱的好方法;有的卖家认

为业余时间开网店,可赚更多的钱;与此同时,也有网店主完全以商品为生。一系列数据显示,网店已经成为卖家生存或赚取更多收入的重要来源。

(4) 购买价格比较低:网上店铺的建立和经营费用低,商品也不用大量库存,使得网上店铺的商品比实体店铺的商品的降价空间大,因此可以制定更低的价格,这是客户选择在网上店铺购买商品的又一重要原因。

网络这个渠道,可以减少商品到达客户手中的中间环节,这大大降低了成本,也使商品的价格具有强烈的吸引力。

网络上的信息极度透明,商家很难再通过信息不对称谋取超额利润。网上店铺内的商品价格只能都趋向于店主可以承受的最低价格。另外,网络使得消费者得到更多的消费教育,因此成熟得非常快。他们的消费行为日趋理性,并学会如何寻找到最实惠的商品。如果价格上没有优势,网上店铺是很难在竞争中生存的。

从淘宝消费者物价指数(Consumer Price Index,CPI)与社会整体 CPI 的对比数据我们可以看出,网购商品的价格远低于传统渠道销售的商品价格,价格优势明显。而在金融危机的影响下,省钱、省时的购物方式已成为越来越多客户的选择。

3) 从网店运营存在的劣势看营利性分析的必要性

(1) 诚信问题:由于网络购物的特殊性,网络诈骗现象比较严重。其根源在于我国的诚信建设还处一个比较低的水平,网民的诚信意识普遍比较淡薄。

诚实可信的网络环境,不仅需要完善的诚信管理机制,对广大网民也提出了更高的诚信要求。个人诚信是网络诚信的基础,网民遵守诺言、实践成约、诚信提供信息,才有可能打造繁荣可信的互联网。

(2) 实地购买习惯阻碍:中国传统的购物习惯是"眼见为实",对钱的观念是"落袋为安",因此,人们普遍认为网上购物不直观、不安全。同时,对于把购物作为乐趣体验的中国人来说,网上购物缺乏传统购物方式带来的满足感和情感交流与乐趣,一时兴起的网络消费体验后,往往又把购物转向传统的专卖店和大型超市、商场,这影响了网上零售市场的持续增长。再者,客户在购物时,一般习惯对同类商品进行反复比较,同时还习惯按照使用状态进行比较,例如服装的试穿、电器的试用等。在网上购物,客户或许可以对商品进行更广泛、更全面的选择,但无法直接触摸到任何商品,这很容易使习惯于"眼看、手摸、耳听"的客户形成不稳妥、不可靠及至疑虑的心态。

另外,在网上购物的客户的某些特定心理需求得不到满足。网上店铺的特点决定了它不能满足某些特定的消费心理需求。首先,在网上店铺中选购商品时,可能从始至终都是一人行为,不需要或者无法与店主沟通,这就不能满足客户的个人社交需求。同时,与亲人或朋友结伴购物时的乐趣也无法得到实现。其次,在网上店铺内购物不能被店主感知,因此无法使客户因购物而受到注意和尊重,也无法通过购物过程来显示自己的社会地位、成就或支付能力。最后,网络购物者缺少直接购物体验。对于一些特殊商品,如服装,客户无法通过触摸和试穿来感受商品的材质和款式。而且完成网络购物后往往需要几天时间进行配送,客户无法立刻体验到拥有商品的满足感。这些也是阻碍许多客户在网上购物的原因。

(3) 商品销售服务滞后:各个网上店铺在网上均表现为网址和虚拟环境,带给客户最主要感知的商品图片与文字在电子环境下也极易作假,大量商品和店铺信息难以辨别真伪。而且,由于网上店铺的建立和经营成本低廉,店主很容易停业或者关闭店铺,售后得不到保障。

随着淘宝的支付宝、易趣的安付通等号称第三方担保的出现,以及客户网上消费的日益成熟,网上购物被骗的情况已逐渐减少,但随之而来的网上购物的售后服务问题也逐渐显现。如今,许多商品很注重售前服务,将售前服务做好,不仅增加了客户下订单、汇款的概率,也会从客户那里得到一定的信誉分数。但是,一些卖家无法履行售后承诺,特别是发货延迟或者缺货、货物有质量问题等。因为目前许多网上销售的商品都不是卖家自己生产的,而是卖家从厂商或者批发商处进货再销售,所以这就决定了很多卖家出于成本的考虑,不愿意为客户退换货,因此造成了当前许多网上购物的售后服务问题,从而也导致许多客户只能一次性网上购物的情况。由此,商品也就陷入一种不停地推广带来新客户,却留不住老客户,营业额始终有瓶颈的局面。

(4) 综合服务支持问题

① 物流:物流配送是电子商务的一个重要环节。目前,我国的物流公司虽然随着电子商务的发展迅速发展起来,但是很多小物流公司在管理和服务上还有待加强,安全性也无法完全保障。比较大的物流企业虽然效率高、安全有保障,但是收费对于网上店铺的经营者和客户而言又太高。因此,物流体系的进一步完善、价格和安全的进一步平衡有助于网上店铺的进一步发展和壮大。

② 支付:"无纸化"对参加交易的各方提出了更高的信用要求。目前,我国信用体系没有欧美一些发达国家完善,国内所进行的电子商务交易及支付手段主要是信用卡、借记卡、储蓄卡、邮局汇款和货到付款等多种支付方式混合使用,有的甚至是使用网上查询、网下交易的方法。网上交易存在支付方式不安全的问题。由于网上卖家的虚拟性,收款人和交易人是否一致难以核对,银行账号是否属于交易人也分不清楚,因而隐患重重、陷阱多多。有关部门很难予以查处,买家的利益得不到保障。

③ 信用:几乎所有文献在研究电子商务的过程中都会提及交易者的欺诈行为,由于网络购物而引起的纠纷也屡见不鲜,并且大都认为其原因主要是互联网上的信息不对称。而目前,可以比较好地解决这一问题的方案就是建立网上交易的信用系统,通过交易双方的互相反馈来实现对交易者行为的监督。网购平台自 eBay 始,之后在中国,淘宝、易趣、拍拍网掀起网购风潮。这些平台原有的信用评价体系非常简单:刚开店的卖家是"白纸一张",每交易一次,买家根据情况给予"好、中、差"的评价,累计评价即代表卖家的"诚信",网民根据这个来判断卖家是否值得信任。如淘宝,累计评价结果由红心、钻石、皇冠代表,步步递进。因为没有其他的考量标准,大部分网民,尤其是初次网上购物的网民在购买某件商品时,几乎完全依赖之前的买家评价来判断商品的好坏。这种评价体系漏洞不少,评价比较粗放。现有的信用体系已经产生了许多弊病。例如,现在商品运营者都开始意识到信用等级的重要性与迫切性,为了迎合该种需要,网上出现了一批专业代刷信用的枪手,他们利用买家认证不需要实名认证的特点,以不同的虚假个人信息注册数个账户帮助商品运营者快速赚取信用等级来牟取利益。还有一些商品运营者利用商品的特殊性,例如虚拟商品价格低廉、发货便捷的特点,迅速积攒信用。因此,网上也出现许多高信用等级的网络诈骗者。同时,由于对买方认证信息的管理不严格,出现了一些恶意打击报复或者打击竞争对手的恶意评价,这会降低商品运营者的信用等级,损害他们的利益。这些情况不能单纯地依靠信用体系来辨别和修正,仍然需要人为的干预。面对众多的商品和用户,仅靠网站是很难做到这一点的。

7.3 网店商品盈利与否的影响因素

不同于实体门店,网店的经营存在着诸多的影响因素,因此需要对商品营利性的影响因素进行分析。一般来说,信誉是网店商品盈利的主要影响因素,此外还有商品价格、商品宣传、商品需求量、商品质量、物流选择、服务等影响因素。这一节,我们重点分析网店商品盈利与否的影响因素。

目前,参与网上零售的商家主要有经营线下商店的零售商、纯粹的虚拟零售企业以及商品制造商等几种类型。网上零售商店在一个时期内相对稳定的利润来源主要是商业零售。因此,在确立网上零售商店成功的界定标准时,可以把商品是否盈利作为一个主要指标,把商品的生存期或业主持有时间的长短作为辅助指标。商品盈利与否可以用其销售增长率、利润额、利润增长率为标准进行界定。

网店商品盈利与否,归纳起来,主要有如下九个方面的影响因素:

1) 品牌与信誉

值得信赖的商品品牌形象与良好的商家信誉,可以增加客户对品牌的信赖及忠诚度。信誉涉及网店商品的售前、售中、售后三个方面。卖家树立商品的信誉对于获得持久的利润源有着深远影响。信誉包括对商品质量、商品功能、商品价格的准确介绍,并告知客户不存在欺诈行为等。传统的消费观念阻碍了商品的受认可度。客户更加相信"眼见为实",倾向于到实体店购买所需要的商品,以降低买到低劣商品的风险。

2) 商品与货源

商品经营的好坏直接影响商品盈利水平的高低,决定着店主投入精力、体力、时间、感情的收益指标,也确定了商品在"市场"及买家心目中的定位。掌握物美价廉的货源则是商品成功经营的关键。

3) 网店平台

这里指网店拥有好的网络平台。拥有好的网络地址平台,就拥有了稳定的访问客流量,为商品经营成功提供了基础保证。

4) 商品定价

最能影响中国网上购物用户购买决策的因素是商品的价格高低和定价模式,居各项因素之首。通常,客户较偏好将包装、运费成本内含在售价内的定价模式。

5) 配送物流

配送物流是影响网上零售的一个重要方面,许多商品经营一段时间后难以为继的一个重要原因就是配送物流存在问题。在物流的商品包装环节,商品包装的完整性和超值性影响客户从心理上对商品的评价。例如,一件商品若是选择平邮方式邮寄,邮寄成本是降下来了,但由于邮寄时间过长,会流失掉大量无法忍受长久等待的客户。若是商家选择了顺丰快递等方式邮寄货物,邮寄时间大大节省了,但是邮寄成本也会随着邮寄货物量的增加而逐渐增加。于是,不少商家为了将增加的运输成本弥补回来,就会提高商品单价,这样一来就又丧失了以价格为导向的客户群体,尤其是学生一族。

6) 客户服务

良好的客户服务是提升客户忠诚度的最佳办法,包括服务态度、回应客户需求、退换货品服务或申诉处理的速度等,都能影响客户对商品的信任感。在商品显著位置上强调其客户服务的详细内容,可以加强客户对商品的信心及购物意愿。

7) 客户隐私权

采取一系列信息保密手段,保护客户的隐私权,这是网络客户十分关心的问题。在资料上传时,网店要强调不会将客户资料作为他用,未经客户同意不会乱寄广告信函等信息,以免造成客户反感。

8) 诚信环境

诚信问题是影响网上开店成功与否的重要环境因素。成功的商品经营者一般都十分重视自己的信用记录。

9) 其他因素

(1) 政策法规因素。其业务的开展需要工商、税务、质监、商检、银行、海关、保险、物流各个部门的配合,许多标准、法规的制定和执行都需要权威性政府部门进行规划、协调和组织。政府直接或潜在的支持,对电子商务商品的发展有极大影响。

(2) 居民消费水平因素。互联网的发展程度与地区经济发展水平呈正相关。地区经济越发达,其互联网也就越发达,当地电子商务配套产业环境就越好。此外,经济的发达使这些地方的网上购物、商户之间的网上交易和在线电子支付,以及各种商务、交易、金融、物流活动和相关的综合配套支持服务活动更为活跃。

(3) 网络普及水平及使用习惯因素。使用网络购物是一种使用习惯和消费习惯的转变。对于习惯传统的接触式和导购式购物的用户来说,培养其形成网上购物习惯,需要两年至三年的时间。对于企业来说,现在正是培养市场的合适时机。

(4) 网络技术发展因素。网络安全技术、手机上网技术、CA认证技术、网络通信技术、网络支付技术等迅速发展,冲破了电子商务瓶颈的束缚,为电子商务的发展铺平了道路。尤其是手机上网与手机支付的进一步完善,必将大大促进电子商务的发展。

7.4 网店的经营与商品营利性评估

如何经营网店并使之盈利,是许多网店都极为关注的问题。因而,网店经营好坏,是一个网店的价值所在。对网店经营价值和商品营利性的评估,无论对网店自我评价,还是对网店转让,都是非常有意义的工作。这一节首先讨论网店经营的评价指标,然后再讨论商品营利性的分析方法及其应用。

7.4.1 网店经营价值的评估

通常,我们可以从如下几个方面来评估一个网店的经营价值。

1) 销售业绩

销售业绩是衡量网店经营价值的重要指标。通过对销售业绩的评估,我们可了解网店的销售状况、市场占有率和客户需求等信息。以下是从销售业绩方面评估网店价值的要点:

(1) 销售额:销售额是衡量网店经营规模和效益的重要指标,包括日销售额、周销售额、月销售额等。

(2) 销售渠道:销售渠道的多元化和畅通性能够提高网店的销售业绩。

(3) 促销活动:定期开展促销活动可以吸引更多的客户,提高销售额。

(4) 客户回头率：客户回头率越高，说明网店的商品质量和服务越好，口碑越好，进而可以提高销售业绩。

2) 流量指标

流量指标可反映网店的受欢迎程度和宣传效果。通过对流量指标的评估，我们可了解网店的访问量、访问来源和访问时长等信息。以下是从流量指标方面评估网店价值的要点：

(1) 访问量：访问量是衡量网店流量规模和程度的重要指标，包括日访问量、周访问量、月访问量等。

(2) 访问来源：了解访问来源可以评估网店宣传效果和推广策略的有效性。

(3) 访问时长：访问时长可以反映客户对网店的关注度和感兴趣程度。

(4) 跳出率：跳出率越低，说明客户对网店的页面和商品越感兴趣，进而提高流量指标。

3) 客户评价

客户评价是衡量网店服务质量和社会认可度的重要指标。通过对客户评价的评估，我们可了解客户对网店商品质量、服务态度和物流速度等的评价。以下是从客户评价方面评估网店价值的要点：

(1) 商品质量：客户对商品质量的评价可以从商品实用性、耐用性、美观度等方面进行评估。

(2) 服务态度：服务态度包括售前咨询、售后服务等客户服务的态度，良好的服务态度能够提高客户的满意度。

(3) 物流速度：物流速度反映网店的配送能力和效率，快速高效的物流服务能够提高客户的满意度。

(4) 重复购买率：重复购买率越高，说明客户对网店的商品和服务越满意，进而提高客户评价。

4) 竞争情况

竞争情况是衡量网店市场环境和商业机会的重要指标。通过对竞争情况的评估，我们可了解网店所在市场的竞争激烈程度和商业机会等信息。以下是从竞争方面评估网店价值的要点：

(1) 竞争对手数量：了解竞争对手的数量可评估网店所在市场的竞争激烈程度。

(2) 竞争对手销售业绩：了解竞争对手的销售业绩可评估网店所在市场的商业机会。

(3) 竞争优势：竞争优势包括价格、品牌、服务等方面，充分发挥竞争优势可以增加市场占有率、提高销售业绩。

5) 运营效率

运营效率是衡量网店经营管理和盈利能力的重要指标。通过对运营效率的评估，我们可了解网店的运营成本、管理能力和盈利水平等信息。以下是从运营效率方面评估网店价值的要点：

(1) 运营成本：运营成本包括人力成本、商品成本、物流成本等，降低运营成本可以提高盈利能力。

(2) 管理能力：管理能力包括团队建设、流程优化、信息化建设等方面，良好的管理能力可以提高运营效率。

(3) 盈利水平：盈利水平反映网店的盈利能力，提高盈利水平可以提高网店的价值。

6) 品牌影响力

品牌影响力是衡量网店知名度和美誉度的重要指标。通过对品牌影响力的评估，我们可了解客户对网店的认可度和忠诚度等信息。以下是从品牌影响力方面评估网店价值的要点：

(1) 品牌知名度：品牌知名度包括客户对品牌的认知程度和关注度。
(2) 品牌美誉度：品牌美誉度包括客户对品牌的信任度和好评度。

7.4.2 网店商品营利性的评估

在成功销售商品后，我们常常需要回答这些问题：业务单元能多好地履行其职能？对现在的商品利润还算满意吗？哪些商品盈利，哪些亏损？如何根据成本定价？哪些是最有价值的客户？客户是否忠实于我们的商品？这些问题的解答需要我们对商品的营利性进行分析评估。一个好的分析结果，对于我们进行下一步的销售、改进销售策略，有着良好的指导作用。一般来说，商品的营利性分析，可以从转化率和商品外在品牌方面进行考察。

1) 从转化率来分析评估商品营利性

首先，我们来看看这样一个基本原理：销售额＝流量×转化率×客单价。

这个原理揭示了网店商品的盈利法则，它是从淘宝开店涉及的推广、绩效考核、岗位信息、运营策划等诸多环节里面提炼出来的。所以，作为淘宝店铺的掌柜，你不得不为这几个指标努力，这是盈利的硬实力。

从上面这个原理来看，在流量和客单价不变的情况下，转化率的高低决定了店铺最后的成交额。大多数人简单地把转化率理解成当100个人到你店铺浏览的时候，最终因为你的页面有多少人下订单。事实上，转化率涵盖了我们刚才提到的很多环节，比如客服咨询的转化率、流量的成交转化率等等。每一个过程都意味着有某一个环节需要我们去优化。那么通过对这些真实的数据进行分析以后，我们就能够更加精确地对商品进行更加系统的优化。接下来，我们就说一下具体优化的方法：

(1) 店铺展现的转化率：通常，网店会为商品做一些广告，并在平台上面做一些付费展现。但是，展现不意味着点击，没有点击也就意味着没有流量。所以，展现如何、获得点击如何，需要在下面几个方面进行评测，如搜索排名、标题吸引力、主图质量、价格优势、最近成交量、活动促销、客服状态、所在地、店铺类型、购物保障等。实际上，大家看到这些指标之后就会发现，这些内容其实就是客户可以在平台页面上看到的所有信息。

提高店铺展现转化率的主要优化思路：

① 优化商品标题，保持标题属性与客户搜索关键词的相关性，运营热词提高宝贝搜索的可能性。

② 模仿大卖家的图片效果，提升买家用户体验。

③ 对比同行卖家，选出一个适中价格。

④ 增加店铺在线时间，丰富客户保障体系。

(2) 店铺浏览的转化率：买家进入店铺之后，根据店内提供的信息，一般会确定主动下单还是找客服咨询。所以，这部分的转化和页面的质量以及客服的接待水平有着密切的关系。所以，我们主要考察店铺首页商品的排版设计、分类页是否满足客户需要、促销活动是否有吸引力、商品主图的质量、宝贝的销售记录，以及客户购买之后的评价。店铺的评分和付款方式也会有联系。除此之外，还与整个页面的浏览速度以及商品描述文案的编辑相关，最后一点就是客服的接待水平。

店铺浏览的转化率影响着商品的销售以及商品的营利性，对它进行分析，可以提高商品营利性。提高店铺浏览的转化率主要可以从以下几个方面进行：

① 模仿大卖家的店铺模板,设计属于自己的模板。
② 做好客户服务,获得更好的评分。
③ 开通信用卡或者货到付款支付方法,增加购物可能性。
④ 减少图片容量,优化宝贝描述模板。
⑤ 对客服要进行系统培训,优化话术,使其对商品知识一定要熟悉、专业。

(3) 客户付款转化率:客户付款转化率是指客户付款后,该商品并未退货换货,交易成功进行数与总付款数的比值。很多客户虽然通过上面的步骤最终是付款的,也有些在思考一段时间以后,又选择了退款,当然还有的在犹豫、有的忘记付款等等。这一块儿的优化措施,主要是在库存还有催付款方面。客服做好相关工作,就可以提升这一方面的指标。

这方面的指标是衡量商品最终销售情况的重要依据。通过对付款转化率的分析,我们可以了解整个商品的销售情况,比如是销量良好还是销量较差,及时调整商品的供货量和商品的价格以及售后服务,以提高商品的营利性。

通过对各个转化率进行的分析,可以分析出商品的营利性,并对影响商品销售的问题进行改进。

2) 从与商品品牌相关的外部因素来分析评估商品营利性

对商品营利性的分析也可以从一些与商品品牌相关的外部因素入手,这些可谓是增加商品盈利的软实力。

(1) 品牌知名度:品牌知名度是指潜在购买者认识到或记起某一品牌是某类商品的能力,它涉及商品类别与品牌的联系。商家可以根据不同销售时期对同一商品进行品牌知名度调查。通过这项调查,商家可以发现影响商品销售盈利的一些品牌因素。根据品牌知名度情况调整销售策略,调整商品的宣传力度,可以从以下几方面改进:

① 创立独特且易于记忆的品牌名称。
② 不断地在 QQ、微博等网络上重复推荐店铺名字(谨慎)。
③ 朋友圈相互推荐店铺。
④ 综合考虑收入回报,联系淘宝网,投资网页广告。
⑤ 提高销售货物种类。

(2) 品牌忠诚度:品牌忠诚度是指客户在购买决策中,多次表现出来的对某个品牌有偏向性的(而非随意)行为反应。它是一种行为过程,也是一种心理(决策和评估)过程。品牌忠诚度的形成不完全依赖于商品的品质、知名度、品牌联想及传播,它与客户本身的特性密切相关,与客户的商品使用经历相关。提高品牌的忠诚度,对网店的生存与发展、扩大市场份额极其重要。

对品牌忠诚度的分析可以知道客户对这一商品的重复购买情况,计算出已经销售出商品中,客户购买"回头商品"率,从而分析出总销售商品中,购买"回头商品"的比重,并制定出针对"回头客"的一些相应的优惠措施,从而保证商品在不流失原有客户的情况下,进一步扩大品牌知名度。一些措施如下:

① 适当宣传有剪标、小瑕疵、余单等性价比较高的货物,适时更新店铺、网页广告、优惠促销等,发送消息告知老客户。
② 频繁地调查、了解客户需求,补进相关适销货物。
③ 尽可能提高客户消费转移成本,利用品质、进货渠道等来游说,让客户放弃在别家消费。

(3) 品牌认知度:品牌认知度是品牌资产的重要组成部分,它是衡量客户对品牌内涵及价值的认识和理解度的标准。品牌认知度是公司竞争力的一种体现,有时会成为一种核心竞争力。特别是在大众消费品市场,各家竞争对手提供的商品和服务的品质差别不大,这时客户会倾向于根据对品牌的熟悉程度来决定购买行为。

对品牌的认知度分析是了解商品营利性的外部因素,好的品牌认知度自然会带来高收益。提高品牌认知度可以从以下方面进行:

① 要用全面的服务态度去对待客户,如发货前耐心解答、电话沟通,收货后询问意见等。

② 做一个独一无二的商品,尽量销售别家没有的货物,追求品质和完美的态度,创立商品品牌文化。

③ 增加对社会潮流动态的关注,经常关注、观察、收集客户对不同品牌的反应,强化对客户需求变化的敏感性。

④ 创新经营模式,寻找新模式。

通过对转化率与品牌度的分析,我们可以了解商品的营利性情况,及时了解商品销售情况,寻找获得更大收益的突破点。主要有以下方面:

① 通过以往的活动经验确定销售额目标。

② 分析每一次活动涉及哪些数据、哪些指标是会影响到最终的销售额的,一旦确定了之后,就加以优化。

③ 根据优化的结果,合理地安排店铺的各种营销活动,以达到最佳的效果。

7.4.3 网店商品营利性评估举例

1) 实体加盟与网络代理销售的比较

(1) 实体加盟(以一个20平方米的服装店为例)

开支预算:

店铺租金:2 000 元/月。

工人工资:每人1 000 元/月(一般一个人就可以了,我们以最简单的服装店算)。

水电税收:200 元/月。

一个月开支预算为3 000~3 500 元,按3 500 元计算。

营业收入:

平均每天卖出10件衣服,每件夏款衣服20元利润,每件秋冬款衣服40元利润,按平均30 元/件算,一天毛利润为300元,一个月为9 000元。

纯利润:9 000 − 3 500 = 5 500(元),5 500 × 12 = 66 000(元),所以每年的纯利润为66 000元。

(2) 网络代理(以2钻淘宝普通店铺为例)

开支预算:

电费:60 元/月(按每天在线12小时,电脑四小时耗费一度电)。

网费:80 元/月(ADSL)。

一个月开支150元不到,就是不做生意,只要家里有电脑,这个费用也是少不了的。

营业收入:

如果是刚接触电子商务,商家一定要做好心理准备,还有很多不懂的东西需要学习。前期两个月估计没有什么生意,后期正常情况下,一天3~5单,平均每单2件衣服,一天就按6件衣服算,每件15元利润,一天毛利润为90元,一个月(30天)为2 700元。这样简单计算的话,每个月盈利不低于2 700元。

下面我们来讨论一下做专职网商或专业开网店的利润(以5钻淘宝旺铺为例)。

电费：60元/月(按每天在线12小时,电脑四小时耗费一度电)。

网费：80元/月(ADSL)。

旺铺：50元/月。

消保计划：1 000元(淘宝押金,到期退还,不算投资)。

直通车：2 000元/月,这个钱一定要舍得花,很关键。

店铺装修：300元(一次性投资)。

淘客推广：免费,按成交付费。

其他推广：1 000元/月。

合计每个月开支：3 190元/月,按3 500元计算。

营业收入：

"旺铺＋消保流量"是普通流量的四倍,按普通店铺双倍的成交量算,平均每天5单,10件衣服；直通车按日流量400算,成交率为2%,平均每天8单,16件衣服；淘客推广、论坛推广以及其他推广,每天按3单计算,6件衣服。这样合计每天32件衣服,每件利润15元,每月毛利润为14 400元。那么,一个月的纯利润是10 900元,一年的纯利润是130 800元。在现在的市场经济环境下,单靠一人能力,做什么有这么高的利润？但是生意是人做的,只要你有信心、有能力,只要一台电脑,无须进货、无须押金,这就是你一年的收入。其实网络就是这么简单。

2) 茵曼品牌

茵曼(INMAN),广州市汇美服装有限公司旗下的棉麻生活品牌,由董事长方建华于2008年创立,凭借以"棉麻艺术家"为定位的原创设计享誉互联网,是中国成长最快、最具代表性的网络服饰零售品牌。茵曼主张"素雅而简洁,个性而不张扬"的服装设计风格,推崇原生态主题下亲近自然、回归自然的健康舒适生活,追求"天人合一"的衣着境界,致力于成为"属于世界的中国棉麻生活品牌"。2011年"双十一"时,茵曼更是改写历史,成为第一家销量冲破千万元的女装品牌,总业绩超越传统品牌,位居榜首。

茵曼致力于打造随性时尚的衣着风格,营造轻松、惬意、自然、休闲的工作、生活、交往氛围,倡导一种优雅、恬静、随性、自由、怡然、惬意的都市生活态度,打造随性主义的时尚女装特色。

自2012年6月开始,茵曼月销售业绩平均增长70%,目前稳居在100万元左右,稳居淘品牌前三名。2012年"双十一"期间,茵曼创下的30多万笔订单是2011年交易量的2.2倍,占近3%的市场份额。创始人方建华表示,茵曼品牌并没有制定以业绩为核心的考核目标。茵曼之所以能拿到如此亮眼的成绩单,自有其独到之处。

(1) 谨慎的品类扩张：茵曼自品牌开创以来一直坚持"棉麻艺术家"的品牌形象。在坚持"素雅而简洁,个性而不张扬"的商品风格的同时,茵曼开始寻求品牌品类扩张与延伸。自2012年5月起,茵曼开始踏上商品体系"扩张"之路,相继推出鞋子、包包、配饰、围巾等周边类目商品。

在品类延伸行动前,茵曼保持着冷静的头脑。扩张品类并不意味着低端铺张,其独立开发的高端系列,不但使品牌形象得到更进一步的提升,更带来了相对良好的收益。据了解,该高端系列商品的销售额已占品牌销售额的10%。据官方预计,2013年该系列占比有望达到20%左右。

(2) 多样化的品牌营销：作为淘品牌的茵曼,要打造"棉麻艺术家"的品牌形象着实让人煞费苦心。2012年,茵曼在麻花辫、棉麻、水墨等元素的基础上,设计开发出茵曼表情、茵曼字体、茵曼品牌布偶等系列品牌标识。据悉,茵曼视觉品牌有专业的形象策划和拍摄团队。一致的品牌曝光形象,让茵曼品牌轮廓更清晰,也让品牌营销的效果更显著。

茵曼的营销手段相对多样化。在四周年店庆期间,茵曼特推"茵曼72小时茵悦节"活动。该活动以音乐为导线,连贯整个营销主题,充分综合了常用促销方法,包括"合唱团"(团购)、"心跳旋律"(秒杀活动)等。在三天时间内,创下1100万的销售纪录。

针对"双十一"大促销,茵曼特推首部品牌广告片《听,心的呼吸;寻,梦的方向;触,幸福的质感》。该片连续十天于黄金时段在江苏卫视播出,强势媒体的投放和黄金时段的力推,让茵曼的品牌知名度得以提升,品牌形象感更加强烈。

随着品牌知名度的提升,茵曼旗舰店的流量回流开始逐渐增多,销售额也随之提高,形成良性循环。

(3) 会员营销:茵曼的品牌观念更强调品牌与客户的在线互动。茵曼充分调用微博及手机等"接口"与客户互动。以微博为例,茵曼推出"微博单身美女大赛海选'80后最爱女人'"活动。据悉,在该活动开展的不到一个月内,累计有11万余人转发该话题,据计算覆盖网友达230多万。方建华曾对媒体表示,"我们在玩乐中引入营销,寓营销于乐,创造业绩"。这也为茵曼旗舰店带来了相当可观的流量。

茵曼针对会员老客户推出《石茵》月刊、棉麻布偶等会员礼品,既稳固了消费群体,也一定程度上提升了品牌价值感。数据显示,截至2012年8月底,茵曼忠实客户群比去年同期增长了66%,品牌在购物平台的搜索量增长近150%,绝大多数客户是主流的网购客户,年龄在25～35岁之间。茵曼的消费市场和品牌价值已愈发清晰。

7.5 网店的经营策略与营利性改善

7.5.1 网店的经营策略

网店的盈利是一门艺术,如何把这门艺术发挥好,是每个网店主需要思考的。网店的盈利可以从品类、进货、定价和促销四个方面进行分析。把这四个方面做好,网店的盈利也会更好。

1) 品类策略

(1) 单品类策略:单品类策略是指在商品经营中只经营一类商品的营销策略。图7-3所示的是各式各样的面膜。

面膜分类»	泥浆面膜	睡眠面膜	蚕丝面膜	水嫩面膜	鲜活面膜
功效分类»	清洁控油	美白去黄	补水保湿	祛痘淡印	修复舒缓	紧致抗皱

图 7-3 面膜品类

虽然店铺品类单一,但是突出了一个"专"字。一个店铺只做一种品类必然能够更加专业,更能让客户信服。在庞大的网络经营市场中,竞争就好比"田忌赛马",以己之长攻彼之短、以集中攻零散、以错位方式攻对方薄弱环节。单一品类策略往往很容易突破重围脱颖而出。

单品类策略有很明显的好处,但该策略也有两项不可忽视的缺点:一方面,若因环境改变而商品过时时,单一商品经营的店铺必定面临被关闭或者另起炉灶的命运;另一方面,单品类策略无法获得更大的成长或市场占有率。如果采取单一品类策略的店铺无法获得较高的利润,应该考虑寻求一个新的策略定位,从而通过获得更大的市场来获得更大的利润。

另外,还需要注意的是,单品类策略更加适合本身有一定特色、在网络市场中具有独特性的商品。

(2) 多品类策略:多品类策略指的是在店铺中提供两种或更多种商品的营销策略,这种策略也是大多数店铺采用的商品策略。多品类的日用品如图 7-4 所示。

面部			美妆			男士		秀发		个人护理		口腔
洁面	爽肤	精华	BB霜	粉底	散粉	剃须刀	止汗剂	洗发	护发	沐浴露	沐浴盐	牙刷
乳液	面霜	眼霜	腮红/胭脂		唇彩	洗发水	沐浴露	发膜	免洗	润体乳	止汗剂	牙膏
面膜	眼膜	防晒	眼影 眼线		睫毛膏	洗面奶	乳液/面膜	造型	染发	除毛器	脱毛膏	漱口水
喷雾	唇部	套装	眉笔 卸妆		化妆工具	爽肤水	唇膏			旅行套装		口腔护理工具
骨胶原	燕窝		骨胶原		碧柔	水之蔻	屈臣氏男士	欧莱雅	资生堂	屈臣氏	强生	屈臣氏
里美	肌研		肌研		多多	吉列	曼秀雷敦	多芬	WATER360	多芬	资生堂	高露洁
百洛油	丝塔芙		QVS		KURIHA	妮维雅	欧莱雅男士	沙宣	潘婷	贞采源	薇婷	舒适达
玉兰油	欧莱雅		MY PARTY GAL			无非	卡尼尔	施华蔻	海飞丝	吉列	花牌	Ora 2
我的美丽日志												

图 7-4 多品类的日用品

相对于单一品类策略来说,多品类策略下的店铺更容易获得更大的发展。除此之外,多商品策略还能降低商品经营风险。当某一商品在网店中遇到困难无路可走时,店铺的其他商品能够将业绩差的商品平衡掉。由于网上商品还涉及邮资问题,大多数客户都会希望能够一站式采购齐全,且只付一次邮费。所以,多品类策略更能吸引客户选购。

在运用多品类策略时,还需要注意使所有商品的消费群体尽量是一致的。比如,卖女性护肤化妆品的网上店铺,可以将各种各样的护肤化妆用品作为商品,甚至可以将女性常用的日用品作为商品,因为这些商品的消费对象是一致的。这样,多品类策略才能发挥最大的作用。

不论是单品类策略,还是多品类策略,我们都需要根据实际情况综合考虑选择,主要考虑的因素包括经营商品的特点、经营的实际状况及经营的理念等。

2) 进货渠道策略

商品进货渠道选择受多种因素影响,主要有商品因素、市场因素、供货方因素和企业自身因素等,企业要根据具体情况采取不同的进货渠道策略。选择进货渠道是一个较为复杂的决策过程,不过仍然有一些策略可供卖家选择。

(1) 直接渠道策略:直接渠道策略就是要找到商品的原生产厂家,直接从厂家进货,如图 7-5 所示。这一渠道策略的优点是可降低进货价格,防止假冒伪劣商品进入自己的网店。但采用直接渠道策略要考虑与原生产厂家距离的远近,若因距离过远造成商品运输成本过大,则要调整策略。

图 7-5 直接渠道策略

(2) 固定渠道策略：固定渠道策略就是选择信誉好、生产能力强、商品质量高的供货商，与他们建立长期的合作关系，固定进货渠道，如图 7-6 所示。这一策略通常适用于日常生活用品、需求量稳定的商品和厂家生产质量稳定的商品。其优点是能通过良好的合作关系规范采购活动，适时保障市场供应，并通过长期的合作关系使买卖双方受益。

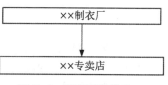

图 7-6　固定渠道策略

(3) 区域渠道策略：区域渠道策略就是针对性地选择货源市场。在目前市场商品极大丰富的情况下，很多商品因其特殊的生产环境和经营条件形成了一些独具特色的商品货源产地或货源市场。采用区域渠道策略就是根据自身的经营需要，选择有特色的商品货源产地或货源市场作为进货渠道，如图 7-7 所示。这一策略的优点是商品采购选择的余地大，便于专门化经营。

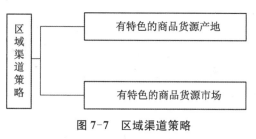

图 7-7　区域渠道策略

(4) 名优渠道策略：名优渠道策略就是选择名优商品厂家或供货商作为进货渠道。选择的这一策略必须和企业的整体经营战略、目标市场定位相一致。这一策略的优点是通过名优商品树立企业良好形象，提高企业经营档次，增加客户对企业的信任度。但该策略通常只适用于大型商业企业。

(5) 动态渠道策略：动态渠道策略就是不断根据市场变化选择新的、有发展潜力的进货渠道。采用这一渠道策略的难度较大，不仅需要充分的、及时准确的市场信息，还需要有敢于开拓市场的胆量和魄力。其优点是能灵活地适应市场变化，不断推出新商品，但不利于建立和谐的供应关系，一般只适用于市场变化较快的商品。

3) 定价策略

在每一家网店经营管理者面前，都存在着一个错综复杂的价格世界。价格是商品魅力的来源之一，它在吸引客户、加强商店竞争优势、塑造良好的卖场形象等方面有着不可低估的作用。价格是商店竞争的重要手段，商店的定价策略出现失误，就会给商品竞争力、商店盈利能力及活力带来直接的负面影响。在令人眼花缭乱的价格世界里，为自己的商品寻找合适的定价策略，是商家需要深入探究的一个现实问题。

(1) 差别定价策略：差别定价策略是实际中应用较典型的定价策略之一，也称为"歧视性定价策略"。该定价策略是商家对生产的同一种商品，根据市场的不同、客户的不同而采用不同的价格的策略；根据不同客户的心理支付价格，确定差别性价格的策略。例如，有的店铺实行会员制、VIP 制，不同身份的买家购买同一种商品需要支付不同的价格，当然 VIP 级别越高越能享受更大的优惠。对于普通买家来说，这是一种"歧视"。因此，差别定价策略又称为"歧视性定价策略"。

(2) 免费价格策略：免费价格策略指网络营销商家将商品和服务以零价格的形式提供给客户使用，以达到某种经营目的的策略。商家采用免费价格策略的主要目的包括：让用户免费使用形成习惯后，再开始收费；通过"免费"吸引客户的注意力，先占领市场再获取收益。

商家成功的免费价格策略形式如下：

① 完全免费：商品和服务的所有环节免费。

② 限制免费：商品或服务被有限次的免费使用，超过使用次数将收费。

③ 部分免费：提供的商品或服务的部分内容（或功能）免费，要全部获取必须收费。

④ 捆绑式免费：购买某商品或服务赠送其他商品（或服务）。

有的免费试用、免费品尝等活动会利用人们爱便宜的心理来吸引买家的注意力，再通过限定数量和时间等，使商品为大家所熟知，进而得到推广。

（3）低价策略：低价策略是指把商品价格定在与类似代用品的价格相同或接近的水平上，通过低价销售活动阻止竞争者进入市场，从而最大限度地控制市场，保证新商品投资报酬的最大化的策略。因此，该定价策略又称渗透定价策略。该定价策略的目的是在进入市场初期获得最高的销售额和最大的市场占有率，较早地取得市场支配地位。这种策略适合于市场周期长、潜力大和销售量大的商品，比如家居日用品。

低价策略是网络营销定价中除了免费价格策略外，对客户最具有吸引力的商家定价策略。

（4）个性化定价策略：个性化定价策略是指利用网络互动性，并结合客户的需求特征来确定商品价格的一种策略。个性化定价策略可以提高买家对商品定价的满意度，使卖家在价格制定方面拥有一定的自由。因为在网络上，卖家可以与买家直接沟通，发现与理解不同买家的特殊需求，从而快速对买家的需求与商品的定价做出合适的判断。

不同客户对商品外观、颜色、样式等方面有具体的内在个性化需求。网络的互动性能使商家及时获得客户的需求，使个性化营销成为可能，也将使个性化定价策略有可能成为网络营销的一个重要策略。这种个性化服务是网络产生后营销方式的一种创新。在淘宝上，店家DIY（自制）的一些鞋子、串珠首饰，就适宜采用这种定价策略，以满足不同买家的个性化需求。

（5）动态定价策略：动态定价策略是指网络营销商家不仅根据不同客户确定价格，而且根据购买时间与季节变动、购买数量、市场供求状况、竞争状况及其他因素自动调价的策略。

时机定价策略是根据不同时间客户所能承受的价格来实施的，关键在于把握客户在不同时间对价格承受的心理差异。例如，超前型购买者对新款时装、新款电脑、创新电子商品及新版精装图书十分热衷并愿意为此支付更高的价格，那么一些B2C电子商务网站上的商家就可以根据此特点来制定有形商品的价格。

清理定价策略是一种最为常见的时机定价策略，较适合于需求状况不确定和容易贬值的商品。生命周期较短的计算机等高科技商品就属此类商品。这种动态定价策略在商品生命末期的运用量最大。当商品处于生命周期末期时，越来越多的卖家开始运用清理定价策略。由于卖家急于减少损失而不是获取最大化收益，商品的清仓价格通常较低。针对这种情况，采取降低价格、设置特价商品区、及时清理多余库存等措施可以加快资金的回流，以备需求的不测变化，如淘宝网卖家推出的季末清仓、低价秒杀、限时抢购等活动。

（6）折扣定价策略：在实际营销过程中，网上开店的折扣定价策略主要有数量折扣策略（根据购买商品的数量进行折扣优惠）与季节折扣策略（根据购买的季节差异进行折扣优惠）两种。

① 数量折扣策略。数量折扣策略是商家在网上确定商品价格时，可根据客户购买商品所达到的数量标准给予不同的折扣的策略。客户购买数量越多，相应得到的折扣越大。数量折扣的促销作用非常明显，单位商品利润减少而产生的损失完全可以从销量的增加中得到补偿。运用数量折扣策略的难点是如何确定合适的折扣标准和折扣比例。

② 季节折扣策略。有些商品的生产是连续的，但其消费却具有明显的季节性。为了调节供需矛盾，生产企业便采用季节折扣策略，对在淡季购买商品的客户给予一定优惠，从而使企业的生产和销售在一年四季均能保持相对稳定。例如，啤酒生产厂家对在冬季进货的商业单

位给予大幅度让利,羽绒服生产企业则为夏季购买其商品的客户提供折扣。

(7) 拍卖定价策略:拍卖定价策略是一种非常有吸引力的定价策略。客户在拍卖过程中不仅可以获得较低的价格,还可享受拍卖成功后的喜悦,这是其他定价策略所不能实现的。

① 单件拍卖:单件拍卖是指宝贝价格不定,由买家来进行竞拍,在宝贝拍卖时间结束时,出价最高的得到宝贝,其特点是价格递增。

② 荷兰式拍卖:荷兰式拍卖是指多件相同宝贝参加拍卖,价高者优先获得宝贝,相同价格则先出价者先得。最终商品成交价格是最后成功出价的金额。

(8) 特有商品特殊定价策略:这种定价策略是需要根据商品在网上的需求来确定商品价格的策略。当某种商品有其很特殊的需求时,不用更多地考虑其他竞争者,只要去制定自己最满意的价格就可以。

(9) 捆绑销售策略:将两种产品捆绑起来销售的销售和定价策略。纯粹的捆绑销售是只有一种价格,客户必须同时购买两种产品。混合的捆绑销售,也叫搭售,则是一种菜单式销售,商家既提供捆绑销售的选择,也提供单独购买其中某种商品的选择。捆绑销售的形式主要有以下几种:

① 优惠购买,客户购买甲商品时,可以用比市场上优惠的价格购买到乙商品。

② 统一价出售,商品甲和商品乙不单独标价,按照捆绑后的统一价出售。

③ 统一包装出售,商品甲和商品乙放在同一包装里出售。

(10) 声誉定价策略:声誉定价,也叫声望定价(Method of Prestige Pricing)。声誉定价策略是利用客户求名、求新的心理和商家的优势,将商品价格定在高于其同类商品价格水平之上的定价策略。声誉定价可显示某种商品或商家的高级档次,满足客户炫耀心理的需要,使用宜慎重,否则会弄巧成拙,失去市场。

(11) 品牌定价策略:品牌定价是客户感知品牌价值高低及自己利益得失的重要依据,是客户考虑购买该品牌商品的重要影响因素及判断商品价值的基础。商品的品牌和质量会成为影响价格的主要因素,它能够对客户产生很大的影响。如果商品具有良好的品牌形象,那么商品的价格将会产生很大的品牌增值效应。名牌商品采用"优质高价"策略,既能增加盈利,又让客户在心理上感到满足。

(12) 心理定价策略:心理定价策略就是指在制定产品价格时,运用心理学的原理,根据不同类型客户的消费心理来制定价格的策略,它是定价的科学和艺术的结合。通常,不同的商家有不同的定价目标,不同的客户群有不同的消费心理。因此,应该有不同的心理定价策略。常见的心理定价策略有以下几种:尾数定价策略、整数定价策略、声望定价策略、招徕定价策略、习惯定价策略等。

除了采取以上介绍的定价策略外,商家还应注意商品的运费要合理。在网上,一般卖家承担运费会让买家很高兴。所以,卖家完全可以把邮费算到商品的价格里。比如,在商品标题中写道:一口价包邮,烤面包机仅需35元。这样,客户一旦选择了你的商品,就可以清楚地知道自己要付出的价钱。这类定价方法一般适合小物品,如邮票、书籍、CD等。还有一种常见的定价方法是由买家承担运费,比如平邮5元、快递15元。对于服装、包包、饰品等不太重的宝贝,这种定价是合理的,买家也容易接受。网上客户最不喜欢的做法是卖家把商品价格定为1元,但邮费却定为30元、50元甚至更高。这会使买家有明显受到愚弄的感觉。

4) 促销策略

商品让利促销,已经成为大多数商品店主们采用的主要营销策略。同许多实体店一样,网店把这些让利促销活动作为提高销售量进而提高利润的主要方式之一。商品让利促销无外乎折扣、免邮、赠品等这几种主要的方式。

(1) 折扣：折扣主要有两种方式，一是不定期折扣，在重要的节日，如春节、情人节、母亲节、圣诞节等进行8~9折优惠，因为人们在节日期间往往更具有购买潜力和购买冲动。二是变相折扣，如采取"捆绑式"销售，以礼盒方式在节假日销售。变相折扣促销是指在不提高或稍微增加价格的前提下，提高商品或服务的品质或数量，较大幅度地增加商品或服务的附加值，让客户感到物有所值。

(2) 免邮费：目前的邮寄方式主要分为邮政包裹平邮、物流快递、特快专递等，其中，平邮的价格较低，但周期较长；物流快递的价格适中，送货周期在3~5天；特快专递的价格昂贵。店主可以根据买家所购买商品的数量来相应地减免邮费。

(3) 赠品：赠品促销的关键在于赠品的选择。一件得当的赠品，会对商品销售起到积极的促进作用；而不合适的赠品，只能使成本上升、利润减少、客户不满意。

(4) 抽奖：抽奖促销是指利用客户追求刺激和希望中奖的心理，以抽奖赢得现金、奖品或者商品的方式，强化客户购买某种商品的欲望，达到促进商品销售的目的。这是我们在日常生活中最常见的促销方式。抽奖促销的方式无论对于大品牌还是新进入市场的品牌，都屡试不爽。

(5) 红包：这种手段可以增加店内的人气。由于红包有使用期限，因此可促使客户在短期内再次购买，有效提升商品销量，且红包只能够在自己的店里使用。如果客户在使用期限内没有使用，红包被冻结的资金将会被解冻以继续使用；如果客户使用了，就可以增加店铺销售额，提高客户忠诚度。

(6) 增加商品附加值：一件商品本身能给予客户两种价值，一种是硬性价值，即该商品实际提供给客户的功能；另一种则是软性价值，即该商品能满足客户某些情感、文化的需求。商品的软性价值也就是我们俗称的"商品附加值"。"增加商品附加值"促销，就是通过提升商品的软性价值，满足客户个性化的消费需求，吸引消费者购买商品。

(7) 集体议价：集体议价是指通过多个购买者联合购买同一类商品而形成一定购买规模以获得优惠售价的交易方式。作为动态定价的一种形式，集体议价将不同投标者联合起来以便于获得折扣价格。

(8) 优惠抵价券：传统实体店为了促进销售会推出小额的抵价券或者优惠券，通常是规定了使用有效期的，于是，持这种券的客户为了销售优惠大多会前来消费。很多网店也推出了类似的促销活动。获得抵价券的买家可以在规定的条件下凭抵价券享受一定的购物优惠，相应的优惠费用、成本均由卖家承担。

7.5.2 商品营利性改善

随着网络交易的进步和发展，越来越多的商家将业务扩展到了网店销售渠道。然而，随之而来的竞争也变得更加激烈，许多网店面临着销售额下滑和盈利能力不足的问题。网店商品营利性的改善需要从多个方面入手，以下是一些具体的建议：

1) 优化网店的商品与服务质量

确保商品质量达到或超过客户的期望，避免因为质量问题而引起差评或退货退款的情况。同时，注重包装与配送过程，确保货品能够完好无损地送达客户手中，提高客户购买满意度。

此外，及时回应客户咨询和投诉，提供良好的售后服务，增加客户忠诚度和口碑推荐。

2）制定合理的选品与定价策略

选择有潜在市场并且能够满足特定客户需求的产品，可以确保较高的销售量和客户满意度。进行市场调查，了解客户的需求和偏好，可以帮助卖家更准确地选择商品。同时，定价策略也不容忽视。基于成本、竞争态势和客户接受度来合理定价，既能确保盈利，又能避免价格战导致的利润下滑。

3）优化网店的页面设计与布局

网店的页面设计与布局直接决定了用户的购买体验和购买决策。良好的网店页面设计与布局能够提高客户的购买体验，增加商品的销售量。首先，要注重网店的整体风格，保证视觉上的统一和美观。其次，要通过简洁明了的导航栏和分类展示，使用户能够便捷地找到自己所需的商品。最后，也可以通过添加商品图片、详细描述、客户评价等元素来提升商品的吸引力，增加客户的购买欲望。

4）优化网店的广告和营销策略

有效利用各类广告工具，提高网店和商品的曝光度，不断优化广告投放策略，确保广告的覆盖面和投放效果。值得注意的是，广告预算和策略应根据实际销售数据进行调整，确保广告投入带来的回报最大化。运用多元化的营销手段来提高商品的曝光度和购买率。例如，可以通过社交媒体、电子邮件、短信等方式进行精准营销，向潜在客户推广高营利性的商品。通过促销活动、打折优惠、会员制度等营销手段吸引客户购买。针对不同的节日、季节和活动，制定相应的营销策略，提高销售额和客户忠诚度。

5）提高客户的满意度和忠诚度

优质的客户服务可以提高客户满意度和忠诚度。确保快速响应客户的咨询和投诉，并提供及时、准确的物流信息，提供优质的售后服务。建立良好的客户关系，可以增加客户的复购率，从而提高商品营利性。了解客户需求，提供个性化的推荐和建议，可以提高客户满意度和忠诚度。

6）重视网店的精细化运营管理

对网店运营情况进行精细化管理，提高网店的运营管理水平。根据不同类目的商品销售情况，进行不同的促销活动，提高销售额。对于低销量的商品，可以考虑下架或降价处理，减少库存压力。根据市场需求和客户反馈，不断优化商品选择。对于表现不佳的商品，要及时下架并替换为更具竞争力的新品。确保商品品质和价格符合客户的期望。

7）通过服务增加商品的附加值

为商品提供附加服务，如配套的包装、赠品等，增加客户的购买欲望。优质的增值服务可以增加客户的满意度和忠诚度，带来更多的回头客和口碑宣传。通过提供增值服务，企业可以吸引更多的客户，增加销售额和市场份额。优质的增值服务可以树立企业诚信、专业和负责任的形象，提高品牌的认知度和美誉度。通过提供增值服务，企业可以与客户建立长期稳定的合作关系，增加客户的黏性和忠诚度。

8）有效管理库存与减少退货

通过优化供应链、降低物流成本、提高运营效率等方式，降低网店的运营成本，提高盈利水平。过多的库存不仅会增加存储成本，还可能导致长时间无法销售的产品变得过时或损坏。因此，通过数据分析预测销售趋势，并据此调整库存，可以避免不必要的成本浪费。同时，确保产品质量和与描述相符，提供良好的客户服务，都可以有效减少退货率，从而提高利润。

9）打造网店的独特品牌形象

明确店铺的定位和目标客户群体，找到店铺的不同之处，以此为基础，进一步打造独特品牌形象。店铺名字也要简短、易记、有个性，并能体现出店铺的经营范围和特点。各种营销手段都可以被应用于品牌推广，例如建立自己的社交账号并发布一些可以吸引目标客户的内容，让自己的店铺看起来更加专业。通过建立品牌形象，提高客户对网店的认知度和信任度，增加客户的购买意愿和忠诚度。

10）拓展网店商品的销售渠道

社交媒体平台，如微信、微博、抖音等已经成为人们日常生活中重要的一部分。网店可以在这类平台上建立官方账号，进行品牌推广和营销活动。例如，微信小程序、微信公众号可以与网络交易平台无缝对接，实现流量共享，提高销售额。直播带货是一种新兴的电商营销方式，通过直播的形式向客户展示商品的特点和优势。除了线上销售外，还可以考虑拓展线下销售渠道，如实体店、批发等，增加销售收入来源。

综上所述，网店商品营利性的改善需要从多个方面入手，包括优化商品与服务质量、合理选品与定价、优化网店页面设计与布局、制定营销策略、提高客户满意度、精细化运营管理、增加商品附加值、降低运营成本、建立品牌形象以及拓展销售渠道等。这些措施的实施，能够提高网店的销售额和盈利能力。

思考与练习

1. 如何理解网店经营？网店经营与门店经营有何不同？
2. 何谓商品的营利性？网店商品在营利性上有何特征？
3. 可从哪几个方面理解网店商品营利性分析的必要性？
4. 影响网店商品盈利的因素有很多，一般有哪些因素？
5. 一个网店是否有价值，一般应从哪几个方面来评估？
6. 一般可从哪几个方面来评估分析网店商品的营利性？
7. 用于提高网店盈利水平的商品经营策略主要有哪些？
8. 在网店经营中，可从哪几个方面改善商品的营利性？

8 网店服务与客户满意度分析

【内容概要】
　　本章首先介绍网店服务和客户满意度的相关概念,讨论网店客户满意度分析的必要性以及分析网店客户满意度的主要影响因素,其次讨论网店客户满意度分析模型和评价指标体系,最后讨论网店的客户维护及提升客户满意度的策略。

【学习目标】
　　(1) 掌握网店服务和客户满意度的概念。
　　(2) 掌握网店客户满意度分析的必要性。
　　(3) 了解网店客户满意与否的影响因素。
　　(4) 了解网店客户满意度的分析与评价。
　　(5) 了解网店的客户维护与满意度提升。

【基本概念】
　　网店服务,客户服务,客户满意度。

8.1 网店服务与客户满意度的概念

　　网店运营离不开服务。网店运营只有让客户满意,销售的产品才会受到客户的欢迎,网店才会有销售收益。这一节首先讨论网店服务与客户满意度的概念,后面再讨论客户满意度分析的相关问题。

8.1.1 网店的服务与客户服务

　　在激烈的竞争环境下,网店为了更好地生存和发展,常常会向客户提供优良的商品和优质的服务。网店服务的对象是形形色色的客户群体,而客户满意是一切利润的来源。网店能否为客户提供优质的甚至是独具个性的服务,已经成为影响网店盈利能力的关键因素。这里,网店服务和客户服务是稍微不一样的概念。

　　1) 网店服务
　　网店本身就是以电子商务方式为商品销售或购买提供服务。网店服务在概念上有广义和狭义之分。广义的网店服务是网店提供的服务。网店为客户网上购物提供了很多服务,包括网店装饰、商品布置、信息发布、配送物流、在线支付、发票开具等,当然也包括售前、售中和售后的客户服务。狭义的网店服务,主要是指网店在网络销售中提供的服务。网店服务,有的是网店提供的,有的是由外包服务商提供的,如物流和支付等。网店服务,也可能是网店专门为客户提供的增值服务,可以是线上的服务,也可以是线下的服务。

2）客户服务

客户服务，一般是指比较狭义的网店服务，甚至主要是指网店在售前、售中和售后为客户提供的服务。但是，从概念上说，客户服务还包括售后的安装服务以及配送服务等。客户服务，可以是线上的服务，也可以是线下的服务；客户服务，一般是由客服人员提供的服务，但也可能是非人工服务，如电子服务、人工智能服务或者数字人提供的服务。

8.1.2 客户满意与客户满意度

1）客户界定

对于客户（Customer）的界定，有狭义和广义之分。狭义上，客户是指商品或服务的最终接受者；广义上，客户是指任何接受或有可能接受商品或服务的对象。换言之，凡是接受或有可能接受任何单位、个人提供的商品或服务的单位和个人都可以称为客户。广义上的客户又可以分为内部客户和外部客户，其中，内部客户是指企业内部的员工，外部客户是指企业外部与企业商品、服务和货币有交换关系的对象。在网店经营中，客户是网店利润的直接源泉，是影响和制约网店生存与发展的战略性资产。

2）对客户满意的理解

客户满意（Customer Satisfaction，CS）这一概念由来已久，最早是用于20世纪的消费心理学研究。随着研究的不断深入，客户满意的概念已经渗透到质量管理学、市场营销学、计量经济学等众多学科领域当中。但经过多年的研究讨论，至今仍然没有一个统一的概念。比较权威且受到认可的主要是以下学者所阐述的概念。

客户满意（CS）是全面质量管理（Total Quality Management，TQM）的首要原则，是TQM的根本目标，也是企业运营的最高目标。不论是作为一种崭新的质量观，还是作为一种新的经营理念、经营战略，客户满意都是对传统的质量观、经营理念和经营战略的大胆扬弃，这反映了随着服务时代的来临，企业运营价值观的转变和客户行为的日趋成熟。

与CS相关的研究已成为国内外质量领域和经济领域研究中的一大热点。自从客户满意理论产生以来，关于其定义，争议一直较大。客户满意被具体化研究始于1965年Cardozo首先将"满意"这个概念引入市场营销。自此之后，各国学者都对客户满意提出了自己的解释，其中颇具影响力的主要有：

Howard和Sheth认为客户满意的定义应该是：客户满意是一种心理状态，取决于客户衡量的其付出与实际获得是否公平和合理。或者也可以说：客户满意是客户对其所付出的代价是否获得足够补偿的一种认知状态。

Oliver则将客户满意用一个函数进行表示：

$$S_{ijt} = f_1(\mu_{ijt}^e) + f_2(\mu_{ijt}^p - \mu_{ijt}^e) \tag{8-1}$$

式中：S_{ijt} 表示客户 i 在时间 t 时对商品 j 的满意度，μ_{ijt}^p 表示客户 i 在时间 t 时对商品 j 的质量感知，μ_{ijt}^e 表示客户 i 在时间 t 时对商品 j 的期望。换句话说就是：客户满意是一种人的心理状态，即客户根据其在消费经验中形成的期望与消费经历中的质量感知产生的一种情感状态。

Westbrook与Reilly在1988年提出："客户满意是指一种情感反应，这种情感反应产生在购买过程中，指商品的陈列等整体购物环境对客户心理的影响。"

Woodside 与 Daly 在 1989 年提出，客户满意是指客户的态度，客户满意是一种消费态度形成后的主观评估，反映了客户在消费之后的喜欢或者不喜欢的程度，与此同时，形成的整体态度也是以购物经验为基础的。

Fornell 在 1992 年发表论文提出，客户满意是指可直接评估的一种整体感觉，客户会将购买到的商品和服务与其心中理想的标准进行对比。即使客户很可能原本对商品或服务满意，但是与预期对比后，会认为商品很普通。

Kotler 和 Scheff 在 1996 年指出，客户满意来自个人对于商品功能特性的感知与个人对商品的期望，两者比较后形成的感觉愉悦或失望的程度，满意度则是所感知到的功能与期望两者之间差异的函数。

国际著名市场营销学权威菲利普·科特勒则认为：满意是一个人通过一个商品或服务的可感知的效果与他的期望比较后所形成的愉悦或失望的感觉状态。

日本 PHP 研究所顾问师武田哲男认为：所谓客户满意，是指通过满足客户，而成为深受客户信赖与支持的企业。

2000 版 ISO9000 族标准中对客户满意所作的解释则是：客户满意是客户对其要求已被满足程度的感受。并在其注释中进一步指出：客户抱怨是一种满意度低的最常见的表达方式，但没有抱怨并不一定表明客户很满意；即使规定的客户要求符合客户的愿望，也不一定确保客户很满意。

由上述我们不难发现：客户需求与期望是客户满意产生的心理基础，客户满意与否取决于其实际体验与期望之比。理论上讲，实际体验符合或超过客户期望，客户就倾向于满意或比较满意，反之则感到一般、不满意或很不满意。此外，客户抱怨得到妥善处理，也会实现客户满意。而客户满意也会发展到其最高境界——客户忠诚，如图 8-1 所示。

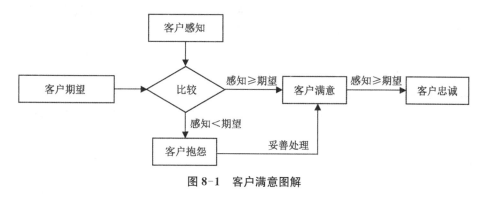

图 8-1　客户满意图解

显然，客户满意往往比较复杂、比较模糊，不如实物那样直观、明朗、清晰。在企业的运营过程中，客户通过对一个商品或服务的感知效果（或结果）与其期望值相比较，会形成愉悦或失望的状态。这种客户满意/不满意有程度的区分，客户满意水平的量化就是客户满意度。例如，客户满意度可以划分为满意和不满意两级，也可以划分为很满意、较满意、一般、较不满意、很不满意五个等级，还可以划分为 0～100 的分值。

"满意"这一概念属于心理学范畴，之后被引入市场营销领域，形成"客户满意"的理论，所以其相关研究领域涉及社会心理学、组织行为学、市场营销学等众多学科，主要的理论基础如下：

（1）期望-不确认理论（Expectation-Disconfirmation Theory）：最早是由 Oliver 提出，他

认为客户做出购买决策前会产生期望,实际购买后会形成感知绩效,由期望和绩效进行对比产生不一致的结果,这个不一致的结果即为不确认;客户满意和不确认的量度有关,而不确认同客户的期望和对商品的实际感知绩效有关。因此,客户满意被定义为客户期望与实践感知绩效的函数。当期望与商品的感知绩效相符时,客户满意;当期望低于商品的感知绩效时,客户非常满意;当期望高于商品的感知绩效时,客户不满意。该理论是客户满意研究中的经典,是很多其他理论的基础。

(2) 同化理论(Assimilation Theory):Anderson 在 Festinger 的认知失调理论的基础上提出了同化理论,该理论认为:当商品绩效与客户期望产生失调时,客户会调整对商品的认知并使之符合期望,以减小认知失调的差距。客户也可能通过调整期望来缩小这种差异。

(3) 对比理论(Contrast Theory):Cardozo 最先提出客户的期望与商品绩效之间存在对比关系,该理论正好与同化理论相反,认为当期望与绩效存在差异时,客户倾向于放大该差距。Dawes,Singer 和 Lemons 将对比理论定义为一个人真实的态度和通过言论表现出来的态度之间的差异被放大的趋势。具体应用到客户满意理论中,即当商品绩效低于客户期望时,客户对商品的评价将比实际情况更差;当商品绩效高于期望时,客户对商品的评价将比实际情况更好。

(4) 同化-对比理论(Assimilation-Contrast Theory):Hovland,Harvey 和 Sherif 将同化理论与对比理论结合起来解释客户满意的形成过程,他们认为客户满意是期望与商品绩效之间差异幅度的函数。通常来说,客户的认知分为接受区域和拒绝区域,当期望与商品绩效之间的差异较小并落在接受区域时,客户会采用同化理论来缩小两者之间的差异;当两者之间的差异较大并落在拒绝区域时,客户会采用对比理论放大认知差异。

(5) 否定理论(Negativity Theory):Carlsmith 提出否定理论并将其引入客户满意研究中。该理论认为,当期望十分强烈以至于商品绩效无法满足期望时,客户就会对商品产生否定的态度。因此,当客户持此种观点时,其对商品的感知绩效便会降低。

(6) 比较水平理论(Comparison Level Theory):Thibaut 和 Kelley 提出比较水平理论,认为客户满意是商品或服务的客观属性表现与客户比较水平的函数,而客户以前的消费经验、别人的评论或媒体的宣传等都将决定比较水平。如果当前的商品属性表现高于比较水平,客户会感到满意;反之,如果当前的商品属性表现低于比较水平,则客户会感到不满意。

(7) 满意理论(Satisfaction Theory):Latour 提出满意理论,认为商品或服务是由众多属性组成的,客户对每一属性进行评价,所有的评价汇总到一起就形成了客户对该商品或服务的态度,态度将影响到客户满意的程度。

(8) 公平理论(Equity Theory):公平理论也叫社会比较理论,是由美国心理学家 J.S.Adams 提出的,最早用于研究工资报酬分配的合理性、公平性。他认为公平是所付出的劳动与所获得的报酬的比值与同等情况下的参照人相比较而产生的个体主观感受。John W.Huppertz 等人将这一理论应用到市场营销中,认为客户满意取决于客户是否感知到被公平对待以及公平程度的高低。客户将自己在消费过程中的投入产出比例与其他人相比,如果感到被公平对待了,则会产生满意感。

(9) 归因理论(Attribution Theory):所谓归因,就是指人们对他人或自己的所作所为进行分析,确认其性质或推论其原因的心理过程。Weiner 提出了很有影响的"三维度,四因素理论",将成功与失败的原因划分为三个维度,内在与外在性、稳定与暂时性(不稳定性)、个人的可控性与不可控性;四因素分别是努力、能力、任务难度和机遇。内因主要归结为努力和能力,外因主要归结为任务难度和机遇。他将这一理论应用到客户满意研究中,发现客户满意对内因的评价高于外因。Binter 强调了归因理论对客户满意的形成和评价过程有重要影响。

3) 对客户满意度的理解

客户满意度(Customer Satisfaction Degree,CSD)是一个非常重要的概念。目前,欧美各国已相继开展了研究,而有中国特色的客户满意度指数(China Customer Satisfaction Index, CCSI)也正在积极构建之中。

西方质量界广为流传这么一句箴言:如果你不能预测它,那你就不能管理它。对客户满意的测量,实质上就是客户满意度(Customer Satisfaction Degree, CSD)问题。客户满意度可以简要定义为:客户或用户接受商品和服务的实际感受值与其期望值比较的程度。用公式表示为:客户满意度=用户感受值/期望值。对客户满意度也可这样理解:客户满意度就是客户对所消费的商品或服务的满意状态和程度,或客户满意的定量表述。简而言之,就是客户满意的程度。

客户满意度反映的是客户的一种心理状态,它来源于客户对企业某种商品或服务消费所产生的感受与自己的期望所进行的对比。也就是说,"满意"并不是一个绝对概念,而是一个相对概念。企业不能闭门造车,留恋于自己对服务、服务态度、商品质量、价格等指标是否优化的主观判断上,而应考察所提供的商品或服务与客户期望、要求等吻合的程度如何。

客户满意度是一个变动的目标。能够使一个客户满意的东西,未必会使另外一个客户满意;能使得客户在一种情况下满意的东西,未必能使其也在另一种情况下满意。只有对不同客户群体的满意度因素非常了解,才有可能实现 100% 的客户满意。

简单地说,客户满意度是客户对其明示的、隐含的或必须履行的需求或期望已被满足的程度的感受。满意度是客户满足情况的反馈,它是对商品或者服务性能以及商品或者服务本身的评价,并给出了(或者正在给出)一个与消费的满足感有关的快乐水平,包括低于或者超过满足感的水平,是一种心理体验。

4) 客户满意度的特征

客户满意度是目前国内外质量和经济领域一个非常热门而又前沿的话题。客户满意度作为客户满意水平的量化,有其自身的特点,包括主观性、客观性、动态性、全面性、集合性、比较性、隐含性、模糊性、差异性、滞后性、定量性、复杂性等等。

(1) 主观性:客户满意度归根结底是客户的一种主观感知活动的结果,具有强烈的主观色彩。因此,对客户来说,满意与否以及满意的程度,首先受主观因素影响,如经济地位、文化背景、需求、期望及评价动机,甚至受地方性的好恶、性格、情绪等非理性因素的影响。

(2) 客观性:一是说客户满意度是客观存在的,是不以企业、客户的意志为转移的。也就是说,客户一旦接受了企业提供的商品(包括售前服务,如广告宣传),就有了一个满意度的问题。不论组织是否对此加以关注、是否去进行调查,客户的评价总是客观存在的。二是说造成客户满意度的部分原因是客观的。

(3) 动态性:客户满意度形成以后也并非一成不变。相反,由于客户需求具有变化性,客户满意度会随时间的推移、技术的进步、整体环境素质的提高等发生变化。同时,企业的优势也会相应发生变化。一般来说,社会经济和文化发展了,客户的需求和期望也会相应提高,客户满意度也会发生变化,甚至从满意转变为不满意。企业要想把客户满意度维持在一个既定的水平上,必须持续改进、不断提高自己的商品质量和服务水平。

(4) 全面性:客户满意度是客户对企业及其提供的商品和服务的评价,这种评价是全面的,而不是只针对某一质量特性而言的。任何一个质量特性或服务环节出现问题,都会引起客户的不满意。客户满意度又是针对组织本身的。组织性质、形象、管理,组织承担的社会义务或社会责任,甚至组织所在的国家和地区、内部员工的生存状况、所在社区的反映、与政府或其他组织的关系及主要管理者或最高管理者的政治态度等等,都可能直接或间接影响客户满意度。

(5) 集合性:对企业来说,客户具有天然的一体性。因此,客户满意度既是针对某一个客户的,又是针对全部客户的。全部客户的满意是若干个客户满意的集合。测量客户满意度,首先就是测量全部或具有代表性的一部分(数量太小就失去意义)客户的满意状况,而不是测量个别客户的满意状况。

(6) 比较性:客户满意度是客户期望与客户感知相比较的产物。客户满意度的比较,可以是横向比较,也可以是纵向比较。但比较是有限的,在某些情况下,客户满意度很难比较或不宜比较,因为不同的客户对同一个影响其满意度的因素的期望与感知不尽相同。

(7) 隐含性:客户满意与否往往隐含于客户的意识中,企业只有在组织进行调查时,才可能得到确认。当然,特殊情况下也可能是公开的,例如客户主动向企业或客户协会投诉,包括提供好的意见和建议等。但大多数客户的满意度往往是隐含的。

(8) 模糊性:由于客户满意度是一种主观感知、自我体验和情感判断,这种主观感知或情感判断,带有许多"亦此亦彼"或"非此非彼"的现象,即模糊现象。另外,客户满意度是有差距的,但究竟差多少,也是相当模糊的,是难以精确和量化的。例如,很难界定"满意"和"较满意"的差距究竟有多大。

(9) 差异性:客户满意度往往因客户属性(自然属性、社会属性、消费属性等)、企业属性、行业属性、时空属性以及商品和服务属性的不同而不同。同一个人可能今天对商品质量满意,但明天会感觉一般。

(10) 滞后性:客户满意度往往是客户过去的消费心理状态的反映,这意味着企业可以改变当前的经营行为,从而影响客户现在的和将来的消费心理和消费行为。

(11) 定量性:客户满意度归根结底是一种主观感知量化的产物,最终要用数字来说话。要了解一个企业的客户满意度,就是首先从客户满意度的测量开始。离开了定量性,客户满意度就不能称其为客户满意度。

(12) 复杂性:上述特征决定了客户满意度的复杂性。

5) **客户满意度的功能**

客户满意度分析可以从多个方面给企业带来利润,其原因就在于客户满意度具有多种功能,具体表现为评价功能、诊断功能、预测功能、监管功能、比较功能、引导功能、互动功能、激励功能以及净化功能等等。

(1) 评价功能:由于客户满意度不仅反映了客户满意的程度和状态,也体现了企业所提供的商品或服务实际满足客户需求的程度和成效。因此,客户满意度可评价一个企业的商品质量、服务质量、经营绩效,可评价客户实际获得的效用价值即让渡价值,或评价一个行业、产业乃至国家宏观经济整体运行的质量和状况。因此,美国等国家质量奖都将其列为一项重要的考察指标。

(2) 诊断功能:分析企业的客户满意度现状,可以使企业发现自身经营与管理活动中亟待解决的各种问题,尤其是客户最关心、最敏感的热点、难点问题,从而明确自身经营的优势与劣势,为其有针对性地改进商品质量、服务质量和工作质量,防止内外客户流失,增强企业竞争力提供可靠依据。

(3) 预测功能：通常，客户满意度高表明企业的客户是满意的、很满意的，甚至是完全满意的，那么企业收入和利润就会增加，其市场占有率必然上升；反之，则表明企业的客户是不满意的或很不满意的，那么客户往往就会投诉或流失，企业收入和利润就会减少，其市场占有率必然下降。正如菲利普·科特勒所言："客户满意度是公司未来利润的最好指示器和增长点。"

(4) 监管功能：组织应当监测客户满意或不满意的信息，并将其作为质量管理体系业绩的一种测量方法。客户满意度不仅可对外监测客户满意的程度和客户需求的现状及发展趋势，还可以监测企业各部分及员工的满意状况，从而使企业管理好资源，实现内外部资源的最优化利用，提高经济效益与社会效益，实现"两个根本性转变"和可持续发展。

(5) 比较功能：客户满意度可以促使企业了解自身优势和劣势，判断自己在市场中的竞争地位，识别竞争者的优劣，从而制定更有针对性、更有效的竞争策略，为其获得比较优势创造条件；可以激发员工提高客户满意度的热情和干劲；可以促使企业重视客户满意度建设，为持续提升客户满意度和忠诚度、不断提升市场竞争力奠定基础。

(6) 引导功能：有三层含义，①引导企业科学、理性地经营与运作，实现其持续发展；②引导行业、产业或部门持续稳步健康发展，实现"两个根本性转变"；③引导客户消费心理与消费行为，实现客户价值的最大化。

(7) 互动功能：客户在购买商品或服务的过程中，与提供商品或服务的营销人员及企业的其他人员会有许多接触，相互之间会产生互动。增进相互了解，有助于企业深入理解客户的需求，改进商品和服务。

(8) 激励功能：在买方市场下，客户是否满意、客户满意度的高低具有直接激励卖方与买方的双向作用。它既可刺激卖方内部整顿、创新和科学管理，保证商品或服务的质量、成本等符合客户要求，并使客户的让渡价值最大，也可刺激买方的消费心理，影响买方及相关方的消费决策与消费行为。

(9) 净化功能：在假冒伪劣商品依然大量存在的"转制时期"，提高客户满意度无疑有助于规范市场秩序、净化市场，从而净化社会风气，推动全社会物质文明和精神文明建设的发展。

8.2 网店客户满意度分析的必要性

前面我们提到，最早提出客户满意度理论的文献为1965年Cardozo发表的"An Experimental Study of Customer Effort, Expectation, and Satisfaction"。早期，满意度方面的研究主要集中在商品方面，而Cardozo认为提高客户的满意度会令客户产生再次购物的行为，而且不会转换客户对其他商品的观点。很显然，网店客户满意度分析非常必要。下面，我们从三个方面考察和分析网店客户满意度分析的必要性。

1) 从客户满意度分析的背景看网店客户满意度分析的必要性

"以客户为关注焦点"，是2000版ISO9000族标准对1994版标准的重大改进。当前，市场竞争主要表现为对客户的全面争夺，是否拥有客户取决于是否有良好的客户关系，取决于客户对商品和服务的满意程度。客户满意程度越高，市场竞争力越强，市场占有率就越大，效益就越好，这是不言而喻的。"客户是上帝""组织依存于客户"已成为商界共识，让"客户满意"也成为最重要的营销战略。

网店客户满意度分析不仅可以用来衡量商品或服务质量,更为重要的是,它可以从客户的角度分析其对商品或服务不满意的原因,以提高业务竞争力。测评客户满意度的根本原因就是收集信息、做出正确的决策,使客户满意度达到最大,从而提高客户保留率,进而提高利润。因此,为了提高客户满意度水平,每年都有众多国外商家独立或者委托其他机构来对客户满意度进行实际的调查分析。

另外,从1970年开始,许多发达国家开始着手研究客户满意度,建立了全国性的客户满意度指数测评体系和众多有关企业质量方面的奖项。其中最具代表性的,是美国商务部为了体现国家对质量问题的重视,于1987年设立的马尔科姆·鲍德里奇国家质量奖(Malcolm Baldrige National Quality Award)。它每年评选一次,用以奖励在质量方面取得成就的美国公司,目的是提升公众质量意识并且向公众宣传成功的质量战略。客户满意度就是该奖项的重要组成部分之一。这也是大量国外企业开始重视客户满意度的一个重要原因。

随着全球竞争的日益激烈,客户权益保护主义的兴起,以及加入WTO后企业营销环境发生的巨大变化,为了顺应经济发展潮流,社会对于产品质量的重视程度正在日益提高,学术领域对于客户满意度的研究也日益加深。目前,国内已经翻译出版了多部专著和多篇论文,介绍了一些国外满意度研究领域的先进研究方法。学术界也开始关注如何对客户满意度进行专业的测评和分析,开始尝试应用一些国外先进的模型和分析工具。

2) 从客户满意度分析的意义看网店客户满意度分析的必要性

随着市场竞争的加剧,许多商品在品质和功能等属性方面的差异越来越小,同质化越来越严重,这种结果使得商品品质不再是客户购买的主要标准,而客户越来越看重商品能否满足自己的特殊需要和提供及时完善的服务。商品占主导地位的市场格局如今发生了翻天覆地的变化,过去,很多商家一味追求提高销售额、扩大市场占有率、追求经济利润;而现在,越来越多的商家意识到客户是上帝、是市场经济的主体、是市场竞争的重要资源,只有商品或服务能够满足客户需求并提高客户满意度,才能提高市场竞争力和盈利能力,增强品牌形象,最终获得利润。总结起来,网店客户满意度分析的意义有如下两个方面:

(1) 有助于促进企业发展,降低销售成本,提高利润。如果商品能够满足客户的期望,则客户会感到满意;如果远远超过期望,客户满意度会大大提升。Philip Kotler认为,一个满意的客户,将会成为回头客,以后会更多地购买商品;由于信任,也会购买推荐的其他商品;会较少关注其他竞争的品牌,并且对价格的敏感也会下降。

一组数据表明:对瑞典客户满意度指数评测结果进行跟踪,结果显示,在5年内,客户满意度指数每年提升一个单位,投资收益率平均每年增长6.6%;对美国客户满意度指数评测结果进行跟踪,客户满意度指数每增加一个单位,其资产净值平均增加约6.45亿美元。在美国客户满意度指数评测的前3年,客户满意度指数与道琼斯30种工业股票指数变化之间的联系程度保持在93%。美国一个权威机构进行的一项调查表明,经营业绩约80%来源于"回头客"。根据Bain & Company的调查,客户流失率降低5%,就能带来25%~95%的利润增长,即客户保持率提高了利润的底线。

研究表明,吸引一个新客户比保持住一个老客户至少要多花费5倍的费用。所以,想要保留住老客户、降低客户流失率、降低销售成本,唯一的方法就是重视客户需求、提高客户满意度。只有当客户不断地购买商品时,网店拥有的人力、物力、财力等资源才会产生价值,网店才能得到不断的发展、创造更多的利润。

(2) 有助于树立企业的良好形象,提高品牌知名度。如果一个客户感到满意,他会乐于向其他人谈及该网店,并极力宣传网店和商品。尤其是在信息技术高度发达的今天,一个人的言论可以通过互联网在极短的时间内传递到世界各个角落,会对许多不了解的客户产生影响,使他们产生对网店的第一印象,而这些人很有可能会因为已有的好的评论而主动购买该网店的商品,成为新的消费群体,这样就为商店的形象进行了良好的宣传,导致口碑效应。

一项在新加坡商城所做的调查表明,如果客户不满意商家所提供的价值,会有24%的机会告诉其他人不要到该提供劣质商品或服务的商店购物;一个不满意的客户会使9~12个人对该商家的商品或服务质量产生不良印象。俗话说:金杯银杯不如老百姓的口碑。不好的口碑会严重影响网店在人们心中的形象,大大降低企业信誉和声望。

3) 从服务质量的重要性看网店客户满意度分析的必要性

20世纪80年代末,服务质量问题成为人们讨论的热点。服务的无形性(不能像实物商品那样可感受和触摸)、不可分割性(生产和销售同时进行)、异质性(很难对客户接收的服务进行标准化处理)和易坏性(不可存储),使得客户对服务质量的理解与商品质量有很大的不同。

Gronroos认为服务质量是一个主观范畴,并率先提出了客户感知服务质量的概念和服务质量模型,强调服务质量来自期望的服务水平和实际感受到的服务水平之间的差异。如果客户实际感受到的服务水平高于期望的服务水平,则客户对服务质量给予高的评价;反之,如果客户感受到的服务水平低于期望的服务水平,则客户对服务质量给予低的评价。

Parasuraman基于以上观点,将感知服务质量定义为"对服务优越性的全局评价或态度",并提出了差距分析模型。优越性即客户对实际服务的认知高于客户之前的期待。Gefen认为服务质量是客户对"想要得到的服务质量"与"实际得到的服务质量"做出的主观比较。

Lewis和Booms认为服务质量衡量了服务水平如何满足客户期望。Garman认为服务质量是客户整体体验过程中的感受。Sasser指出服务质量不仅包括结果质量,还包括服务传递过程的质量。

国际标准化组织ISO于1994年将服务质量定义为服务满足规定或潜在需要的特征和特性的总和,特征是用以区分同类服务中不同规格、档次、品味的概念;特性则是用以区分不同类别的商品或服务的概念,如旅游有陶冶人的性情、使人愉悦的特性,旅馆有给人提供休息、睡觉的地方的特性。服务质量最表层的内涵应包括服务的安全性、适用性、有效性和经济性等一般要求。

通过对服务质量定义的理解,我们可以总结出服务质量的三个特点:

(1) 服务质量是客户的主观感受,因此企业要从客户角度出发,力求满足客户的期望和需求。

(2) 服务质量是客户的整体感知,是期望质量与实际感受质量的综合。

(3) 对服务质量的评价既要包括结果又要包括过程。

下面,我们可以通过一个简单的数学题看出服务质量的重要性,从而从侧面反映客户满意度分析的必要性。

在数学上,"100-1"等于99;而在经营上,"100-1"却等于0。一位管理专家曾一针见血地指出:从手中溜走的1%的不合格,到用户手中就是100%的不合格。在很多商品流通领域中,客户只要对商家销售的任何一种商品不满意,他们的满意度不会按减法递减,而是全面否定这个商家的信誉和服务水平,因为客户不可能去购买商家销售的所有商品。在客户看来,他所购买商品的品质就代表了该商家所有商品的品质。在市场竞争激烈的条件下,他们是不可能当"回头客"的。他们再要购买这个品种的商品时,就会选择其他供应商的商品。甚至,他们有购买其他商品的需求时,也不会考虑购买该商家的商品。对该商家来讲,今后对这个客户的销售收益将永远是"0"。

上述这道简易的算术题,至少可给我们如下三个方面的启示:

（1）服务工作相互关联,是一个整体。根据系统的经营管理原理,任何一个系统都是"由相互作用和相互依赖的若干组成部分结合成的、具有特定功能的有机整体"。任何成功的企业提供的销售服务就应该是这样一个系统,包括组织货源、订货运输、仓储服务、客户订货付款、安排送货。这些环节相互作用、相互依赖,"一荣俱荣、一损俱损"。供应链、资金链、销售链中的任何一个环节出了问题,都会导致整个系统运转的停滞与偏差。正如《工作中无小事》一书中提到的,客户对整个销售服务工作中任何一个环节不满意,都会使客户否定整个销售过程的服务质量。因此,不论从事哪一项工作,工作效果的好与坏都与整个系统紧密相连。并且我们必须强调销售服务工作的整体性,既要认真做好每一项工作,同时又要把自己从事的具体工作与其他工作结合起来,不能"各人自扫门前雪,哪管他人瓦上霜"。

（2）服务质量是制胜法宝,苦练内功,精益求精。"100－1＝0"的另一层含义是,就客户而言,服务质量只有好坏之分,不存在较好较差的比较等级。这是因为,客户不希望在掏钱购货享受服务后留下丝毫的遗憾。现在大家都有这样的共识:过去竞争拼价格,现在竞争拼服务。过去那种"靠降价,以价取胜"的竞争手段已被"搞服务,以质取胜"的制胜法宝所代替。随着客户对商品销售服务及售后服务要求的不断提高,我们只有不断提高销售各环节的服务质量,才能在激烈的市场竞争中站稳脚跟,不然就会被客户抛弃。这给我们提出一个要求:不能以"众口难调"为借口,为我们的服务工作不能达到100%的客户满意度而开脱,也不能因我们的服务质量已基本上被客户认可而放弃对服务质量的高要求。为了战胜竞争对手、保持和扩大我们的市场份额,我们必须严把销售服务质量关,精益求精。在销售服务质量上"差那么一点儿",就意味着市场的丢失。

（3）争取让所有客户都满意,一个都不能少。销售服务工作的整体性与服务质量的提高密不可分,销售服务的质量必须通过市场的严峻考验。服务质量的最终评判人是客户,他们的打分要么是"满意",要么是"不满意",即使打个感情分"比较满意",也存在不满意的成分。只有让所有客户都满意,才能达到市场要求。就像"100－1＝0"一样,只要一百个客户中有一个不满意,服务质量就不能说没有问题。

特别值得注意的是,某些客户是很有影响力的,通过他们的"现身说法",企业可以进一步扩大市场份额。在服务领域里,这样的"行家"不少。中国有句古话:好事不出门,坏事传千里。不要以为99个客户都满意了,剩下的那1个客户不满意无关紧要。如果他是"关键行家",或者将"坏事"到处传播,网店的声誉及经济效益就会蒙受损失。因此,争取让所有客户都满意,应是网店不懈的追求。

8.3　网店客户满意与否的影响因素

在市场经济条件下,客户的选择决定着企业的兴衰。客户用手中的货币投票,来表达对企业满意与否。西方的企业对这一点是非常重视的,从提出客户满意的概念开始,便致力于了解、发掘客户满意的影响因素,以便有效地提高本企业的客户满意度水平。

1) 影响网店客户满意度的一般因素

(1) 商品质量和感知质量

① 商品质量:是指商品(服务)的性能特性满足客户需求的能力,是商品(服务)的性能水平。在其他条件不变的情况下,商品质量越高,客户越满意,这是必然的。

② 感知质量(Perceived Quality):是客户对商品或服务的质量的总的评价,它是从客户的观点来定义的。商品质量大都是指商品符合某一标准的能力,而感知质量则是客户个人的评价,不仅受实际商品质量的影响,也受评价参照物的影响。客户经常根据一些具体的特性来推断商品质量,如饮料的色泽和甜度、洗衣粉的泡沫多少等,还有外部线索,例如价格、品牌名称、广告水平、商品保证等。一般认为,商品感知质量对总的客户满意度有一个正向影响。

(2) 对商品(服务)的感知质量期望:客户对商品(服务)的感知质量期望(expectation)是指在购买前根据自己所掌握的信息(以前的经验、他人的经验、广告、宣传等),去预期所要购买的商品的质量水平。从总体上分析,期望不仅包含了实际消费经验,而且包含了从外部(广告、口头传播、其他媒体)得到信息。

① 短期期望的影响:短期内,如果客户对商品的期望值较高,则客户购买商品后的感知质量同期望质量之间的差异就会缩小。从客户满意的预期不一致观点来看,高的质量期望会导致客户满意度的降低。尽管商品实际质量水平很高,但客户的期望值超过了实际水平,客户反而会感到不满意。在市场信息传播很快的情况下,客户对商品质量的认识会同实际水平趋于一致。一般来说,总的质量期望水平比较真实地反映实际质量水平。但在实际情况下,市场调节自己的预期质量需要一定的时间。也就是说,在短期里,质量期望水平的提高对客户满意度水平有负向的影响。

② 预期不一致对客户满意度影响的非对称性:客户所感知到的商品或服务的质量水平可能比预期要高或者要低。研究发现,实际质量达不到预期时对满意度水平的损害要大于同等幅度的质量超过预期水平时的影响。把商品达不到预期看作客户一种财富的损失。从微观经济理论可知,人一般来说都是风险厌恶型的,即当人们在做购买决策时,他们将更受到那些负面信息(直接的或间接的)的影响。Sung Yoon-mo 对韩国汽车业的检验证实了这一点,Rust 和 Inman 等做了类似的试验,也发现了这种预期差异对满意水平的不对称影响,该发现对于广告策略有直接的指导意义。

③ 对质量预期与客户满意度关系的检验:Anderson 和 Fornell 等运用了 1989—1993 年的瑞典客户满意度调查资料对质量预期与客户满意度的关系进行了实证检验(共 77 家企业),回归结果显示,总的质量预期是基本稳定的。预期的稳定性说明公司的质量信誉不会改变得很迅速。在 Fornell 1992 年对国家客户满意度指数进行的分行业分析中,客户满意度对感知质量和期望质量分别进行回归,结果发现,在所有的行业中,感知质量的回归系数均大于期望质量的回归系数,没有哪一个行业的期望比实际性能更能影响满意度。

④ 感知质量与预期质量对客户满意度的影响效果的比较

期望主要反映了过去的质量经验或者非经历的质量信息。实际消费时的感知质量对满意水平影响更大。因为在决定客户满意度时,当前的质量经验会被优先考虑。从总体影响来看,实际的、直接的经验会比其他信息更受重视。另外,客户在评价质量时,总是会同时考虑价格因素的影响。感知质量比期望质量包含了更多的信息。

（3）价格与客户满意的关系：价格是商品营销组合的关键因素。对客户来说，价格是其为得到商品或服务而必须付出的价值的最重要的部分。价格直接决定客户得到的价值。同等质量水平下，价格越低，客户得到的价值就越大，客户满意程度越高，这是不言而喻的。

但从感知质量观点来研究，客户在对商品不熟悉的情况下，往往凭借商品的某些属性来推断商品的内在质量水平，如包装精美程度、相对价格高低等等。在客户不了解商品、难以估计其内在质量时，他们会用商品价格来推断质量水平。高价格往往与高质量联系，低价格则相反。此时，与客户价值观念相反，适当提高价格反而有助于提高客户满意水平。不同质量等级的商品，当其价格改变时，对客户满意程度的影响是不同的。Blattberg 和 Wisniewski 研究了四种经常购买的新商品种类，发现高质量商品降低价格时，吸引客户向上转移，而低质量商品同等程度的价格降低没有吸引到同样水平的客户转移。

（4）市场份额与客户满意的关系：市场份额与客户满意的关系是极其重要的。人们一直认为，高的市场份额将导致较高的利润率。规模报酬递增假定是这种想法的理论基础。一般来说，客户满意与市场份额之间并不总是一致的。客户的偏好由价格和质量决定，一部分人偏好优质优价，另一部分人偏好较低的价格而对质量不是十分注意。但至少在两个方面，市场占有率对客户满意有正向影响。一方面，提高市场份额在一定范围内可获得规模收益，表现为单位商品生产成本的降低，能提供更低的价格，从而提高满意度。另一方面，对有些商品，人们得到的效用依赖于其在市场上的普及程度。根据 1980—1990 年的瑞典的资料，客户满意和市场份额存在一个负相关关系，即不能同时拥有高的客户满意度和高的市场份额，市场份额和客户满意度之间并不是一个同一的目标。

（5）其他因素：以上是从质量和价格方面来考虑的客户满意度。在不同的研究中，人们对客户满意度有不同的描述与侧重，如对商品特性、对销售人员、对消费经验或对特定商品或服务的满意程度等。除了价格和质量外，我们认为其他因素，如购物环境、服务设施、收入、教育水平等，对客户满意度也可能有显著的影响。此外，这些购物环境、服务设施、收入、教育水平等对质量和价格也可能有影响或它们之间也存在一定程度的联系。

2）影响网店客户满意度的主要因素

随着电子商务的快速发展，越来越多的客户选择在网店购物，而客户满意度也成了衡量网店经营质量的一个重要指标。通过以上的分析及网络交易模式的研究，网店可以将影响网店客户满意与否的因素主要集中为如下五个方面。

（1）商品的品质和价格：商品是客户在整个购物行为中最关注的方面，购买商品是购物行为的最终目的。如果网店仅为客户提供一种有别于传统商务模式的全新的购物体验，但是商品本身却没有达到客户的要求，这样的新商业模式也是失败的。因此，客户对商品的传统要求，例如质量、价格、品种等，在网店中仍然起着重要作用，同时影响客户的满意度。

商品品质和价格是影响客户购买和满意度的重要因素。客户在选择商品时，首先会考虑商品的质量和价格是否合理。如果客户购买的商品存在质量问题或者价格太贵，那么他们就会产生不满意的情绪，从而对电商企业产生消极态度。因此，电商企业要确保所售商品的品质过硬，并提供合理的价格，以满足客户的需求，从而提升客户满意度。

（2）网站与用户体验设计：虚拟经济和传统经济的区分就在于互联网络的介入。网店依托网络而存在。在进行客户满意度要素分析时，网店不能忽略网络这一重要因素。在网络购物的背景下，我们应当将网络分为网络交易平台和网络商店两部分来研究其对客户满意度的影响。其中涉及网站的设计、搜索的便利性、网络商店的内容、提供的信息的质量等。

客户在进行网络购物时需要填写一些个人信息资料，来确保交易的顺利完成。大量的个人信息在网络上传输，这些信息都存在着被不法分子恶意窃取的危险。另外，网络购物通常是先利用网上银行或者第三方支付方式，先款后物。出于财务安全的考虑，许多客户对在网上使用信用卡还是存有疑虑。因此，网络的安全性和可靠性也是影响客户满意度的非常重要的方面。

体验设计是另一个影响网店客户满意度的重要因素。客户在使用网络平台时，希望能够通过简单、明了的界面快速找到所需的商品，购买流程简单，支付流程方便。如果网络平台的用户体验设计不良，就会让客户感到不适，从而影响客户满意度的提升。因此，网店要针对客户的需求，不断优化平台的用户体验设计，提升客户满意度。

（3）服务质量和物流速度：服务质量和物流速度也是影响网店客户满意度的重要因素。这里的服务指的是商家的售前、售后以及物流服务。在网店运营中，客户无法直接接触所要购买的商品，只能够通过商家在网络上的介绍以及与商家的交流来获得商品的信息。准确、高效的售前服务，能够帮助客户做出购买决策。在售后，商家如果能够为客户提供无忧且安心的退换服务，那么客户对商家的满意度通常会大幅增加。提供优质的售后服务，及时解决客户的问题，客户就会更愿意选择在这家网店购物。

客户在下单后，最关心的是商品何时能够到达手中。网店需要提高物流速度，确保商品能够在最短的时间内送达客户手中。对于通过网络购买的商品，通常情况下是利用快递送到客户手中。不同的物流方式，不同的物流公司，其工作效率、送递的时间，在实际中的差别都是非常之大。商家对物流的选择也要十分慎重。优质的服务能够大大提高购物的便捷性，节约客户的时间，而这也是网店能吸引客户的重要原因。

（4）网店口碑和品牌形象：网店的口碑和品牌形象是影响网店客户满意度的重要因素之一。客户在购买商品时，会选择那些有良好的口碑和品牌形象的网店。因此，网店要注重口碑的建设，提高商品和服务的质量。通过有效的营销手段，在客户心中树立良好的品牌形象，提高客户的购买欲望，从而提高客户满意度和信任度。

（5）社交化和个性化模式：随着社交网络的快速发展，社交化和个性化的网络购物模式也越来越得到客户的青睐。通过社交化和个性化的服务，网店可以更好地了解客户的需求和偏好，向客户提供更精准、个性化的服务。如果网店能够满足客户的个性化需求，那么就会更容易赢得客户的信任和忠诚度，从而提高客户满意度。

综上所述，商品品质和价格、网站与用户体验设计、服务质量和物流速度、网店口碑和品牌形象、社交化和个性化模式等因素都是影响电商客户满意度的重要因素。电商企业应该重视这些因素，注重客户的需求，不断提高服务的质量和品牌形象，以提升客户满意度，从而获得更多的市场份额。

8.4 网店客户满意度的分析与评价

客户满意度是当前国际、国内市场竞争的一个焦点。自从美国学者 Cardozo 在 1965 年首次提出"客户满意"的概念并对其进行深入分析以来，已有上万篇论文与大量著作对客户满意的涵义、客户满意度测评方法以及客户满意度的分析模型进行了讨论与研究。客户满意度就是客户满意水平的量化。这个定义清楚地表明,满意度水平是感知绩效(Perceived Performance)和期望(Expectation)之间的差异函数。这一定义既符合心理学对满意的理解,同时也对客户满意度的实际测定与分析提供了理论支持。从这个定义我们可以看出,客户满意并不是一个孤立的概念,它既与客户的事前期望有关,又与客户的购后行为相连。因而,客户满意的分析与测定,不能只集中于客户满意本身。这是一个十分复杂的过程,可以采用多种方法模型。要深入了解这些方法模型是十分困难的。

通过特定的因果关系模型对客户满意程度进行测评得到的指标结果,我们通常称之为客户满意度指数。客户满意度指数(Customer Satisfaction Index,CSI)就是从总体、综合的角度,将客户满意度的衡量指数化,即客户对企业、行业甚至国家在满足客户需求方面进行评价。它与生产率指标的主要区别是:后者偏重于衡量产出的数量,而前者主要是从客户角度衡量产出的质量。因此,该指数为传统的经济指标提供了有益的补充,成为目前许多国家使用的一种新的宏观经济指标和质量评价指标。

8.4.1 客户满意度的分析模型

越来越多的人认识到了客户满意度理论对于企业生存和发展的重要性,于是人们试图找到影响客户满意度的因素以及各因素之间的相互关系。20 世纪 80 年代以来,西方学者在进行了大量研究和实证分析的基础上,提出了客户满意度模型,用以解释客户满意度的形成机制。国内外在进行客户满意度研究时,由于研究目的和立足点不同,研究者先后提出了好几种测评客户满意度的模型并应用于实践。其中,几个有代表性的模型在实践中被证明相当可靠有效,能出色完成研究者赋予它们的任务。下面介绍其中应用比较广的几种客户满意度分析模型。

1) 四分图模型

四分图模型又称重要因素推导模型,是一种偏于定性研究的诊断模型,如图 8-2 所示。该模型列出商品和服务的所有绩效指标,每个绩效指标有重要度和满意度两个属性,根据客户对该绩效指标的重要程度及满意程度的打分,将影响满意度的各因素归进四个象限内,并按归类结果对这些因素分别处理。如果需要,还可以汇总得到一个整体的客户满意度。

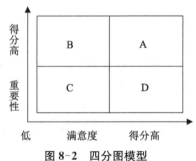

图 8-2 四分图模型

A 区——优势区:指标分布在这些区域时,表示对客户来说,这些因素是重要的关键性因素,客户目前对这些因素的满意度评价也较高,这些优势因素需要继续保持并发扬。

B 区——修补区:指标分布在这些区域时,表示这些因素对客户来说是重要的,但当前企业在这些方面的表现比较差,客户满意度评价较低,需要重点修补、改进。

C 区——机会区:指标分布在这些区域时,代表着这一部分因素对客户不是最重要的,而满意度评价也较低,因此不是现在最急需解决的问题。

D 区——维持区:满意度评价较高,但对客户来说不是最重要的因素,属于次要优势因素(又称锦上添花因素),对企业实际意义不大,如果考虑资源的有效分配,应先从该部分做起。

在对所有的绩效指标归类整理后,我们可从三个方面着手对企业的商品和服务进行改进:客户期望(客户最为关注的,认为影响他们对企业满意度评价的最为重要的一些因素),企业的优势指标(企业在这些因素上做得到位,客户满意度高),企业的弱点(企业在这些因素上工作不足,或是没有意识到这些因素对满意度的影响)。

如果需要计算企业整体客户满意度值,可按下式计算:

$$I_i = \sum_{j=1}^{m} k_j R_{ij} \quad (i=1, 2, \cdots, n; j=1, 2, 3, \cdots, m) \tag{8-2}$$

式中:I_i——第 i 个指标的重要性;
i——影响客户满意的指标个数;
k_j——指标相对重要性为 j 时所对应的分值;
j——评价各指标相对重要性的分类等级;
R_{ij}——认为第 i 项指标重要度为 j 级的客户占总人数的比例。

$$p_i = \sum_{j=1}^{k} x_j y_{ij} \quad (i=1, 2, \cdots, n; j=1, 2, \cdots, k) \tag{8-3}$$

式中:p_i——客户对第 i 个指标的满意程度;
i——影响客户满意的指标个数;
x_j——满意程度等级为 j 时对应的分值;
j——客户满意的分类等级数;
y_{ij}——认为第 i 项指标满意度为 j 级的客户占总人数的比例。

所以,总体满意度:

$$P = \frac{\sum_{i=1}^{n} p_i I_i}{x_k \cdot \sum_{i=1}^{n} I_i} \tag{8-4}$$

式中:x_k 为满意度等级最高时对应的分值。

四分图模型以前在国内应用较广,国内大多数企业在做客户满意度调查时均采用该模型。这个模型简单明了,分析方便有效,而且不需要应用太多的数学工具和手段,无论是设计、调研,还是分析整理数据,都易于掌握、便于操作。

当然,这个模型也存在不足之处。它孤立地研究满意度,没有考虑客户感知和客户期望对满意度的影响,也没有研究满意度对客户购买后行为的影响。在实际操作中,该模型列出各种详细的绩效指标由客户来评价指标得分,这就可能让许多客户重视的但调查人员和企业没有考虑到的因素未能包含在调查表中。由于该模型不考虑误差,仅由各指标得分加权平均算出客户满意度的数值,得出的数据不一定准确,同时也不利于企业发现和解决问题。

另外,由于该模型使用的是具体的绩效指标,很难进行跨行业的客户满意度比较。即使处在同一行业的各个企业,由于各地区经济发展不平衡、客户要求不同,各指标对客户的重要程度也可能不同,导致同一行业跨地域的可比性也大大降低。

2) KANO 模型

KANO 模型是由日本卡诺博士(Noriaki Kano)提出的,如图 8-3 所示。

KANO 模型定义了三个层次的客户需求:基本型需求、期望型需求和兴奋型需求。这三种需求根据绩效指标分类就是基本因素、绩效因素和激励因素。

基本型需求要求提供的商品或服务比较优秀,但并不是"必须"的商品属性或服务行为。有些期望型需求连客户都不太清楚,但是那是他们希望得到的。在市场调查中,客户谈论的通常是期望型需求。期望型需求在商品中实现得越多,客户就越满意;当这些需求没有满足时,客户就

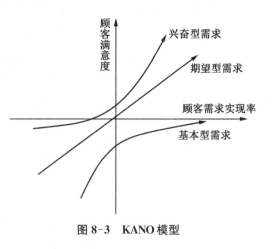

图 8-3 KANO 模型

不满意。兴奋型需求要求提供给客户一些完全出乎意料的商品属性或服务行为,使客户产生惊喜。当商品提供了这类需求中的服务时,客户就会对商品非常满意,从而提高客户的忠诚度。

在实际操作中,企业首先要全力以赴地满足客户的基本型需求,保证客户提出的问题得到认真的解决,重视客户认为企业有义务做到的事情,尽量为客户提供方便。然后,企业应尽力去满足客户的期望型需求,提供客户喜爱的额外服务或商品功能,使其商品和服务优于竞争对手并有所不同,引导客户加强对本企业的良好形象,使客户达到满意。

严格地说,该模型不是一个测量客户满意度的模型,而是对客户需求或者说对绩效指标的分类,通常在满意度评价工作前期作为辅助研究模型,帮助企业找出提高企业客户满意度的切入点。KANO 模型是一个典型的定性分析模型,一般不直接用来测量客户的满意度,它常用于对绩效指标进行分类,帮助企业了解不同层次的客户需求,找出客户和企业的接触点,识别使客户满意的至关重要的因素。

3) 层次分析法模型

严格说来,层次分析法并不是一种专门用于客户满意度评价的理论模型。它其实是一种决策分析技术,就像一把大梳子,从企业的某个切入点,如客户满意、组织机构等,开始梳理影响切入点的方方面面的因素。由于其简洁有效且有很强的可操作性,层次分析法在管理决策领域得到了非常广泛的应用。

层次分析法的优点是简单灵活、可操作性强、适用范围广泛。它比四分图模型更能定量描述具体指标的满意度和总体满意度。各指标重要程度由专家打分的判断矩阵计算得出,从而避免了各指标都重要或都不重要的尴尬。但是,它和四分图模型具有同样的局限性:孤立研究客户满意度;不考虑误差项和主观愿望的影响,仅根据客户的计分计算出一个精确的满意度数值;仅适用于具体企业,在企业层面上运作有效,无法进行宏观层面上跨行业跨地域的比较。

图 8-4 列出了企业进行客户满意度调查研究经常涉及的影响因素。企业在实际运作过程中,可结合本企业的实际情况,增减指标个数或层次。

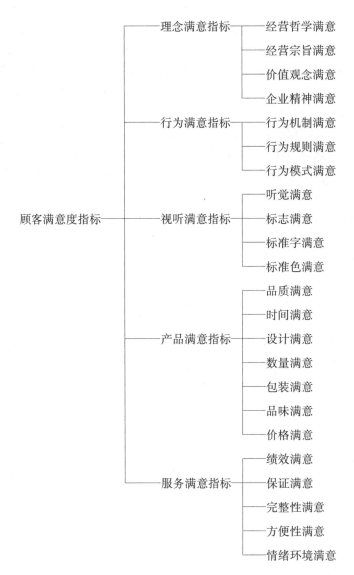

图 8-4 客户满意度指标体系

4) CS/D 模型

Xi Shi 和 Patricia J.Holahan 从营销领域中客户满意度的研究转移到了图书馆用户满意度形成过程的研究上来,提出了 CS/D(客户满意/不满意)模型,如图 8-5 所示:

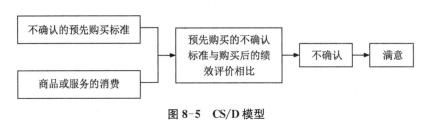

图 8-5 CS/D 模型

该模型是建立在不确认理论基础上的,认为客户购买之前,脑中会形成一些不确认的购买标准(如对绩效的期望);客户购买了商品或服务之后,就会将商品或服务的实际绩效与自己之前的标准进行比较并做出评价,CS/D模型正是刻画了客户对这种差异比较后的反应。当绩效超过期望(或其他购买标准)时,产生积极的不确认,此时客户感到满意;反之,当绩效低于期望(或其他购买标准)时,产生消极的不确认,此时客户感到不满意;当绩效与期望相匹配时,产生确认,此时客户表现出适度的满意或者无所谓。因此,客户是否感到满意以及满意或不满意的程度与不确认因素的方向和大小有关。

该模型更侧重于对客户满意度形成因素的理论分析,旨在解释不确认因素的成因和对客户满意度的作用。而如何测度不确认因素,通过哪些指标量化并计算不确认因素,CS/D模型并没有给出进一步说明。

8.4.2 客户满意度的指数模型

20世纪90年代以来,许多国家都开展了全国性的客户满意度指数测评工作,以此来提高本国企业的竞争力。瑞典率先于1989年建立了全国性的客户满意度指数,即瑞典客户满意度晴雨表指数(Swedish Customer Satisfaction Barometer,SCSB)。此后,美国和欧盟相继建立了各自的客户满意度指数——美国客户满意度指数(American Customer Satisfaction Index,ACSI,1994)和欧洲客户满意度指数(European Customer Satisfaction Index,ECSI,1999)。另外,新西兰、加拿大等国家和中国台湾地区也在几个重要的行业建立了客户满意度指数。

1) 瑞典客户满意度晴雨表指数(SCSB)模型

瑞典客户满意度晴雨表由瑞典统计局于1989年在美国密歇根大学国家质量研究中心的Fornell教授及其研究团队的指导下建立并付诸实践,对当时瑞典的32个行业的100多家公司进行了调查和分析。如图8-6所示。

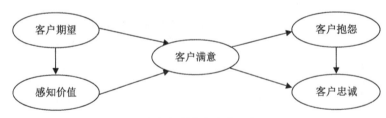

图8-6 瑞典客户满意度晴雨表(SCSB)

SCSB模型通用的形态为结构方程模型(Structural Equation Model,SEM)形态,包括5个结构变量和6个对应关系。其中,5个结构变量为客户期望、感知价值、客户满意、客户抱怨和客户忠诚,客户期望是外生变量,其他变量是内生变量。

客户期望:客户做出购买决策前的商品预期,对感知价值和客户满意度产生正相关作用。

感知价值:客户对购买到的商品的总体评价受到质量和价格的双重影响,于是Fornell引入了感知价值的概念,并用给定质量下对价格的感知和给定价格下对质量的感知来衡量。

客户满意:包括总体满意度、对预期的满足、与客户理想商品的差距。

客户抱怨:客户对商品或服务感到不满意的情绪或行为表现,包括对个人的抱怨、对企业管理层的抱怨。如果企业能够对客户抱怨做出妥善及时的处理,则会减少客户不满情绪,甚至将其转化为忠诚客户。

客户忠诚:包括客户再次购买的意愿、对价格的承受能力。

另外，各结构变量间的关系为：客户期望和感知价值是原因变量，与客户满意呈正相关关系，并且客户期望与感知价值呈正相关关系；客户满意与客户抱怨呈负相关关系，与客户忠诚呈正相关关系；客户抱怨与客户忠诚的关系可以是正相关也可以是负相关，取决于组织的客户抱怨处理系统。

SCSB 模型中的核心概念是客户满意，它是指客户对某一商品或者某一服务迄今为止全部消费经历的整体评价，不同于客户对于某一件商品或某一次服务经历评价的特定交易的客户满意，这是一种累积的客户满意(Cumulative Satisfaction)。

现行的各国客户满意度指数模型均采用这一概念，主要是因为客户不是以某一次消费经历，而是以迄今为止累积起来的所有消费经历为基础来做出未来是否重复购买的决策。因此，与特定交易的客户满意相比，累积的客户满意能更好地预测客户后续的行为(客户忠诚)以及企业的绩效，以它作为指标来衡量经济生活的质量也更有说服力。

模型中，客户满意有两个基本的前置因素(Antecedent Factor)：客户期望(Customer Expectation)和感知价值(Perceived Value)。感知价值是指商品或服务的质量与其价格相比，在客户心目中的感知定位。感知价值越高，客户满意度也随之提高。客户期望是指客户预期将会得到何种质量的商品或服务，这是一种"将会的预期"(Will Expectation)，而不是该商品或服务应该达到何种质量水平的预期，即"应当的预期"(Should Expectation)。客户通常具备一种学习的能力，他们会通过以前的消费经历、广告、周围人群的口头传播等渠道获得信息，对自身的期望值进行理性的调整。经过反复调整之后的期望值能够比较准确地反映目前的质量，因而它对感知价值具有正向的作用。

在特定的某次交易中，客户满意由目前质量和预期之间的差额决定。而在累积客户满意的测评中，总体客户满意是过去感知质量和将来预期质量的函数。客户期望中携带着客户自$(t-1),(t-2)$，一直回溯到$(t-m)$时期的消费经历和各种和该企业相关的信息，同时也包含着客户对该企业从$(t+1),(t+2)$，一直到$(t+n)$时期表现的理性预期。客户期望的增加(减少)会导致客户满意短期内的减少(增加)，但增加(减少)的客户期望的长期影响会超过短期影响，导致累积的客户满意的增加(减少)，因此模型中客户期望与客户满意呈正相关。

SCSB 模型将客户抱怨作为客户满意的结果。当客户对某一组织所提供的商品或服务不满意时，他们会选择两种渠道来表达这种不满——停止购买该商品或服务或者向该组织表达自己的抱怨或不满以获得赔偿。客户满意的提高会直接导致客户抱怨行为的减少。

客户抱怨到客户忠诚的方向和大小可表明组织的客户抱怨处理系统的工作成果。若测评得出客户抱怨到客户忠诚之间的关系为正，则意味着组织通过良好的客户抱怨处理系统将不满的客户转化成为忠诚客户；反之则意味着这些对组织不满的客户极有可能流失掉。

模型的最终变量是客户忠诚，在此宽泛地定义为客户重复购买某一特定商品和服务的心理趋势。忠诚的客户意味着持续的重复购买、较低的价格敏感度、较少的促销费用等，是组织盈利能力的一种表现。

2) 美国客户满意度指数(ACSI)模型

美国客户满意度指数由国家整体满意度指数、部门满意度指数、行业满意度指数和企业满意度指数 4 个层次构成，是目前体系最完整、应用效果最好的一个国家客户满意度理论模型。该指数是由 Fornell 教授及其研究团队在借鉴 SCSB 的基础上，对美国的 40 个行业中的 200 多家公司的商品和服务加以分析得到的。ACSI 对比 SCSB 增加了感知质量这一结构变量，并以这 6 个结构变量为基础提出了 15 个观测变量和 9 个对应关系。

在上述模型中,总体满意度被置于一个相互影响、相互关联的因果互动系统中。该模型可解释消费经过与整体满意度之间的关系,并能指示出满意度高低将带来的后果,从而赋予了整体满意度前向预期的特性。ACSI 模型是由多个结构变量构成的因果关系模型,其数量关系通过多个方程的计量经济学模型进行估计。该模型共有 6 个结构变量,客户满意是最终所求的目标变量,客户期望、感知质量和感知价值是客户满意度的原因变量,客户抱怨和客户忠诚则是客户满意的结果变量,如图 8-7 所示。模型中,6 个结构变量的选取以客户行为理论为基础,每个结构变量又包含一个或多个观测变量,而观测变量则通过实际调查收集数据得到。

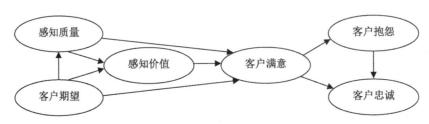

图 8-7 美国客户满意度指数(ACSI)模型

(1) 客户期望(Customer Expectations):客户期望是指客户在购买和使用某种商品或服务之前对其质量的估计。决定客户期望的观察变量有 3 个:商品客户化(商品符合个人特定需要)预期、商品可靠性预期和对商品质量的总体预期。

(2) 感知质量(Perceived Quality):感知质量是指客户在使用商品或服务后对其质量的实际感受,包括对商品客户化即商品符合个人特定需求程度的感受、对商品可靠性的感受和对商品质量总体的感受。

(3) 感知价值(Perceived Value):感知价值体现了客户在综合商品或服务的质量和价格以后对他们所得利益的主观感受。感知价值的观察变量有两个,即:给定价格条件下对质量的感受和给定质量条件下对价格的感受。客户在给定价格下对质量的感受,是指客户以得到某种商品或服务所支付的价格为基准,通过评价该商品或服务质量的高低来判断其感知价值。

(4) 客户满意(Customer Satisfaction):客户满意这个结构变量是通过计量经济学变换最终得到的客户满意度指数。ACSI 模型在构造客户满意时选择了 3 个观察变量:实际感受同预期质量的差距、实际感受同理想商品的差距和总体满意程度。客户满意主要取决于客户实际感受同预期质量的比较。同时,客户的实际感受同客户心目中理想商品的比较也影响客户满意,差距越小,客户满意水平就越高。

(5) 客户抱怨(Customer Complaints):决定客户抱怨这个结构变量的观察变量只有 1 个,即客户的正式或非正式抱怨。统计客户正式或非正式抱怨的次数,可以得到客户抱怨这一结构变量的数值。

(6) 客户忠诚(Customer Loyalty):客户忠诚是模型中最终的因变量。它有两个观察变量:客户重复购买的可能性和对价格变化的承受力。客户如果对某商品或服务感到满意,就会产生一定程度的忠诚,表现为对商品或服务的重复购买或向其他客户推荐。

在该模型中,感知价值(Perceived Value)仍然沿用最初的 SCSB 模型中用来测度感知价值的两个标识变量:相对于价格的质量评判和相对于质量的价格评判。ACSI 模型主要创新之处在于增加了1个潜在变量——感知质量(Perceived Quality)。如果去掉感知质量及与其相关的路径,ACSI模型几乎可以完全还原为SCSB模型。模型设计了质量的定制化、质量的可靠性以及质量的总体评价3个标识变量来度量感知质量。其中,定制化是指企业提供的商品或服务满足异质化的客户需要的程度;可靠性是指企业的商品或服务可靠、标准化及没有缺陷的程度。

增加感知质量这一概念和相关的路径有两大优势:一是通过质量的3个标识变量,可以清楚地知道定制化和可靠性在决定客户的感知质量中所起的不同作用。二是感知质量侧重于单纯的质量评判,而感知价值偏重于价格因素方面的评判,通过比较它们对客户满意的影响,可以比较明确地分辨出来客户满意的源头出自何处,是质量制胜还是成本领先,以便管理者采取相应的管理措施。

为了和感知质量的测度保持一致,ACSI模型中客户期望的标识变量也分为3个:关于定制化的预期、关于可靠性的预期以及总体的预期值。

ACSI模型通过两个标识变量来度量客户忠诚:首先以一个10个等级的里克特式量表测度客户重复购买的可能性。如果结果显示该客户会重复购买,则进一步调查使得该客户绝对停止购买的最大涨价幅度;反之则会调查该商品或服务降价百分之多少才会使原本打算停止购买的客户回心转意。在ACSI模型体系中,所有不同的企业、行业及部门间的客户满意度是一致衡量并且可以进行比较的。它不仅让客户满意度在不同商品和行业之间比较,还能在同一商品的不同客户之间进行比较,体现出人与人的差异。

ACSI提出了客户期望、感知质量和感知价值这3个变量,它们影响客户的满意度,是客户满意的前因。感知价值作为一个潜变量,将价格这个信息引入模型,增加了跨企业、跨行业、跨部门的可比性。ACSI模型各组成要素之间的联系呈现因果关系,它不仅可以总结客户对以往消费经历的满意程度,还可以通过评价客户的购买态度预测企业长期的经营业绩。在实际调研时,ACSI模型只需要较少的样本(120~250个)就可以得到一个企业相当准确的客户满意度。ACSI模型最大的优势是可以进行跨行业的比较,同时能进行纵向跨时间段的比较,已经成为美国经济的晴雨表。同时,ACSI模型是非常有效的管理工具,它能够帮助企业与竞争对手比较,评估企业目前所处的竞争地位。

虽然ACSI模型是以先进的客户行为理论为基础建立起来的精确的数量经济学模型,可是其建立的目的是监测宏观的经济运行状况,主要考虑的是跨行业与跨产业部门的客户满意度比较,而不是针对具体企业的诊断指导,它调查企业的目的只不过是以企业为基准来计算行业、部门和全国的满意度指数。由于其测量变量抽象性的需要,它的调查也不涉及企业商品或服务的具体绩效指标。企业即使知道自己的满意度低,也不知道具体低在生产或服务的哪个环节,应该从哪一方面着手改善,更不知道客户最需要的是什么,最重视的又是什么。由于缺乏对企业生产经营的具体指导作用,所以在进行微观层面具体企业的满意度调查时,该模型很少被使用。拓展的ACSI模型对感知质量进行了细化,加入了感知商品质量(Perceived Product Quality)和感知服务质量(Perceived Service Quality),结构模型如图8-8所示。

3) 欧洲客户满意度指数(ECSI)模型

欧洲客户满意度指数在借鉴SCSB和ACSI的基础上,由欧洲质量组织(European Organization for Quality,EQQ)和欧洲质量管理基金会(European Foundation for Quality Management,EFQM)等机构共同资助完成,并于1999年对12个欧盟国家进行了调查。如图8-9所示。

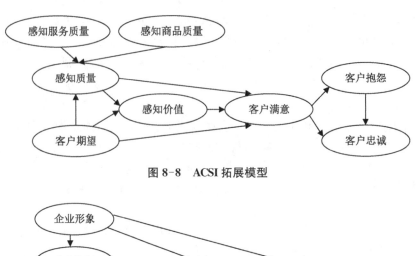

图 8-8 ACSI 拓展模型

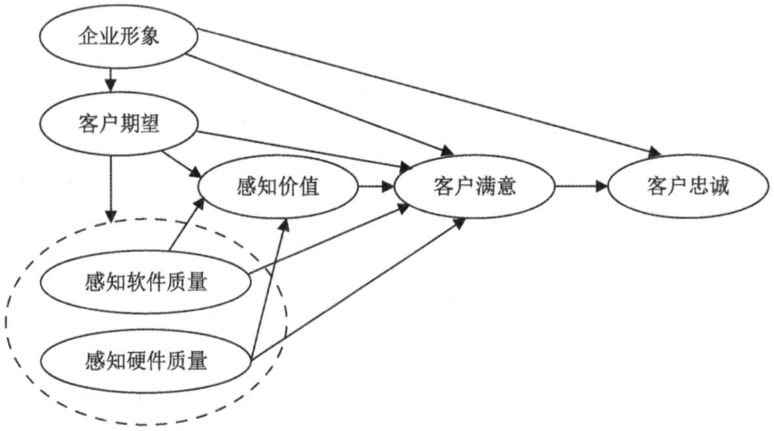

图 8-9 欧洲客户满意度指数（ECSI）模型

该模型增加了企业形象变量，去除了客户抱怨变量，并将感知质量细分为感知硬件质量和感知软件质量。在 ECSI 模型中，对有形商品而言，感知硬件质量为商品质量本身，感知软件质量为服务质量；对服务商品而言，感知硬件质量为服务属性质量，感知软件质量为服务过程中与客户交互作用的若干因素，包括服务人员的语言、行为、态度以及服务场所的环境等。该指数模型由 7 个结构变量、23 个观测变量和 12 组对应关系构成。

如图 8-9 所示，虽然 ECSI 模型继承了 ACSI 模型的基本架构和一些核心概念，如：客户期望、感知质量、感知价值、客户满意及客户忠诚。但是两者也存在不同之处，表现在以下几个方面：

(1) 在模型的架构上，ECSI 模型一方面去掉 ACSI 模型中客户抱怨这个潜在变量。将客户抱怨作为客户满意结果的理论基础是 exit-voice 理论。在该理论提出时，公司关于客户抱怨的处理系统或者还没有建立，或者即使建立了，也处于起步阶段。这时，将客户抱怨看作客户不满意的一种后续行为是理所当然的。但是近十几年来，人们越来越意识到客户抱怨处理的重要性，很多公司甚至将其作为提高客户满意度的一种手段，这使得仍将客户抱怨作为客户满意的结果显得欠妥。1998 年，挪威、瑞典、美国的一些学者联合起来建立了一个新的模型，在模型中将客户抱怨作为客户满意的前置因素。然而对挪威境内 5 个行业的 6 900 名客户的调查结果显示：抱怨处理对客户满意或者客户忠诚均没有显著的影响。这和心理学上的某些观点是吻合的，即在人们的心理上，一个单位的损失要比一个单位的获得显得分量更重。抱怨处理至多只能让客户恢复到没有"不满意"的程度，却不能使客户达到"满意"的程度。另一方面，ECSI 模型增加了另一个潜在变量——企业形象。它是指客户记忆中和组织有关的联想，这些联想会影响人们的预期值以及满意与否的判别。态度和人们预测行为的意图在机能上相联系。因此,作为一种态度的企业形象也对属于行为意图的客户忠诚有影响。

(2) 在模型的度量上,ACSI模型1996年以后才针对耐用品类商品分别测度其商品质量和服务质量。但是ECSI模型在针对所有行业的测评中,都将感知质量统一地拆分为针对商品的质量评判(Hardware Perceived Quality)和针对服务的质量评判(Software Perceived Quality)。同时,ECSI模型将客户忠诚的标识变量转变为3个:客户推荐该公司或该品牌的可能性、客户保持的可能性、客户重复购买时是否会增加购买量。

4) 中国客户满意度指数(CCSI)模型

中国客户满意度指数(Chinese Customer Satisfaction Index,CCSI)是由清华大学中国企业研究中心和国家市场监督管理总局联合开发的国内首个较完善的并得到普遍认可的客户满意度指数模型,如图8-10所示。

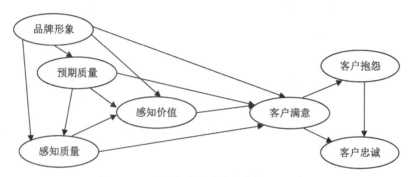

图8-10 中国客户满意度指数(CCSI)模型

该模型主要对ACSI模型和ECSI模型进行了参考,吸收了ECSI模型中的企业形象变量,并将该结构变量定名为品牌形象,其观测变量为:客户对企业/品牌整体形象的评价、客户对企业提供的商品/服务品牌的认知和评价、品牌的知名度、品牌的发展潜力。该模型由感知质量、预期质量、品牌形象、感知价值、客户满意、客户抱怨和客户忠诚等7个结构变量和13个对应关系组成,如图8-11所示。

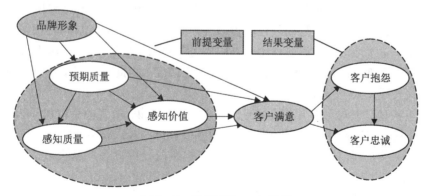

图8-11 整理后的CCSI模型

以客户满意度的生成机制为理论基础,CCSI模型引入7个隐形结构变量。其中,品牌形象、感知价值、预期质量、感知质量是前提结构变量;客户满意、客户抱怨、客户忠诚是结果结构变量,对这些结构变量的界定如表8-1所示。

表 8-1　CCSI 模型变量表

变量		释义
前提变量	品牌形象 Brand and Image	商品/服务提供各种渠道使客户心中产生的对其印象和认知
	预期质量 Expected Quality	客户在购买之前,对商品/服务质量寄予的期待和希望
	感知质量 Perceived Quality	客户在购买和消费商品/服务过程中,对商品/服务质量的实际感受和认知
	感知价值 Perceived Value	客户在购买和消费商品/服务过程中,对所支付的费用和所达到的实际收益的体验
结果变量	客户满意 Customer Satisfaction	客户对其所接受的商品/服务的总体满意程度评价
	客户抱怨 Customer Complaining	当客户对商品/服务的实际感受不能满足客户本身要求时,客户的满意度就会下降,就会产生抱怨,甚至进行投诉
	客户忠诚 Customer Loyalty	客户从特定的商品/服务供应商那里再次购买的频次水平及其对他人的影响程度,是重复购买该商品/服务的一种有力表现

前提变量与结果变量间的关系是前者决定后者。品牌形象、预期质量、感知质量、感知价值直接影响和决定着客户满意、客户抱怨和客户忠诚。其中,品牌形象、感知质量、感知价值与客户满意之间呈正相关,即感知越高,客户满意度越高。预期质量与感知质量、感知价值呈正相关,所以预期质量与客户满意之间也呈正相关,即预期值越高,满意度越高。

另外,前提变量间也存在着相关性。如,预期质量对感知质量和感知价值也存在着重要影响,呈现正相关关系,即期望较高,其实际的感知会相应地较高;期望较低,其实际的感知会相应降低。此外,客户"对质量的感知"会影响着客户"对价值的感知"。对于较高的质量水平的商品或服务,客户对其价值的感知就会较高,相反则会较低,呈现正相关关系。

结果变量间的相关性表现在:客户满意度低,容易导致客户产生抱怨和投诉;而客户满意度提高,不但可以减少客户抱怨,而且还能提高客户忠诚度。具体来说,满意度偏低,客户可能选择公司的竞争对手或进行投诉表达不满。因此,提高满意度可以有效地降低投诉率,不但可以得到客户好的口碑评价,而且还会大大提高客户忠诚度。由此可以得出,客户满意度与客户抱怨呈负相关关系,与客户忠诚呈正相关关系。

客户抱怨和客户忠诚间的关系相对比较复杂。一般来说,两者关系取决于公司建立的客户投诉处理系统。若对抱怨或投诉处理得当,抱怨或投诉的客户就可能转变为忠诚的客户,此时两者呈正相关关系;若对抱怨或投诉处理不当,抱怨或投诉的客户就会成为竞争对手的客户,此时两者呈负相关关系。应当注意的是,在多个变量的综合制约下,各个变量间所呈现的关系也将是特别复杂的。

CCSI 模型的 7 个隐形结构变量中,品牌形象、感知质量、预期质量、感知价值是客户满意度的前置因素;客户满意、客户抱怨和客户忠诚是客户满意度的后置因素。隐形结构变量与显性结构变量之间的关系是该模型的关键和核心,隐形结构变量不能直接被预测,需要通过与之相对应的显性结构变量来反映。

总结上述 8 个客户满意度的模型和指数,大致可以将其分为两类:理论模型和指数模型。理论模型主要是对客户满意形成过程进行描述,定性地找出客户满意的原因变量。KANO 模型和 CS/D 模型属于理论模型。KANO 模型主要是对商品或服务的质量进行不同层次的分类,能够帮助企业了解不同层次的客户需求,找出客户和企业的接触点,发现影响客户满意的重要因素。CS/D 模型很好地解释了期望-不确定理论,尤其是在图书馆客户满意度研究中得到了广泛应用。

指数模型主要是对客户满意度进行量化,SCSB 模型、ACSI 模型、ECSI 模型、CCSI 模型属于此类模型,且均采用了结构方程模型。结构方程模型包括结构模型和测量模型两部分,前者主要是研究各结构变量之间的因果关系,后者则是通过为结构变量设定测量项,研究结构变量和测量项之间的关系。总结 4 个模型可以发现,所有结构变量都可以分为 3 类:客户满意度的原因变量、客户满意度、客户满意度的结构变量。然而在具体的变量定义上,不同模型又各有区别。

SCSB 模型对影响客户感知的价格和质量因素不加分别,统一为感知价值,所以就不能区分到底是价格因素起到的作用大还是质量因素起到的作用更大,尤其是对于区分高质量、高价格的商品和低质量、低价格的商品在客户满意度方面的差异。为了解决这一问题,ACSI 模型引入了感知质量,模型的这一改善也为日后很多国家设计自己的客户满意度模型所借鉴。ECSI 模型更是顺应时代发展形势,将形象引入模型中,因为现在企业形象、商业道德、品牌效应在很大限度上影响着客户的满意程度;同时考虑到服务质量与商品质量并重,将感知质量拆分为感知硬件质量和感知软件质量;并将客户抱怨去掉,认为处理客户抱怨应该是企业服务中一个必备的内容。CCSI 模型兼顾了 ACSI 模型和 ECSI 模型的特点,虽然没有将感知质量进行拆分,但在其测量项的设计上考虑到了商品和服务的不同,引入了服务感知质量的测量项,这样既不失模型的完整性,又使结构得到了简化。

8.4.3 客户满意度的测评指标

1) 建立客户满意度测评指标的原则

建立客户满意度测评指标体系,必须遵循以下几个原则:

(1) 建立的客户满意度测评指标体系,必须是客户认为重要的。"由客户来确定测评指标体系"是设定客户满意度测评指标体系最基本的要求,要准确把握客户的需求,选择客户认为最关键的测评指标。

(2) 测评指标必须能够控制。客户满意度测评会使客户产生新的期望,促使企业采取改进措施。但如果企业在某一领域内无条件或无能力采取行动加以改进,则应暂时不采用这方面的指标。

(3) 测评指标必须是可测量的。客户满意度测评的结果是一个量化的值,因此设定的测评指标必须是可以进行统计、计算和分析的。

(4) 建立客户满意度测评指标体系还需要考虑到与竞争者的比较,设定测评指标时要考虑到竞争者的特性。

2) 客户满意度的度量工具

客户满意度的度量,主要有以下三种工具:

(1) 客户满意度级度:客户满意度级度是指客户满意度的等级体系,有 3 级度法、5 级度法、7 级度法、9 级度法、10 级度法等。一般常用的是 3 级度法、5 级度法和 7 级度法,5 级度最常见。

客户满意度级度,可以用数轴来表示,以 7 级度法为例,见图 8-12:

图 8-12 客户满意度数轴

这个数轴含 7 个等级:很不满意,不满意,不太满意,一般,较满意,满意和很满意,相应地给它们分别的赋值为 −60,−40,−20,0,20,40,60,分数总和为零。在实际操作中,可按下面公式计算:

$$CSM = \sum X/N \quad (8-5)$$

式中:CSM 代表客户满意度得分;$\sum X$ 代表调查项目的客户评分和,N 表示调查项目的数量。CSM 得分高,表明客户满意度高;反之,则低。以某商品为例,见表 8-2。

表 8-2 某商品客户满意度

商品属性	质量	功能	价格	服务	包装	品位
满意级别	满意	较满意	很满意	一般	不太满意	一般
分值	40	20	60	40	(−20)	0
综合标准	$\sum X/N = [40+20+60+40+(-20)+0]/6 = 23.3$					

应当指出的是:

① CSM 的界定是相对的,因为满意虽有层次之分,但毕竟界限模糊,从一个层次到另一个层次并没有明显的界限。进行客户满意度级别划分,目的是便于企业进行客户满意度评价与分析。

② CSM 是客户满意度综合评价的结果,未考虑影响客户满意度的相关因素。

客户满意度等级也可用外在表征来描述,见表 8-3。

表 8-3 客户满意度外在表征描述法

CSM	外在表征	具体描述
很不满意	愤慨、恼怒、投诉、反宣传	客户在购买或消费商品或服务后感到愤慨、恼羞成怒、难以容忍,不仅企图找机会投诉,还可能会进行反宣传以发泄心中的不快
不满意	气愤、烦恼	客户在购买或消费商品或服务后气愤、烦恼,但尚可容忍,希望通过一定方式获得弥补,也可能进行反宣传,提醒其他人不要购买同样的商品或服务
不太满意	抱怨、遗憾	客户在购买或消费商品或服务后抱怨、遗憾,虽心存不满,但往往将就
一般	无明显正负情绪	客户在购买或消费商品或服务后感到无所谓好或差,还算过得去或凑合

(续表)

CSM	外在表征	具体描述
较满意	好感、肯定、赞许	客户在购买或消费商品或服务后产生好感、肯定、赞许,虽不很满意,但比上不足、比下有余
满意	称心、赞扬、愉快	客户购买或消费商品或服务后感到称心、赞扬、愉快,不仅对自己的选择给予积极肯定,还愿意向他人推荐
很满意	激动、惊喜、满足、感谢	客户在购买或消费商品或服务后感到激动、惊喜、满足与感谢,不仅对自己的选择给予完全肯定,还积极向他人推荐

(2) 客户满意率:客户满意率(Customer Satisfaction Rate,CSR)是指在一定数量的目标客户中表示满意的客户所占的百分比,也是用来测评满意度的一种工具,即:

$$CSR = S/C \times 100\% \tag{8-6}$$

式中:CSR——客户满意率;

C——目标客户数量;

S——目标客户中表示满意的客户数量。

客户满意率计算简单,但信息单一,仅有客户满意和不满意信息,没有客户可感知效果,计算的结果是百分比。因而不能进行同价比较,不能准确、完整地描述客户满意度。

(3) 客户满意度指数:客户满意度指数(CSI),是一种完全从客户角度来测评一个企业、产业乃至整个国家经济运行质量的新型指标,是运用计量经济学的理论来处理多变量的复杂总体,全面、综合地度量客户满意度的一种指标。一句话,CSI是一种用特定的模型测量出来的商品或服务用户满意程度的指标。从某种程度上说,CSI是对客户满意度的改进、深化和发展。相比较而言,CSI更能准确、完整、真实地反映客户的满意度。因而,目前,瑞典、德国、美国和我国台湾地区已相继采用了CSI。关于客户满意度指数的模型前面已经详细介绍了,这里不再赘述。

3) 客户满意度测评指标体系的构成

在前面的客户满意度模型中,我们提到了一种称为层次分析法的客户满意度分析模型,这种其实也可以作为客户满意度指标研究的参考。如前所述,这种模型其实是一种决策分析技术,就像一把大梳子,从企业的某个切入点,如客户满意、组织机构等,开始梳理影响切入点的方方面面的因素。该模型将客户满意度指标划分为五大块儿,分别是:理念满意指标、行为满意指标、视听满意指标、商品满意指标以及服务满意指标,然后对每一指标再进行细分。企业可以结合自身特点和研究分析目的增减层次和指标。

客户满意度测评指标体系是一个多指标的结构,运用层次化结构设定测评指标,能够深入清晰地表述客户满意度测评指标体系的内涵。通过长期的实践总结,我们将测评指标体系划分为四个层次。每一层次的测评指标都是由上一层测评指标展开的,其中,"客户满意度指数"是总的测评目标,为一级指标,即第一层次;客户满意模型中的客户期望、客户对质量的感知、客户对价值的感知、客户满意度、客户抱怨和客户忠诚等六大要素作为二级指标,即第二层次;根据不同商品、服务、企业或行业的特点,可以将六大要素展开为具体的三级指标,即第三层次;三级指标可以展开为问卷上的问题,形成了测评指标体系的四级指标,即第四层次。

由于客户满意度测评指标体系是依据客户满意度模型建立的,因此测评指标体系中的一级指标和二级指标基本上对所有的商品和服务都适用,具体见表 8-4。

表 8-4 客户满意度测评的一、二、三级指标

一级指标	二级指标	三级指标
客户满意度指数	客户期望	对商品或服务质量的总体期望 对商品或服务质量满足客户需求程度的期望 对商品或服务质量稳定性的期望
	客户对商品质量的感知	客户对商品质量的总体评价 客户对商品质量满足需求程度的评价 客户对商品质量可靠性的评价
	客户对服务质量的感知	客户对服务质量的总体评价 客户对服务质量满足需求程度的评价 客户对服务质量可靠性的评价
	客户对价值的感知	给定价格时客户对质量级别的评价 给定质量时客户对价格级别的评价 客户对总成本的感知 客户对总价值的感知
	客户满意度	总体满意度 感知与期望的比较
	客户抱怨	客户抱怨 客户投诉情况
	客户忠诚	重复购买的类别 能承受的涨价幅度 能抵制竞争者的降价幅度

实际上,建立客户满意度测评指标体系,主要是设定测评指标体系中的三级指标和四级指标。三级指标的具体内容可归纳为如上表,共有 20 项三级测评指标。这些三级指标是一个逻辑框架,在各行业原则上都是可以运用的。对某一具体商品或服务的客户满意度测评的实际操作,应该根据客户对商品或服务的期望和关注点具体选择、灵活运用指标。测评指标体系的四级指标是由三级指标展开而来的,是客户满意度测评中直接面对客户的指标,它是和客户满意度调查问卷中的问题相对应的。

4) 网店客户满意度指标构建

目前,国内外有许多学者开始对网店,如 C2C 电子商务客户满意度指标的构建进行研究。他们从 C2C 电子商务的不同侧面,提出相关的指标体系。Kim Sang Yong 同 Lim Young Jun 提出衡量重要性和满意度之间关系的指标,如表 8-5 所示。

表 8-5 Kim Sang Yong and Lim Young Jun 网络购物重要性和满意度指标体系

信息质量和速度		信息量的大小
		信息更新程度
		信息深度
		界面刷新速度
		传输信息速度

(续表)

网络娱乐性和可靠性	网站设计
	广告
	娱乐
	免费礼品
	用户信息安全
	网站可靠性
便利性	客户服务
	登录是否困难
	界面友好性

Long 和 McMellon 根据网络购物产生的服务，参照 SERVQUAL 体系提出测量网络购物服务质量满意度的指标，如表 8-6 所示。

表 8-6 Long and McMellon 网络购物服务质量指标

服务有形性	易于网上浏览
	找到需要的商品
	商品中含有所需的信息
	附有使用说明
	说明清晰
	网站运行良好
	没有浏览障碍
保障性	交易安全性
	交易过程中感受到安全
	个人隐私得到保障
可靠性	按时提供服务
	履行承诺
	记录的准确性
购买过程	客户认可的退换规定
	订单取消的便利性
	物流的种类
响应性	在线服务支持
	耐心回答问题
	乐于帮助客户

Kim Hye Ran 以网上购物的满意度为研究对象，制定了一套测量指标体系，该体系包括 10 个因素和 48 个测量项，如表 8-7 所示。

表 8-7 Kim Hye Ran 网络购物满意度指标

配送和售后服务	配送时间的可接受性
	配送时间的特定性
	配送遇到问题及时通知
	配送费用的可接受性
	配送时间的可靠性
	即时售后服务
购买结果和价格吸引力	对客户的响应速度
	追踪配送过程
	商品在配送过程中是否损坏
	无论地点在哪,都可完成送货
	无论订单大小,都可完成送货
	商品质量
	免费的售后服务
商品信息	商品信息的可理解性
	商品信息的数量和详细程度
	商品信息和购买信息的可靠性
	商品图像的可靠性
	商品信息布置的直觉性
客户服务	抱怨程序
	购买信息的安全性
	个人信息的安全性
	提供相关的额外服务
	购买过程完成后立刻通知客户
	呼叫中心员工的态度
网站设计	网站的特征及特性
	网站设计中使用的颜色
	网页设计及规划
	菜单设计的便利性和易使用性
	网站中不同网页设计的一致性
过程便利性	购买过程
	网站中商品的排列
	购物篮的功能性
	24 小时营业
	网站使用说明和信息的质量
	网站使用说明和信息的数量

（续表）

商品吸引力	商品的多样性
	是否具有新商品
	是否具有在其他网站买不到的商品
	具有关于商品益处的信息
支付方式	接受多种类型信用卡
	支付方式的多样性
网站信息	具有适当的活泼生动性
	具有客户点击频率较高的商品的信息
	关于网站结构的信息的有用性
	获得所需信息需要经历的点击过程
登录便利性	注册过程的简单性
	更正或更新注册信息的简单性
	具有更正登录错误的指导信息

从以上列举的三个指标体系我们可以看出，它们均是以传统实体经济模式的购物满意度因素为基础，再结合网络购物的特征因素构成的。

我们对以上论述的可能影响网店客户满意的因素进行提炼，参考国外学者的网络购物客户满意度指标体系，构建网店客户满意度指标体系，具体如下：

（1）网站（平台）特性：网站设计的友好性、分类检索的便利性、网站服务器的稳定性是网店（平台）网站（如淘宝网，Ebay，拍拍网）对客户满意度的影响因素。客户与网店商家通过网站（平台）进行交易，客户对网站（平台）的满意度也直接影响对网店的整体满意度。网站设计的友好性，是指网站页面设计的整体风格是否便于客户浏览操作。分类检索的便利性，是指网站（平台）对所有的注册商品的分类情况，详细的分类目录可以帮助客户更加便利地找到自己需要的商品。网店客户的数量是极为庞大的，网站（平台）有责任提供并维护优质的网站服务器。因此，网站服务器的稳定性对避免当大量 IP 浏览时，造成服务器过载，影响客户的浏览和交易活动是极为重要的。

在网络购物中，网站为客户提供信息服务也是非常重要的。通过比较客户在传统购物过程中和网络购物过程中的消费行为，我们发现网络购物客户更有个人的主张。客户会主动搜寻自己需要的商品信息，同卖家互动交流、获取商品信息，或者从网站获得有关商品的信息，以此作为依据做购买决策。同时，购物网站作为买卖双方交易的平台，有义务对网站出现的有关买卖双方以及商品的信息的质量进行监管，杜绝虚假不实的信息，确保买卖双方的利益。

（2）网店实际情况：在网络购物中，网络商店的情况是极为重要的满意度影响要素。许多客户往往更信任规模较大的、信用度较高的网络商店。他们之所以会选择网上购物，是因为期望能够买到在实体商店无法买到的商品。由此可见，网络商店的商品种类的多寡、更新速度的快慢也会直接影响到客户购买的欲望和满意度。

由于网络交易的特殊性，客户在收到商品之前，无法接触到实物，只能通过照片或者商家的描述来了解商品的基本情况，存在着一定程度上的信息不对称现象。因此，实物与图片或描述是否相符,也是客户重要考量的要素之一。准确的商品分类,可以方便客户挑选商品。无论在实体经济还是虚拟经济中,价格都是不能忽视的要素。网络商店的商品的售价往往低于实体商店中同类商品的售价,这是吸引客户进行网络购物很重要的因素之一。

(3)售前售后服务:商家的信誉度、对于客户询问的响应、商品的退换、个性化服务等反映了网店的售前售后服务情况。客户通常都会以信誉度来选择商家。由于信息的不对称,客户在购买商品之前,会经常向商家询问商品的情况,商家应该能够及时响应客户的询问。虚拟经济中商品的退换比实体经济中商品的退换过程要复杂。为客户提供个性化服务,能大大加深客户对商家的印象。

(4)交易支付:交易方式种类的多样性,决定了客户能否方便地购买商品。商家应该选择安全性高的交易方式,并对客户的资料加以保护。许多潜在消费群体不愿意进行网络购物的主要原因是担心泄露个人和信用卡信息。另外,交易支付的安全性还体现在确保网络购物合同建立后的履行情况上。

(5)配送物流:配送物流间接影响了网店客户满意度,具体包括配送方式、配送时间、包裹的完整性。客户所在的地域不同,对配送方式的选择也有变化。配送的时间也是客户在选择配送物流时要重点考虑的。确保包裹的完整性,就是要避免在配送过程中损坏商品。

综上所述,我们可得到如表8-8所示的网店客户满意度评价指标体系。

表8-8　网店客户满意度评价指标

一级指标	二级指标	三级指标
网店客户满意度	网站(平台)特性	网站设计的友好性;分类检索的便利性;网站服务器的稳定性;网站信息的质量
	网店实际情况	商品的种类;商品的更新速度;商品图片与描述是否与实物相符;商品的分类是否明晰;商品的价格
	售前售后服务	对于客户询问的响应;商品的退换;个性化服务;商家的诚信评价
	交易支付	交易方式的种类;交易方式的安全性;客户隐私的保护
	配送物流	配送方式;配送时间;包裹的完整性

8.5　网店的客户维护与满意度提升

8.5.1　网店的客户关系与客户维护

随着电子商务的快速发展,越来越多的人开始选择在网上购物。对于网店经营来说,建立良好的客户关系至关重要。良好的客户关系不仅可以促进销售和增加利润,还可以提高网店的口碑和客户忠诚度。

1)网店的客户关系

客户关系是指网店为达到其经营目标,主动与客户建立起的某种联系。这种联系可能是单纯的交易关系,也可能是通信联系,也可能是网店为客户提供一种特殊的接触机会,还可能是为双方利益而形成某种买卖合同或联盟关系。网店的客户关系是指网店与客户之间的相互关系。一个成功的网店需要良好的客户关系来提高客户满意度和忠诚度,进而促进销售和品牌发展。为了维护良好的客户关系,网店通常应该做到如下几个方面:

(1) 了解客户需求:要建立良好的客户关系,首先需要了解客户的需求和偏好。通过市场调研、客户反馈和数据分析等方式,网店可以更好地了解客户的需求,并为客户提供更符合其需求的商品和服务。

(2) 提供优质的商品和服务:优质的商品和服务是建立良好客户关系的基础。网店需要确保所提供的商品质量优良、价格合理,同时提供高效的物流配送和优质的售后服务,以提高客户对网店的信任和满意度。

(3) 建立忠诚客户计划:建立忠诚客户计划可以帮助网店留住老客户,并吸引新客户。网店可以通过积分、会员等级、优惠券等奖励方式,鼓励客户在网店进行重复购买,并提供更多的优惠和服务,以增强客户的忠诚度。

(4) 加强客户服务:良好的客户服务可以提高客户的满意度和忠诚度。网店需要提供即时在线客服,解决客户在购物过程中遇到的问题,同时积极收集和处理客户的反馈和建议,不断优化自身的服务流程和商品质量。

(5) 建立客户关系管理系统:通过建立客户关系管理系统,网店可以更好地管理客户信息,了解客户需求和行为,并制定相应的营销策略和服务计划。同时,通过数据分析和挖掘,网店可以更好地了解市场和客户需求,为商品研发和营销策略制定提供有力的支持。

总之,维护良好的客户关系是网店成功的关键之一。通过了解客户需求、提供优质的商品和服务、建立忠诚客户计划、加强客户服务和建立客户关系管理系统等方式,网店可以有效地提高客户满意度和忠诚度,进而促进销售和品牌发展。

2) 网店的客户维护

现在的网店处于一个流量竞争的时代,流量日益稀贵,并且有越来越贵的趋势,很难逆转。维护老客户,对网店运营具有重要意义。"流量"不如"留量",只有真正留下来的客户量不断增加,网店才能提升营销效果,降低营销投入,提升复购和转化率。

客户维护是维持与客户长期关系的重要环节。随着客户资源越来越少,每一个客户资源都是极其重要的。网店要尽量做到不流失一个客户,不放过任何的业务机会。所以,对客户的管理和维系就显得十分重要。

老客户是已经成交过的客户,网店可以对老客户的信息进行总结整理,定期进行信息回访,鼓励老客户复购,通过一些优惠减免的活动等来进行老客户的维护,增加老客户的黏性。对于已经提交订单和收藏加购但没有支付的客户,网店可以使用优惠活动来进行转化,促进客户下单购买,进一步积累老客户。

8.5.2 网店提升客户满意度的策略

面对网络交易激烈的竞争,如何维护好客户关系并提升客户满意度,已成为每个网店的重要任务。下面,我们重点讨论网店如何通过客户维护来提升客户满意度。

1) 及时回复客户咨询

在网店运营中,客户咨询是难以避免的。客户通常会有各种问题,包括商品信息、配送方式、退换货政策等等。作为店铺主或客服,及时回复客户的咨询是非常重要的。如果客户的问题得到了及时的解答,他们会感到被重视,从而增加对店铺的信任。反之,客户可能会感到被忽视,从而对店铺产生不满。

2)主动地与客户沟通

在网店运营中,主动与客户沟通也是提升客户满意度的重要手段。可以通过短信、旺旺、微信等方式与客户进行交流。例如,可以主动询问客户对商品的使用感受、商品是否有什么需要改进的地方。通过与客户的沟通,网店可以更好地了解客户的需求,及时做出调整,提升商品质量和服务水平。

3)提供优质售后服务

售后服务是网店客户维护的关键之一。在售后过程中,店铺主或客服需要积极解决客户的问题,例如处理退换货、维修等。而且,要尽量减少客户的等待时间,提供快速高效的解决方案。如果能够超出客户的期望,提供更多的关怀和帮助,客户会对店铺产生更强的信任感,从而增加回购率。

4)定期推送优惠和活动信息

定期推送优惠和活动信息是一种有效的客户维护方式。通过短信、微信、邮件等渠道向客户发送促销信息,可以激发客户的购买欲望,增加店铺的转化率。同时,这也是一种与客户保持联系的方式,让客户感受到店铺的关心和重视。然而,店铺主需要注意的是,定期推送信息不应过于频繁,避免给客户带来骚扰和厌烦的感觉。

5)积极回应客户评价和投诉

客户评价和投诉是店铺主了解客户满意度的重要途径。店铺主应该及时回应客户的评价和投诉,积极解决问题。如果客户对商品或服务表达不满,店铺主应该虚心接受,积极改进。同时,对于客户的好评和建议,店铺主也要及时回复,表达感谢和欢迎。积极回应客户的评价和投诉,可以提升客户对店铺的信任度和满意度,进而提升店铺的口碑和销量。

综上所述,网店客户维护策略包括及时回复客户咨询、主动与客户沟通、提供优质的售后服务、定期推送优惠和活动信息、积极回应客户评价和投诉。通过这些策略的运用,网店可以更好地维护客户关系,提升客户满意度,实现长期稳定的发展。

思考与练习

1. 如何理解网店服务?为什么服务是影响网店盈利能力的关键因素?
2. 如何理解客户满意和客户满意度?客户满意相关理论基础有哪些?
3. 客户满意度作为客户满意水平的一个量化指标,一般有哪些特点?
4. 为什么说,对客户满意度的分析能够从多个方面给企业带来利润?
5. 网店客户满意度分析的必要性一般可以从哪几个方面考察和分析?
6. 客户满意度的影响因素和网店客户满意度的主要影响因素有哪些?
7. 客户满意度的分析模型有哪些?客户满意度指数模型有哪些?
8. 如何建立客户满意度测评指标?网店客户满意度评价指标有哪些?
9. 如何理解网店客户维护?如何通过客户维护提升网店客户满意度?

参考文献

[1] 脸盆妹妹.在淘宝网开店：淘宝网淘金完全攻略[M].北京：中国宇航出版社,2006.

[2] 上海伟雅.网店经营成功秘笈[M].北京：中国宇航出版社,2007.

[3] 浙江淘宝网络有限公司.C2C电子商务创业教程[M].2版.北京：清华大学出版社,2010.

[4] 孙东梅.淘宝、易趣、拍拍、有啊网上开店赢家手册[M].北京：电子工业出版社,2010.

[5] 孙卫海.京东平台店铺运营：搜索优化＋营销推广＋打造爆品[M].北京：人民邮电出版社,2018.

[6] 京东大学电商学院.京东平台店铺运营从入门到精通[M].2版.北京：电子工业出版社,2018.

[7] 吴清烈.电子商务物流管理[M].南京：东南大学出版社,2022.

[8] 瑞波特,贾沃斯基.客户界面：未来竞争优势[M].郑适,译.北京：商务印书馆,2006.

[9] Nielsen J,Pernice K.用眼动追踪提升网站可用性[M].冉令华,张欣,刘太杰,译.北京：电子工业出版社,2011.

[10] 博伊科.眼动追踪：用户体验优化操作指南[M].葛缨,何吉波,译.北京：人民邮电出版社,2019.

[11] 杨兆明.用户界面设计[M].北京：化学工业出版社,2022.

[12] 罗仕鉴,朱上上,沈诚仪.用户体验设计[M].北京：高等教育出版社,2023.

[13] Saleh K,Shukairy A.网站转换率优化之道[M].顾毅,译.北京：人民邮电出版社,2012.

[14] 卞保武.企业电子商务网站转化率问题的研究[J].中国管理信息化,2010,13(2)：97-99.

[15] McFarland C.提高转化率！：网页A/B测试与多变量测试实战指南[M].李莹,译.北京：人民邮电出版社,2013.

[16] 张发凌,姜楠.淘宝网店引流一本就够[M].北京：人民邮电出版社,2016.

[17] 黄海林.转化率：线上成交的关键方法与电商运营核心思维[M].北京：电子工业出版社,2020.

[18] 许庆莉.企业广告效果评估体系研究[D].北京：对外经济贸易大学,2003.

[19] 宋安.在线品牌之道：网络广告媒体策略与效果评估[M].厦门：厦门大学出版社,2008.

[20] Finn A. Printad recognition readership scores：an information processing perspective[J]. Journal of Marketing Research,1988,25(2)：168-177.

[21] 阎国利.眼动分析法在广告心理学研究中的应用[J].心理学动态,1999,7(4)：50-53.

[22] 陈宁.广告记忆效果测量的发展述评[J].人类工效学,2001,7(1)：55-59.

[23] Wedel M,Pieters R. Eye fixations on advertisements and memory for brands：A model and findings[J]. Marketing Science,2000,19(4)：297-312.

[24] Lohse G L. Consumer eye movement patterns on yellow pages advertising[J]. Journal of Advertising,1997,26(1)：61-73.

[25] Kelly K, Hoel R. The impact of size, color, and copy quantity on yellow pages advertising effectiveness[J]. Journal of Small Business Management, 1991, 29: 64.

[26] 韩玉昌.观察不同形状和颜色时眼运动的顺序性[J].心理科学,1997,20(1):40-43.

[27] Lohse G L, Wu D J. Eye movement patterns on Chinese yellow pages advertising[J]. Electronic Markets, 2001, 11(2): 87-96.

[28] 朱滢.实验心理学[M].北京:北京大学出版社,2000.

[29] 丁锦红,王军,张钦.平面广告中图形与文本加工差异的眼动研究[J].心理学探新,2004,24(4):30-34.

[30] Underwood G, Jebbett L, Roberts K. Inspecting pictures for information to verify a sentence: eye movements in general encoding and in focused search[J]. The Quarterly Journal of Experimental Psychology Section A, 2004, 57(1): 165-182.

[31] 韩玉昌,任桂琴.小学一年级数学新教材插图效果的眼动研究[J].心理学报,2003,35(6):818-822.

[32] Nanavati A, Bias R. Optimal line length in reading: a literature review[J]. Visible Language, 2005, 39: 121-145.

[33] Tavassoli N T, Lee Y H. The differential interaction of auditory and visual advertising elements with Chinese and English[J]. Journal of Marketing Research, 2003, 40(4): 468-480.

[34] 杨坚争,杨立钒,周杨.网络广告学[M].3版.北京:电子工业出版社,2011.

[35] 何辉.广告学概论:基于多学科知识的建构[M].北京:中国人民大学出版社,2011.

[36] 杜世平,汪建,马文彬.层次模糊综合评价法在校园环境质量评价中的应用[J].安徽农业科学,2008,36(10):3930-3931.

[37] 王伟军,蔡国沛.信息分析方法与应用[M].北京:清华大学出版社,2010.

[38] 董肇君.系统工程与运筹学[M].3版.北京:国防工业出版社,2011.

[39] 杨玉中,石琴谱.电机车运输安全性的模糊综合评判[J].工业安全与防尘,2000,26(2):6-10.

[40] 王玉林,杨玉中.综采工作面人-机-环境系统安全性分析[M].北京:冶金工业出版社,2011.

[41] 黎建强,曾立彪,周艳辉.基于模糊综合评价的企业物流能力评价研究[J].科技管理研究,2009,29(1):162-163.

[42] 闻邦椿.产品设计方法学:兼论产品的顶层设计与系统化设计[M].北京:机械工业出版社,2012.

[43] 陈庆.电子商务实战:网店运营[M].成都:西南交通大学出版社,2019.

[44] 京东大学电商学院.京东平台店铺运营:从入门到精通[M].2版.北京:电子工业出版社,2018.

[45] 刘涛.深度解析淘宝运营[M].北京:电子工业出版社,2015.

[46] 谭君.电子商务环境下购买决策和退货服务博弈分析[D].合肥:中国科学技术大学,2009.

[47] 赵璐.电子商务运营退货模式探析[D].北京:对外经济贸易大学,2012.

[48] 王晓宇.B2C电子商务企业退货问题研究[D].北京:北京工商大学,2009.

[49] 淘宝大学.电商运营[M].北京：电子工业出版社,2012.
[50] 葛青龙.网店运营与管理[M].2版.北京：电子工业出版社,2022.
[51] 孙超,吕秋颖.略论淘宝网店的经济运营与策略[J].淮海工学院学报(人文社会科学版),2013,11(4)：17-20.
[52] 庞颖.基于电子商务的"冉冉爱"网店运营模式研究[D].杭州：浙江工业大学,2010.
[53] 李春婷.基于博弈论的大学生网络日化品商店运营模式研究[D].哈尔滨：东北农业大学,2012.
[54] 罗芳.淘宝/天猫电商运营与数据分析[M].北京：中国铁道出版社,2019.
[55] 马佳琳.淘宝开店与营销圣经[M].北京：科学出版社,2011.
[56] 邬国梅.基于盈利特征细分顾客的竞争战略[J].现代管理科学,2005(6)：76-77.
[57] 熊晓元,唐廷法.互联网商务模式的盈利视角[J].商场现代化,2006(31)：101-102.
[58] 王侃.基于资源获取的创业者特质、创业网络与网店经营绩效关系研究[D].长春：吉林大学,2011.
[59] 关辉.B2C网店品牌资产及其与网店忠诚的关系研究[D].大连：大连理工大学,2010.
[60] 洪兰.C2C模式下网店征税的必要性分析[J].经济研究导刊,2013(17)：146-147.
[61] 童越敏,张帆.蜂产品网店发展的现状与对策[J].现代商业,2013(5)：191.
[62] 王煜.沙集模式条件下网店联盟的财务管理探索[J].会计之友,2012(14)：46-48.
[63] 张嘉瑜.上海市实体书店自营网店经营现状及改进措施[J].出版发行研究,2013(7)：48-52.
[64] 陈晴光.网上开店赢利的影响因素与成功策略探析[J].浙江万里学院学报,2007,20(2)：112-114.
[65] 邢芳芳,肖立.B2C模式下的网店顾客满意度测评：以A店为例[J].市场周刊(理论研究),2013(5)：59-61.
[66] 史晓丹,贾红艳,孙得友,等.基于淘宝网的顾客网购满意度调查研究[J].标准科学,2013(7)：15-20.
[67] 刘东胜,张轶敏.网上购物顾客满意度影响因素实证研究：以淘宝网为例[J].中国市场,2011(23)：100-103,107.
[68] 唐明玉.C2C网店服务质量与顾客满意度、忠诚度关系的研究[J].商场现代化,2011(35)：3-5.
[69] 张建华.网络购物顾客满意度的影响因素[J].郑州航空工业管理学院学报,2012,30(1)：67-70.
[70] 练倩倩,孙兰凤,周钰.基于淘宝网的质量管理与顾客满意度研究[J].全国商情(理论研究),2012(11)：15-16.
[71] 查金祥,王立生.网络购物顾客满意度影响因素的实证研究[J].管理科学,2006,19(1)：50-58.
[72] 裴飞,汤万金,咸奎桐.顾客满意度研究与应用综述[J].世界标准化与质量管理,2006(10)：4-7.
[73] 梁燕.顾客满意度研究述评[J].北京工商大学学报(社会科学版),2007,22(2)：75-80.
[74] 京东产教融合中心.京东平台营销玩法[M].北京：电子工业出版社,2019.
[75] 周赵宏,熊曙初.CRM中客户满意度分析[J].中国管理信息化(综合版),2007,10(12)：

20-22.

[76] 罗正清,方志刚.常用客户满意度研究模型及其优缺点分析[J].贵州财经学院学报,2002(6):14-17.

[77] 高学敏.大学生网络购物顾客满意度测评研究[D].延安:延安大学,2011.

[78] 刘文霞.C2C 模式网络购物顾客满意度影响因素的实证分析[D].大连:东北财经大学,2010.

[79] 徐艳梅.C2C 模式网络购物顾客满意度实证分析[D].郑州:郑州大学,2012.

[80] 刘资媛.顾客满意度影响因素的理论分析及实证研究[D].长沙:湖南大学,2005.

[81] 方琴芬.顾客满意度测评方法研究[D].合肥:合肥工业大学,2006.

[82] 张静波.顾客满意度测评研究及实例分析[D].长春:吉林大学,2007.

[83] 麻志宏.顾客满意度测评方法研究[D].大连:大连理工大学,2004.

[84] 张晓丽.顾客满意度测评方法及其应用[D].郑州:郑州大学,2004.

[85] 刘新燕,刘雁妮,杨智,等.顾客满意度指数(CSI)模型述评[J].当代财经,2003(6):57-60.

[86] 南剑飞,熊志坚,张鹏,等.试论顾客满意度的内涵、特征、功能及度量[J].世界标准化与质量管理,2003(9):11-14.

[87] 曾小平.面向 CRM 的客户满意度理论研究[D].武汉:华中科技大学,2004.

[88] 查金祥.B2C 电子商务顾客价值与顾客忠诚度的关系研究[D].杭州:浙江大学,2006.

[89] 王帆.网络购物顾客满意度研究:以京东网上商城为例[D].上海:华东理工大学,2013.

[90] 柏杨.大学生网络团购满意度影响因素研究:以服饰类团购为例[D].上海:东华大学,2013.

[91] 孙洁.C2C 电子商务网站顾客满意度影响因素实证分析[D].南京:南京理工大学,2012.

[92] 徐冬磊.C2C 电子商务中的顾客满意度影响因素分析[D].合肥:安徽大学,2010.

[93] 岳祥.网络购物顾客满意度模型实证研究[D].北京:北京物资学院,2011.

[94] 翟庆华,叶明海.网络购物顾客忠诚度影响因素实证研究[J].经济论坛,2009(18):128-131.

[95] 李海英.平台式网购顾客满意度实证研究[D].成都:西南交通大学,2011.

[96] 张建华.B2C 模式下顾客网络购物满意度的影响因素研究[D].郑州:郑州大学,2013.

[97] 数据创新组.京东平台数据化运营[M].北京:电子工业出版社,2016.

[98] 滕宝红,徐梅.电商运营经理实战工作手册[M].北京:人民邮电出版社,2022.